景洪春

著

语文课上的风景

—— 我的 **12** 堂课

广西师范大学出版社

·桂林·

图书在版编目(CIP)数据

语文课上的风景：我的12堂课／景洪春著.—桂林：广西师范大学出版社，2019.10

ISBN 978-7-5598-2256-7

Ⅰ.①语… Ⅱ.①景… Ⅲ.①小学语文课－课堂教学－教学研究 Ⅳ.①G623.202

中国版本图书馆 CIP 数据核字(2019)第 225324 号

出　品　人：刘广汉
责任编辑：刘美文
装帧设计：王鸣豪

广西师范大学出版社出版发行

（广西桂林市五里店路9号　　　邮政编码：541004
网址：http://www.bbtpress.com）

出版人：张艺兵

全国新华书店经销

销售热线：021-65200318　021-31260822-898

山东鸿君杰文化发展有限公司印刷

（山东省淄博市桓台县寿济路13188号　邮政编码：256401）

开本：720mm×1 000mm　　1/16

印张：16　　　　　　　　字数：296 千字

2019 年 10 月第 1 版　　　2019 年 10 月第 1 次印刷

定价：46.00 元

————————————————————————————

如发现印装质量问题，影响阅读，请与出版社发行部门联系调换。

须知参差多态，
乃是幸福的本源。

——［英］伯特兰·罗素

序

　　景洪春老师即将出版这本课堂教学专辑，嘱我作序；我乐见其成，欣然受命。我已经是年过九十的耄耋老人了，常常感叹"甚矣吾衰矣"，可心里还是感到十分的不甘。所以，每当看到优秀的中青年教师在语文教学田野里有成长、有收获，就感到很欣慰，并由衷地为他们高兴。教育是薪火相传的事业，是障碍接力跑。在教育教学现场，看到那么多年轻同志接过接力棒、克服困难、跨越障碍、努力探索、勇敢前冲的那股生龙活虎的精气神儿，我就感到很受鼓舞，就禁不住要为他们喝彩、加油！

　　我与景洪春老师相识，是出于一个很偶然的机缘。记得十几年前的一天，上海徐汇区教育局举办一个学术活动，邀请我参加。活动期间，我与沈韬副局长交流对教师专业现状的看法，沈副局长提到了高安路第一小学的景老师，说她不仅上课认真，还对语文教学有思考、有想法。我当时就暗暗记下了这个名字。能上好课的中小学语文教师当然有很多，但要有理性思考，不人云亦云，不盲从所谓的权威，而是能够从"教"与"学"两头发力，认认真真地读书学习，扎扎实实地上好每一堂课，从实践中生成语文教学的智慧，就难能可贵了，尤其是对于小学语文教师来说，更是如此。后来有机会见到了景洪春老师，高挑的个头，一张娃娃脸，说话做事干净利索，讲课评课、讨论问题往往能够一针见血，直中要害，确实是小学语文教师中难得的

1

"干才"。当时我正主持上海市语文学科德育实训基地的教师培训工作，便邀请她担任小学段的指导教师。

在工作接触过程中，景洪春老师的虚心好学给我留下了深刻的印象。我们基地要求学员读书，她作为指导教师，总是带头做读书交流。我总认为，教得好首先要学得好。作为教师，尤其是一名语文教师，不喜欢读书，不愿意向同行学习经验智慧，要想上好课，谈何容易！但这恰恰是当前一个很严重的问题。2014 年我们曾针对教师的读书学习，在全市范围内做过一个大样本的调研，结果不容乐观。不少教师迫于工作压力，或者受琐事干扰，除课本、教参外，平时实际上并不重视读书。试想在这种情况下，要说对学科教学有什么思考和想法，又怎么可能？所以景洪春老师的这本教学专辑，在这一点上，对每位教师，尤其是青年教师来说，很有启发和借鉴意义。

这本专辑里的 12 堂课，每堂课都聚焦小学语文课堂的一些重要问题，力争呈现景老师自己对这些问题的探索心得。她的这些问题和思考又是从哪里来的呢？除了日常教学的实践积累，很重要的一条途径，就是读书学习。比如说，识字教学在小学阶段很重要，怎样才能教得既扎实又厚实，不仅让孩子们学得轻松、有趣，还能在他们心中播下中华优秀传统文化的良种？这就需要教师有一定的文字学修养。景洪春老师不仅老老实实阅读了唐兰先生的《中国文字学》，还潜心阅读了修辞学、写作学等方面的专著，这为她在小学课堂上做一个明明白白的语文教师奠定了很好的基础。因为，无论是识字教学、阅读教学，还是写作教学，教师教得明白，学生才能"学有所得"；教师"教有方向"，学生才能"学有方向"。专辑中的五篇读书笔记，虽然只是她日常阅读的"冰山之一角"，但也算为有志于探索通向小学语文教学"自由王国"之路的慧心人标示了一个前进的路标。

有探讨的态度和研究的精神，也是景洪春老师的一个重要特点。这不仅体现在她的日常工作中，也体现在这本教学专辑里。

这本专辑所收录的每堂课，都有一个明确的主题。景老师着力呈现的是，对于这些问题，备课时我是怎么想的？课上完后我又有哪些思考？对于这样的课，同行和专家又是怎么看的？因此，每一个课例，有带着鲜活露水的课堂教学实践，有执教者个人纵向发展的理性思考，有他人对这一堂课的观点和看法，既感性，可观察，又理性，有深度；既有历时性的个人思考轨迹，又有不同主体的多元声音。可见景老师并不是把这些课当作样板课、示范课，而是通过这些课来引发探讨一些问题。这种探讨的态度和研究的精神是非常可贵的。上课怎么能只按照一种模式呢？谁又敢说自己上的课是最好的，可以当作样板呢？这是不可以的。关键是要引发更多的思考和更深入的研究。

英国哲学家罗素曾经说过："须知参差多态，乃是幸福的本源。"我们的语文课堂，本来就应该参差多态，本来就应该百花齐放。一堂课一个样子，不同教师有不同的风格，梅兰竹菊，各擅胜场，才能构成我们语文教学幸福的百花园。从 2014 年起，景洪春老师的角色发生了变化，从高安路第一小学调到闵行区教育学院担任教研员，负责一个区域的小学语文教研工作，掌握着整个区域小学语文教师专业发展的"生杀大权"。她能够正确认识教研员这一角色的职责、定位，以及这一工作的独特意义和价值，能够依然保持这种虚心好学的探讨态度和研究精神，而没有以"教霸"自居，没有那种"我花开后百花杀"的"霸气"，这是十分令人尊敬的。

是为序。

于漪

2019 年 7 月

目　录

我的阅读课堂

教得理性而大气

横看成岭侧成峰

尊重原初体验，提升言语智慧

我的作文课堂

我的读书笔记

我的阅读课堂

教得理性而大气

《中彩那天》教学实录

教学内容：沪教版《语文》2015 年版
教学年级：四年级
教学时间：40 分钟
执教日期：2016 年 4 月

教学过程

板块一：理解题意，理清课文写作顺序

师：看老师写课题。（板书：彩）"彩"在课文里指什么？

生：彩票。

师：具体指什么？

生：汽车。

师：课文里指的是——

生：一辆崭新的奔驰牌汽车。

（师贴汽车图片）

师：（板书：中）中彩的意思是？

生：彩票中奖了。

师：这个奖是——

生：一辆奔驰牌汽车。

师：（板书：那天）哪几个自然段写了"那天"的事？默读课文，找一找。其他几个自然段写了哪天的事？在书上用双竖线画出来。

（生默读）

生：第3—13自然段。

师：为什么？

生：这几个自然段写的是当天发生的事。

师：第1、2自然段写了哪些事？

生：第1、2自然段介绍他们家的情况。

师："介绍"用得好。也就是中彩前他们家的情况。接着说——

生：第14、15、16自然段写的是中彩以后的事。第14、15自然段写的是第二天发生的事。第16自然段总结全文，写的是成年以后的事。

师：这个同学很厉害。她关注了文中和时间有关的词语。学习这样的课文，注意关注表示时间的词语，有助于我们梳理课文线索。

（齐读课题）

（设计说明：分步板书课题，逐字理解课题意思，借助课题给课文分段，并梳理课文写作顺序，让学生逐步懂得整体把握叙事类课文的基本阅读策略。）

板块二：学习字词，练习复述故事背景

（事先写好板书：拮据、馈赠、梦寐以求）

师：预习过课文吗？这几个词语会读吗？

（生读，正音）

师："馈赠"的"赠"的后鼻音读得很准。"拮据"是什么意思？

生：生活很困难。

师："馈赠"的意思是——

生：赠送。

师：对，不过"馈赠"可不是一般意义上的"赠送"，多指比较贵重的物品。比如，同学送你一支铅笔，就不能说"馈赠"。

师："寐"不容易写，把这个字的下半部分写一遍。

（生练写）

师："寐"是什么意思？

生：睡觉。

师："梦寐以求"呢？

生：睡觉做梦都想要这个东西。

师：你做过梦吗？

生：做过。

师：你梦寐以求的是什么？

生：冰激凌。

师：这不算什么，很容易得到的。

生：我梦寐以求的是老师少布置一点作业。

生：我希望父母健康长寿。

师：真好。回家一定要把这个心愿告诉自己的爸爸妈妈。来，把"梦寐以求"这个词放进去再说一遍。

生：我梦寐以求的是让父母健康长寿。

师：把"让"去掉更好，再说一遍。

生：我梦寐以求的是父母健康长寿。

（掌声）

生：我梦寐以求的是有一个好成绩。

师：好成绩光做梦是不够的，还要付出努力。文中的父亲梦寐以求的是什么？

（指名读）

生：他梦寐以求的是能有一辆属于自己的汽车。

师：听你这么读，感觉父亲只是白天想要，晚上不想要。（众笑）

（指名读）

师：听你这么读，感觉父亲只是晚上有点想要，但是在梦里还不想要。（众笑）

（指名读）

师：这可是父亲朝思暮想、日思夜想、梦寐以求的车呀！

（齐读）

师：预习时要关注不容易读的字音，遇到不懂的词语要查一查字典，联系上下文想一想。

（设计说明：通过检查预习的方式，既解决了重点字的字音、字形，又在语境中理解了词语。词语的理解重在运用，融课文朗读、词语运用于一体，也为后面复述第1、2自然段做好铺垫，教学环节充分整合。）

师：你们预习得很充分，课文读了几遍？好，抽查读第1、2自然段。

（指名读第1、2自然段。教师顺势指导朗读"一个人只要活得有骨气，就等于有了一大笔财富"。）

（齐读）

师：这句话很重要，再读一遍。

（齐读）

师：听你们朗读真是一种享受，再读一遍。

（齐读）

师：你们齐读的声音真好听，再读一遍。

（众笑）

师：会背了吗？

（齐背）

师：重要的句子要熟读成诵。第1、2自然段写了什么？

（指向板书"拮据""梦寐以求"和汽车图片）

师：按照这样的顺序说说第1、2自然段的意思。

生：第二次世界大战前，我家很拮据，父亲梦寐以求的是能有一辆自己的汽车。

生：第二次世界大战前，我们家非常拮据，父亲梦寐以求的是拥有一辆属于自己的汽车。

师：不错，还加上了时间。看来太简单了。

师：（把汽车图片放到"拮据"与"梦寐以求"两个词的中间）谁来说说第1、2自然段的意思？

生：第二次世界大战以前，我们家生活拮据，一辆奔驰牌汽车是父亲梦寐以求的东西。

生：虽然我们家生活拮据，但拥有一辆汽车是父亲梦寐以求的。

师：还是难不倒你们。

师：（交换"拮据"和"梦寐以求"的位置）现在谁会说？

生：第二次世界大战以前，父亲梦寐以求的是能有一辆自己的汽车，但是我们家十分拮据……

生：第二次世界大战以前，父亲梦寐以求的是能有一辆自己的汽车，为我们拮据的家增添一份色彩。

师：奖励你什么好呢？奖励你再挑战一次。

（在"拮据"后加一个问号，示意学生继续说）

生：为什么父亲梦寐以求的是能有一辆自己的汽车呢？是因为他想为我们拮据的家增添一份色彩。

师：可以。如果把问号放在最后会不会说？

生：父亲梦寐以求的是一辆奔驰牌汽车。但是我们家十分拮据，这怎么可能呢？

师：重要的话说三遍，咱们已经说了几遍了？四遍了。你们越说越好，真厉害！

师：既然课题是"中彩那天"，中彩前的这两个自然段可否不写？

生：不能。正因为这辆车是父亲梦寐以求的，后面才想留下。

师：对，这是事件的背景，必须交代。这也是父亲想留车的两个理由。

（板书：留）

（设计说明：此环节有三个目的，一是引导学生在运用中理解词语——提取信息，并重组信息表达，以此进一步读懂课文；二是为后面写矛盾心理做铺垫；三是在语言训练中丰富语感。）

板块三：提取信息，尝试说清"道德难题"

（一）留车的理由

师：故事的结果呢？

生：把车还给了库伯。

师：父亲是一下子还掉的吗？父亲是很希望留下这辆汽车的，除了生活拮据，除了梦寐以求，父亲还有哪些理由为自己留下这辆车呢？请你们默读课文第3—13自然段，为父亲再找找留车的理由。用横线画出相关语句。

（生默读并画线）

师：如果你是父亲，你有哪些理由为自己留下这辆车？给你一个开头——

生：真想留下这辆车啊，因为我梦寐以求的是能有一辆崭新的奔驰牌汽车。况且，我只是帮库伯先生捎了一张，而且我们俩都把这件事给忘了。再说，库伯家有的是钱，这辆车对他们家来说可有可无（扩音器里喊的是我的名字），更何况（况且），库伯早已把这件事给忘了，所以我理所当然地把这辆车留下来。

师：这位同学的语感很好，他刚才说的时候，用上了"因为""所以""况且"，（板书）当我们的想法有几层意思时，我们可以适当用上这些连接词。

生：真想留下这辆车啊。因为我们家生活拮据，我梦寐以求的是能有一辆崭新的奔驰牌汽车，为我们家增添一份色彩。而且，我只是帮库伯先生捎了一张，过后我们都把此事给忘了，所以我可以把这辆车留下来。

生：还有一个理由，扩音器里叫的是父亲的名字，他完全有理由把这辆车留下来。

师：你善于从文中捕捉信息。能不能把这条理由加进去说说呢？

生：因为这辆车是我梦寐以求的，而且我们家生活拮据，太需要这辆车了，库伯家里有的是钱，扩音器里喊的是我的名字，再说，过后我们俩都把这件事给忘了，所以我完全可以把这辆车留下来。

生：我给她提一个建议，加上一个理由：库伯是有钱人，这辆奔驰牌汽车他不稀罕，都说是富人给穷人捐钱，怎么能让穷人捐钱给富人呢？

（众笑）

师：有道理。父亲留车的理由有这么多，当我们说几层意思时，为了说得更清楚，可以用上这些连接词。（板书：因为、所以、而且、况且、更何况）自己练习练习，试着把这几条理由都说进去。

（生自由练习）

师：谁再来说说？

生：因为这辆车是我梦寐以求的，而且我们家生活拮据，太需要这辆车了，更何况库伯家有钱，这辆车对他们家来说可有可无（扩音器里喊的是我的名字），况且，库伯早已把这件事给忘了，所以我应当把这辆车留下来。

（设计说明：对于四年级学生来说，留车的理由是一望而知的，但把这些信息说清楚、说连贯是有困难的，这也恰恰是四年级学生习作中存在的问题——写不清楚、写不连贯。是简单告诉，还是适时梳理？显然是后者，在逐步引导学生表达的过程中相机梳理闪光之处：理由不可缺少，连接词运用恰当等，并反复练习，使个别学生的学习经验放大为全班学生的学习策略，让语言学习的过程在弱势学生身上真实发生，这一点很重要。）

（二）还车的理由

师：说得很清楚，说明你的思路清晰。其实，父亲此时脑中有两个"小人"在打架：一个是"留车"，一个是"还车"。一会儿，这个"小人"占了上风；一会儿，那个"小人"又占了上风。还车的理由你会说吗？老师给你一个帮手。

（板书：即使……也……）

生：即使这辆车是我梦寐以求的，我也应该还给库伯。再说，我也应该给我的孩子做一个表率。

生：我想用道德来说。

师：厉害！其实课文中有一句话也是从道德层面说的，哪一句？

生：（齐背）一个人只要活得有骨气，就等于有了一大笔财富。

师：你来说，希望你把这句也放进去。

生：即使我们家生活拮据，我也应该把这辆车还给库伯，哪怕我们家的钱有损失，也不能有心灵的损失。

师：意思说对了，帮你改一改，不能因为钱财愧对自己的良心。

生：即使扩音器里播的是我的名字，我也应该还给库伯，再说，我的妻子说过，一个人只要活得有骨气，就等于有了一大笔财富。

生：即使我们家生活拮据，我也应该还给库伯，再说，贫穷不能卑微，富有不能自私。

（掌声）

师：库伯已经忘记这事，在没有人知道的情况下，完全可以留下这辆车，但父亲选择了"还车"，这就是美德。一个人有了美德，心里充满阳光，亮堂堂的，即使穷困，也感觉"富有"。

生：（齐读）一个人只要活得有骨气，就等于有了一大笔财富。

（设计说明：学生在说"还"的理由时，既是言语表达，也是自我教育的过程，重在指导学生说得恰如其分。留也好，还也好，怎么说与说什么同样重要。用合适的语气表达，表达时辅以恰当的连接词，既体现进一步品味、理解的过程，又锤炼了语言，训练了思维。）

板块四：创设情境，言语实践刻画"纠结"

师：留还是还，父亲如此纠结，你们说得这么精彩，课文是否像我们说的这样把父亲的内心活动写出来了？

生：没有写。

师：为什么不写？你们又是怎么知道的？

生：从父亲的行为中读到的。文中说，我兴奋得几次想上车与父亲共享这幸福的时刻，却都被他咆哮着赶了下来。

生：但他神情严肃，丝毫看不出中彩带给他的喜悦。从这一句也能读到。

（齐读）

师：中彩是一件开心的事情，然而父亲却——

生：神情严肃。

（板书：神情严肃）

师：中彩这一刻是幸福的时刻，然而父亲却——

生：大声咆哮。

（板书：咆哮）

师：作者把父亲中奖后的一些反常举动写得非常传神，让我们读到他纠结的内心，所以父亲的内心活动就不必再写。其实，父亲给库伯打电话前，他一直在纠结。比如，他擦去彩票上的K字时，他纠结吗？

生：纠结。

师：比如，他把车开回家，拿着车钥匙时，纠结吗？

生：纠结。

师：请写一两句话，写一写父亲给库伯打电话前的举动，以体现他内心的纠结。

（生任选一条写，完成后，师指名读）

生：父亲挠挠头，轻声念叨着什么，最后，他擦去中奖的那张彩票角上的K字。

师：你平时纠结时是不是也会这样？

生：是的。

师：这就叫"我手写我心"。

生：父亲<u>抓抓头发，面朝天，又叹了一口气</u>，最后，他擦去中奖的那张彩票角上的 K 字。

生：父亲把车开回家，停在门口，<u>心神不宁地站在那儿。</u>最后，他走进屋，拨通了库伯家的电话。

生：父亲把车开回家，停在门口，<u>他缓缓推开车门，都不知道自己是怎么下车的。</u>最后，他走进屋，拨通了库伯家的电话。

生：父亲把车开回家，停在门口，<u>念念不忘地凝视着崭新的汽车，来回抚摸着车身。他神态严峻地来回踱步，叹了一口气，</u>最后，他走进屋，拨通了库伯家的电话。

（掌声）

师：帮你纠正一下，"神态严峻"不太恰当，建议改成文中的"神情严肃"。不过，你的想象力是很丰富的。

师：一个眼神，一个动作，一声叹息，复杂的心情跃然纸上。

（设计说明：此环节旨在创设情境指导运用课文语言，如"神情严肃""淡淡的痕迹""丝毫看不出中奖带给他的喜悦"等。"关注表达"不是枯燥无味地告诉学生这样写好在哪里，而是带着学生一起去探究语言的奥秘。表达训练不再是为内容理解服务，而是真正为"写"服务，真正让学生获得"写"的奥秘。）

读书须知出入法

贾志敏

景洪春老师教学的《中彩那天》是一节匠心独运、自然圆融的课。这堂课遵循了语文学科的教学规律，主要体现有三点：

注重整体发展。我们知道，语文学科追求语文各种能力和素养的整体协调发展，因为任何一项能力都不可能单独得到培养。景老师这一节课，既体现了"听说读写"四种能力同步协调发展，也重视思想情感和思维能力的培养。叶圣陶先生指出："接受和发表，表现在口头是听（听人说）和说（自己说），表现在书面是读和写。在接受方面，听和读同样重要；在发表方面，说和写同样重要。所以，听、说、读、写四项缺一不可。"景老师让学生复述故事背景，没有提有关理解故事内容的问题，但是从学生的表达看出，不但理解课文内容水到渠成，而且积累内化了"拮据""梦寐以求"等词语，并熟练运用，学生的学习积极性越来越高。阅读教学要把学生从"千万次问"中解脱出来，要从重内容理解，转换成在熟读文本的基础上，通过语言重组、改换等方式深化阅读理解。所谓整体发展，也包括情智的同步发展。美国教育家西奥多·W.海伯说过："要想写清楚就必须想清楚；要想写得充分，就必须想得充分；要想写得实在并富有想象力，那就必须在思想上想得实在并展开丰富的想象。一个学生要想较好地学习写作，那他就一定要更好地学习思考。这是一条规律，没有第二条路可走。"景老师抓住"道德难题"引导学生经历思辨、表达、体悟的过程，问题设计有思维含量，学生探究欲增强。该设计精巧之处就在于景老师通过抓"思维"把说、写、听、读融会起来、提高起来。

突出语言实践。语文学科的主要任务是培养学生的语文素养，其中最重要的就是培养语言运用能力，而培养语言素养必须通过丰富的语言实践。烦琐讲授语言知识的做法弊多而利少。景老师没有过多地纠缠于"通过描写人物的神态动作等表现人物特点"，而是设计了三次语言实践活动，让学生不断走近父亲的内心，且三次语言实践环环相扣、有序推进。南宋学者陈善指出，"读书须知出入法。始当求所以入，终当求所以出。见得亲切，此是入书法；用得透脱，此是出书法。盖不能入得书，则不知古人用心处；不能出得书，则又死在言下。惟知出知入，得尽读书之法也"。"入"是"见得亲切"熟悉语言；"出"是走出课文做出评价，从内容到语言提出见解。

遵循教学逻辑。一堂好课，首先要有一个合理而明确的逻辑起点。选择什么教学内容，教学环节之间应该是合乎逻辑的组合，而不是各自为政，互不关联。语文教学没有公式，但不排除基本的规律，如先整体后部分，先理解后评价，先感受体验后分析探究等。怎样让学生入耳入心呢？朗读是最好的手段。教学的基本规律是：读中感受思想感情，追溯语言表达方法，然后取其形式，举一反三。景老师这一节课上的几次朗读教学都安排得很巧妙，反复朗读母亲的话，直至熟读成诵，学生说"留"的理由时，不由自主地用上母亲的话，避免了道德说教。景老师的读写设计也恰到好处，假想的两种情境都是学生熟悉的，利于拉近学生与文本的距离，学生自然会将自己"纠结"的表现迁移到父亲身上，既合乎学生认知的基本规律，又合乎语言习得的基本规律。

（贾志敏　全国著名特级教师）

备课时的两次追问

追问文本，让教学充满底气

每次备课前，我养成了一个习惯，追问这篇文本的教学价值何在。这样的追问很有必要。先来看看《中彩那天》一文的教学价值。细读文章，发现这篇文章对于成年人来说比较浅显，文笔也很朴素，但对于小学四年级学生来说却恰到好处。首先，从内容上讲，奔驰车、买彩票、中彩等小学生都知道，文章的主旨"诚信待人"学生一读就懂，可以说，文本是小学高年级学生"熟悉的陌生人"；其次，从语言上来讲，没有晦涩难懂的语句，也没有匠心独运的构思。文章简单得用一句话就能说清楚：父亲中奖得到一辆奔驰牌汽车（起因），因为中奖的彩票是父亲代同事库伯买的，所以父亲遇到了一个道德难题（经过），经过激烈的思想斗争，最后决定把车还给库伯（结果）。正因为简单，教学就是要教学生如何把一件简单的事情写得摇曳多姿。生活中有很多简单的事情，我们要教孩子把它写好。

文章一共写了四个人物：我、父亲、母亲和库伯。"我"在文中的作用是什么？可否没有"我"？不能。为什么不能？原因有两点：第一，"我"是所有事件的见证人，也是所有事件的叙述者。"我"作为叙述者，让人物的存在有了生命。"我"耳闻目睹了父亲中彩后的种种表现：听到广播里叫父亲的名字，看到父亲开着车出来，发现父亲的表情不对劲儿，被父亲咆哮着赶下车，听母亲解释事情的缘由，看到父亲打电话，最后感到父亲还车后很高兴。"我"是整个事件的见证者，"我"的参与让情节起伏，更重要的是，"我"在整个事件中获得了感悟。

如果说"我"的感悟与母亲有关，那么母亲就变得极其重要了。母亲就像女神，是坚守道德标准的象征，她自始至终非常淡定，为什么？因为她坚信道德的力量。文章一开始就点明，"一个人只要活得有骨气，就等于有了一大笔财富"。最后，丈夫践行了她的话。母亲的形象不可或缺，是整个故事的定海神针。

库伯这个角色能省去吗？不能。原因有两个：一是具体才能真实。"彩票是父亲帮同事捎的"与"彩票是父亲帮厂里的同事库伯捎的"这两种表达，哪一种更真实？显然是后者。二是为后面"擦去 K 字"的细节留下伏笔。

所以，明明用一个人就能讲完的故事，作者用了四个角色，每个角色都在担当它的作用。这是这篇记叙文非常值得学习的地方，写了一件简单的事情，说明了一个简单的道理，简单的事情可以叙述得不简单，简单的道理可以触及人的灵魂最深层的地方。

文章讲的道理很简单：不能拿别人的东西，要诚信。这一点小学生都能接受。但是，要真正理解，有两点难度：当你确实需要这样东西时；当你的行为不会面临惩罚时。文章把两个难点聚合起来。除了母亲，面对中彩，所有的人都纠结犹豫过。只有犹豫才能体现人性，父亲已经轻轻擦过 K 字，再擦深一点，这件事就成功了；"我"也犹豫过，但是，最后他们都选择了"活得有骨气"。为什么？文章写道："那天吃晚饭时，我们全家围坐在一起。父亲显得特别高兴，给我们讲了许多有趣的事情……"做了还车的决定后，父亲如释重负，这说明道德准则已深入他的骨髓里，如果留下这辆车，他一定会陷入痛苦的深渊，每一次触碰这辆汽车时，都会受到良心的谴责。这就是道德的力量。文中的"我"没有选择权，因为这是大人的事情，文章结尾暗示"我"也做出了正确的选择——"成年以后，回顾往事，我对母亲的教诲有了深刻的体会，才明白中彩那天父亲打电话的时候，是我那贫穷的家最富有的时刻"，说明"我"也把赞成票投给了父亲。

处理教材的过程中如何做到"活"而不飘，"实"而不僵？关键在文本的教学价值。文章写得最传神的地方是父亲的反常举动："不一会儿，我望见父亲开着车从拥挤的人群中缓缓驶过。但他神情严肃，丝毫看不出中彩带给他的喜悦"，"我兴奋得几次想上车与父亲共享这幸福的时刻，却都被他赶了下来。最后一次，他甚至咆哮着要我滚开"，等等。没有直接描写父亲如何饱受内心煎熬，而集中刻画了父亲的反常举动。文中还有一些发人深思的句子，如"中彩那天父亲打电话的时候，是我那贫穷的家最富有的时刻"等。课后习题也揭示了这两点。这便是教材编者为它设定的教学价值。

追问学生的需要，让教学更接地气

读懂编者意图是第一步。我们还有必要接着追问"所有这些教学价值之于当下学生的意义"。只有经过当下学生最近发展区的检验，它才是合适的，才会对学生的发展产生意义，其价值才是实实在在的。张志公先生说过，"语文阅读教学就是要引导学生在文本的语言文字中走上几个来回"。对于小学四年级学生来说，如何描写人物神态及动作等来展现人物内心是难点，而这恰恰是理解"我那贫穷的家最富有的时刻"的突破口。借助"课文是怎么写父亲面对道德难题时的内心纠结"这个问题，我采用"提取信息—重组表达—辨识规则—迁移练笔"的方式使学生认识到：第一，要说清几层意思时，可以用上适当的连接词，使意思表达更清楚；第二，可以抓住人物的反常举动表现人物内心的纠结。听课老师觉得这一内容实现了教学的多重预期，富有新意，有思维含量。我以为，如果说它是成功的话，那是因为我们尊重了学生，这一教学内容完全建立在学生的认知基础上，同时又提高了学生的认知水平。

很多老师都认为《中彩那天》是一篇说教味儿比较强的文章，很容易流于单纯的内容理解，或强硬灌输，或"穿靴戴帽"。为避免出现这种情况，我采取的策略是"抓住文本特点，有效多样地开展言语实践活动"。叶圣陶先生说过，"母语学习一靠积累，二靠实践，语文教学绝不能无视母语学习这种一般性规律，否则就要碰壁。语文课本当中某些学科知识之所以不管用，就因为这些知识并不反映母语学习的实践需要"。这段话讲得很深刻。我设计了三次言语实践活动来取代琐碎的课文分析。

第一次是让学生运用"拮据""梦寐以求"，加上"汽车图片"，按序说说第1、2自然段的意思。通过不断变换两个词语和"汽车图片"的顺序，引导学生学会丰富的表达，从而锤炼语感，既在运用中理解了词语，读懂了课文，又为后面矛盾心理的描写做铺垫。

第二次言语实践活动是借助连接词，尝试说清父亲遇到的"道德难题"，"留车"与"还车"的理由。学生在说"留"的理由时，重在指导说清楚几条留车的理由，用合适的连接词表达，体现进一步品味、理解的过程；学生在说"还"的理由时，既是言语表达，也是自我教育的过程，要说得恰如其分。

第三次言语实践活动是创设情境，写一写父亲擦去 K 字前的举动或把车开回家后的举动，体现父亲的纠结。

三次言语实践活动由浅入深，层层推进，使表达训练不再是为内容理解服务，而是真正为"写"服务，真正让学生获得"写"的奥秘。

"提领一顿，百毛皆顺。"有了备课时的这两次追问，教学容易抓住核心，事半功倍；不再浮于表面，而是牢牢抓住文本表达形式上的特点；也不再拘泥于零敲碎打，而是教得理性而大气。

横看成岭侧成峰

《唯一的听众》磨课记录

教学内容：沪教版《语文》2015 年版
教学年级：五年级
教学时间：40 分钟
第一次执教日期：2009 年 4 月
第二次执教日期：2012 年 4 月

第一次教学设计与修改建议

教学目标：

1. 读准"潜滋暗长""沮丧"等词的字音，在具体语境中理解词语的意思。

2. 理解课文内容，抓住重点句子理解老教授的用心良苦，体会老人美好的心灵、智者的宁静。理解"听"不仅是一种寻常的行为，更是一种美好的德行。有感情地朗读课文。

3. 品析人物品质，运用文中信息介绍老人，通过老人平静的眼神想象老人的心理活动。学会抓住人物的语言和神态表现人物的写作手法。

【讨论 1】

　　从本课的教学目标可以看出，这堂课就是围绕着"理解老教授的用心良苦，体会老人美好的心灵、智者的宁静"的教学思路来组织教学过程的，把理解人物的美好德行作为教学的主要目标，很容易造成语文课程性质的异化。建议从学习语言文字运用方面重新确定本课的教学目标，这是把语文课上成语文课的关键所在，也是评价一堂语文课是否是语文课最基本的指标，切忌在课文内容分析上兜圈子。

教学过程

一、导入解题，检查预习

1. 板书课题，指导写"唯"字，理解"唯一"的意思。

2. 为什么听众只有一个？这个人是谁？干什么的？这节课我们就要解决这些问题。

【讨论 2】

这堂课主要学什么？"为什么听众只有一个？这个人是谁？干什么的？"这些都是教师围绕课文内容提出的问题，如果围绕这些问题来展开学习，那么学生学的主要是课文内容，而不是在学习语言文字运用，这与语文课程性质不符。再说这些问题基本属于"提取文本信息"类的问题，五年级学生读一两遍课文都能顺利地回答，难度太低，又没有太多的思考含量。所以将解决这些问题作为这堂课的主要教学内容显然是不合适的。

3. 指 名 读：沮丧　　蹑手蹑脚　　懊恼　　潜滋暗长
　　　　　　平静　　慈祥　　　　声望　　首席

重点指导：蹑　　懊恼

4. 这两组词语有什么特点吗？

5. 说说课文的大体内容，说明时可以选用上述词语。

【讨论 3】

先是检查词语预习情况，再说说"课文主要讲了一件什么事，可以选用这些词语说说看"，将词语教学与课文主要内容理解合二为一，在说主要内容时可以检查学生对课文中这些新词的理解是否正确，这是可取的。可惜的是学生在说主要内容时能够运用的词语并不多，如果教师有意识地在词语教学中将与主要内容有关的词语列出，比如善意、谎言、聋子、自信等，那么学生可能运用的词语会更多，对词语学习的效果也会更好。

二、初识唯一的听众

1. 听要用耳朵。（板书：耳）这位唯一的听众是怎样的人？文中关于这位唯一的听众的描写是散落在文章各处的，自由读全文，画出相关语句。

2. 相机理解：声望、首席小提琴手。

3. 根据这些语句请你介绍这位唯一的听众。学生完成练笔并交流。

生：她是一位极瘦极瘦的满头白发的老太太，她听我拉琴的时候一直都很平静，她住在 12 号楼，她是音乐学院最有声望的教授，曾经是乐团的首席小提琴手。

师：谁最会倾听？评评她写得怎么样。

生：应该再加一句：她每次听我拉琴的时候，一直都很平静。

师：我要表扬他，他抓住了老人听"我"拉琴时的那特有的神态。（板书：平静）（师再读该生的练笔）

师：听出问题了吗？

生："她"字太多了。

师：对，前面有一个"她"，后面就不需要了。

生：这是一位极瘦极瘦的老太太，满头白发，她是音乐学院最有声望的教授，曾经是乐团的首席小提琴手。她十分和蔼，无私地帮助我。

生：她漏写了老人的住址和神态。

师：轻声读读自己写的练笔，看看是否也犯了同样的毛病，再改过来。

（生自由读，边读边改）

【讨论4】

　　初识唯一的听众，教师没有满足于学生画出课文中描写老教授的语句，而是设计了一个动笔练习，引用课文中的句子介绍这位老教授，此处设计很出彩。特别是教师事后的讲评，让学生有针对性地进行点评，发现同伴练笔时的不足或哪些地方用词更加准确，比如"前面有一个'她'，后面就不需要了，请你改过来"，深入到遣词造句准确性的指导，再让学生读读并修改自己的练笔，指导得很扎实，有利于学生形成良好的写作习惯。

三、讨论耳聋与耳"聋"

1. 这位唯一的听众最重要、最特殊的特征是什么？（板书：聋）

2. 她是不是聋子？从哪里读懂她不是聋子？指导有感情地朗读妹妹的话。

3. 老人不但不是聋子，而且还是听众中最会听的人，她可以很容易地听出别人拉琴过程中的瑕疵，为什么却偏偏说自己是个聋子？联系第1—5自然段初次见面时老人看到的和听到的，说一说。

4. 同桌交流，全班交流。

是啊，老人是为我而"聋"呀！（板书：为我而"聋"）

【讨论5】

　　这个环节主要讨论老人是不是真正"耳聋"这个问题。整个讨论过程没有停留在浅层次的情节内容上，而是引导学生深入到课文的语言文字，从具体的语言文字中寻找问题的答案。这样的讨论就有一定的深度，通过对文本语言文字的深入理解，学生不仅能够感受到老人的宽容以及她热情鼓励年轻人的思想感情，还可以培养自己良好的阅读习惯。

四、品读平静的眼神

1. 找出文中写老人平静的眼神的语句。平静的眼神背后，有着怎样丰富的内心世界？老人在想什么呢？请同学们联系上下文，发挥想象，可选一两处写。

2. 交流所写的内容，简单评议。

【讨论6】

这里教师又随课文设计了第二次动笔练习，通过老人平静的目光想象老人的内心情感。课堂里强化学生的动笔练习，这种意识是很好的，因为学生的动笔能力只有在动笔实践中才能真正提高。只是这样设计动笔练习只是随课文添加，为动笔而写，目的不够明确，并且与第一次动笔练习缺乏内在联系。

3. 带着这种感情朗读。看来倾听就是要入耳、入目。（板书：目）

五、品读诗一般的语言

1. 指名读老人的语言。老人的哪些话最打动你？老人有没有打搅"我"？到底是谁打搅了谁？老人为什么要这样说？

2. 重点研读第二句。

明明是锯桌腿的声音，老教授却说拉得非常好，其实是指什么？老教授为什么说不介意"我"在场？

3. 指导朗读。倾听时不仅要入耳、入目，更要入心。（板书：心）

4. 你又看到了一个怎样的老妇人？指名读。

5. 老教授并没有给予"我"琴技上的指导，只是给予了"我"最宝贵的信心，使"我"练琴的态度发生了变化。理解"潜滋暗长"。

指名对比朗读，一生读上句，一生读下句，体会练琴地点和动作的变化。

6. 补白想象："我"听了妹妹说的真相会怎样想呢？你从悠扬的乐曲中听出了什么？

7. 齐读。

8. 也许老人认为自己做的这一切似乎理所当然，可她不知道，她的所作所为却改变了一个人的命运、一个人的一生。齐读"在各种文艺晚会上——"。

【讨论7】

这个环节教师抓住文本中老人的语言描写，让学生细细品味老人内心的思想情感，发现作者在老人的鼓励下内心发生的变化以及拉琴的进步。"读文章就是这样，要用心去读，要细细地去品味"，引导学生掌握正确的阅读方法，这是值得肯定的。只是整个讨论过程时间拉得比较长，显得比较散，而且集中在人物内心思想情感个性化的理解上，与学习语言文字运用基本无关。语文课堂上经常可以看到这样的讨论，教师在类似问题的讨论上也很舍得花时间。表面看这样的设计似乎没有什么不合理，但如果深入思考一下学生在讨论前和讨论后其语文学习行为究竟发生什么变化，学生在语文能力上究竟有何提高，就会发现这类讨论其实价值并不高，因为学生在学习语言文字运用方面并没有新的收获，投入的时间和学生学习结果并不成正比，因此其合理性就值得商榷。

六、"聽"的艺术

1. 老人是一个怎样的人？同桌讨论，用一句话谈谈你的感受。

2. 老人自始至终都在入耳、入目、入心地倾听，这就是"听"的繁体字。（板书：聽）

（边总结边播放媒体，演绎"聽"字）

3. 倾听，是一种艺术，就是入耳、入目、入心。倾听，是一种品德、一句鼓励、一份关爱。这恰好组成了繁体字"聽"。汉字是世界上最优秀、最具有内涵的文字，老师备课时觉得这个"聽"字仿佛专门为这位唯一的听众设计的，因为它诠释了老人美好的心灵、智者的宁静。让我们牢牢记住祖先留给我们的这个"聽"字吧！

【讨论 8】

"用一句话谈谈你的感受"，作为整堂课学习的总结。学生说出诗一般的话语，将整堂课的教学推向高潮。学生在教师环环相扣、层层递进的启发下，对课文思想情感的体验上得到明显深化，但是在语言文字运用方面究竟得到多少提高则令人怀疑。说得好的学生，比如"老人就像一阵轻柔的海风，扬起作者心中自信的风帆"这样富有诗意的精彩表达，与其说是教师启发的结果，不如说这位学生原来就具备这样的表达水平。因为教师在整堂课里关注的是学生情感体验的深入，而在学生语言运用水平的提高方面，其实教师的作为并不大。

【修改建议】

景洪春老师这节课上得行云流水、情感充沛，很富有感染力，充分展示了一位特级教师的教学风采，其精湛的教学设计艺术和深厚的文本解读功力给人留下了深刻的印象。

语文教育承载着丰厚学生精神内核、揭示生命意义的任务。景老师这堂课循着文本的人文主线展开教学。研究"耳"，倾听要用耳；研究"目"，倾听要用眼；研究"心"，倾听还应当用心；"耳目心"俱用才是文本中"听（聽）"的意蕴。按照这条线索引导学生深入学文，细致揣摩：研究老人平静的眼神，探索老人用心倾听时的语言，最后通过繁体字"聽"的解读，诠释出耳听、目观、心至为听的意蕴。听不仅是一种寻常的行为，更是一种美好的德行。通过层层叠加、由浅入深的巧妙铺陈设计，学生对人物形象的理解渐次立体，文本意义升腾至美。将语言文字美感的体验和人文情感的熏陶完美地结合在一起，值得称道。

其次，抓住文本的语言文字感悟人物的内心情感。课文中人物的神态描写比较传神，值得体味，老师抓住了人物的神态，让学生找一找老人"平静"的表情，通过想象补白，引导孩子们走进老人的内心，充分感受老人对后辈的呵护、鼓励和支持。研究老人的语言，引导学生画出描写老人语言的句子，用朗读的方法浅吟低和，打动孩子们的心灵。研究"我"的变化，引导学生咬文嚼字，不断质疑，并通过对比和朗读感受词语运用贴切，升华了本课的人文主旨，体会到文章丰富的内涵。整堂课的设计，让人感受到语文课中的人文教育不是空洞的、概念化的，而是凭借语言文字传递，通过对语言文字的品味去深入感悟，正确地把握住了语文课程人文情感教育的特点。这样的情感教育更容易感染学生，并使学生能够接受。

再次，整堂课教学设计中重视语言的积累和语言文字的运用，体现了语文课程的性质特点。语文课不仅要让学生潜移默化地接受人文熏陶，更要凭借文本语言培养学生正确理解与运用祖国语言文字的能力，这是语文学科区别于其他学科的关键所在，是语文课程的"独当之任"。引导学生理解并积累课文中的词语是上好每篇课文必须落实的最基本任务，景老师这堂课从一开始预习环节的词语教学到后面各个环节的课文讲读，始终贯穿着对关键词语的深入理解，抓住一些关键词语，既能帮助学生深入理解课文内容，又有助于丰富学生的词语积累。更值得肯定的是，景老师在教学过程中关注学生的表达训练，两次动笔实践和两次口头表达实践的设计，凸显出这堂课浓浓的语文味，反映出执教者对语文课程性质的深刻认识和对提高语文教学效率的不懈追求。

以上说了这么多表扬的话，那么这堂课有什么问题值得讨论，还有没有提高的空间？当然有。

这堂课主要是循着人文主线设计的，从教学目标可以发现，这堂课的重点就是"理解老教授的用心良苦，体会老人美好的心灵、智者的宁静"。从教师最后的总结也可以看出，学生明白了"倾听是一种艺术，就是入耳、入目、入心；倾听，是一种品德、一句鼓励、一份关爱"，获得了主要情感、态度、价值观方面的熏陶；至于学生在学习语言文字运用方面究竟有哪些收获或提高，不能说没有，但都是零散的、杂乱的，反映出这堂课在学习语言运用方面缺乏明确的教学重点，这是当下语文课普遍存在的问题，其实是很致命的。

由于这堂课围绕人文主线设计，因此各个环节在语言学习方面的教学内容和练习都是围绕文本思想内容理解设计和添加的。分开看似乎都有其合理性，但是整体上看就会发现这些教学内容和练习设计缺乏内在联系。比如这堂课里设计的两次动笔：一次运用课文中的信息介绍老人，一次提到老人平静的眼神想象老人的心理活动。两次动笔练习的目标指向各不相干，没有课堂设计中应该体现的层层递进的逻辑顺序。还有两次谈阅读感受的表达练习，与书面表达练笔也没有内在联系。大家都知道，有效的课堂练习应该是由易到难、由简到繁环环紧扣、逐步提高的；而语文课堂里的练习通常是随课文分散设计，因而是零散的，缺乏整体观。似乎重视了学生的实践练习，其实"东一榔头西一棒"的实践练习效率非常有限，学生很难体会到自己的进步，甚至会感到练和不练差不多。

这堂课如何修改？我认为关键还是要选择好教学内容，在学习语言文字运用方面有明确的教学重点。语文课教学往往将理解课文思想情感作为教学设计的明线，按照内容理解层层推进；而反映这门学科的本体教学内容却往往沦为暗线，必须服从明线需要随机添加，这样就会造成本体教学内容与非本体教学内容的错位。教师首先必须明确，除了让学生在情感、态度、价值观方面得到熏陶，在语文本体性教学方面究竟让学生学什么，或是在阅读方法学习上，或是在表达能力提高上，教学设计时教师要有明确的重点，并且聚焦这一教学重点有步骤地进行设计，展开有效的指导。比如"读文章就是这样，要用心去读，要细细地去品味"，这是一种良好的阅读方法，教师应该由"扶"到"放"进行设计，并有步骤地展开指导；还比如"运用课文中的信息介绍一个人"，如果教师围绕这一重点设计动笔练习，让学生在多次动笔实践中体会如何提取信息介绍一个人，那么学生的学习效果一定会更好。在时间非常有限的一堂课中，教学内容一定不能多，内容一多只能蜻蜓点水，浅尝辄止，多重点等于无重点。"教什么"明确了，学生才可能学得明明白白，一堂课的教学效率才能真正得以提高。所以建议景老师根据这篇课文的特点，重新选择好这堂课的教学重点，这是改好这个教学设计的关键。

（吴忠豪　上海师范大学　教授）

第二次教学设计与磨课体会

教学目标：

1. 在具体语境中理解词语"沮丧""潜滋暗长"的意思，并读准词的字音。

2. 能创造性复述部分课文内容，复述时能适当地加上环境描写，人物语言转述正确，转述语言能根据新的语境适当地变化。

3. 理解课文内容，抓住重点句子理解老教授的用心良苦，体会老一代音乐人对年轻人的关爱和鼓励。有感情地朗读课文。

教学重点、难点：

能创造性复述部分课文内容，复述时能适当地加上环境描写，人物语言转述正确，转述语言能根据新的语境适当地变化。

【点评 1】

修改后的教学重点重在训练转述课文的能力，并且提出了转述的要求，重点指向口头表达能力的训练。这样就较好地把握住了语文课程的性质特点。

第一课时（略）

第二课时

一、整体感知，梳理内容

1. 作者是一位年轻人，他先后在哪些地方拉过小提琴？又先后遇到过哪些听众？在这过程当中，他的感受发生了哪些变化？带着这些问题，快速默读课文。

2. 交流反馈。（板书：沮丧）

3. 你从哪些地方读到他的自信？（生交流）

4. 朗读体会：此时此刻，作者仅仅是自信吗？

5. 生读最后一段，师生讨论，再次朗读，体会自豪与激动。

【点评 2】

这是第二课时教学，通过"年轻人，他先后在哪些地方拉过小提琴？又先后遇到过哪些听众？在这过程当中，他的感受发生了哪些变化？"三个问题，用了 3 分钟时间引导学生梳理上节课学过的课文内容，然后直接进入这堂课的教学重点——创造性地复述课文。教师提出的这三个问题与接下来的复述练习在内容上完全衔接，为接下来的复述练习埋下伏笔。

二、复述"我"与老人第一次见面的情景

1. 这唯一的听众就是这位老人，她是怎样使我这个在拉小提琴方面非常沮

丧、灰心的年轻人变得自信、自豪的呢？这是这节课要解决的主要问题。文中关于老人的描写非常多，课前预习了课文，你觉得对老人的这些描写给你印象最深的是什么？

（生交流）

2. 这是语言描写。文章对老人的描写是散落在字里行间的，这节课我们就来集中学习老人的语言。作者说老人的语言是怎样的？

3. 默读课文，用波浪线画出文中老人那诗一般的语言。

（生交流，教师相机指导学生把人物的语言变成转述）

【点评3】

在这个环节中，教师要求学生先画出老人的语言，然后再指导学生怎样将人物的语言转化成叙述的话说出来，用了将近7分钟时间，为接下来的复述做好准备。其实将人物语言描写改为叙述，学生在四年级已经学过，难度并不高，花这些时间来复习价值不高。不如直接提供情境让学生转述，在学生出现问题时再予以指导或纠正，这样会更有针对性，也可以留出更多时间在学生的转述实践练习上。

4. 老人第一次与"我"见面，"我"，一个年轻人，在开始拉琴时沮丧灰心，是老人那诗一般的语言打动了我，使我有了自信。这样一个过程，你能不能把它复述下来？

要求：①适当描绘当时的环境；②将人物语言改成叙述。

一天早晨，我来到了楼区后面的小山上，（环境怎样？）（我怎样做的？怎样想的？）当我感觉到身后有人而转过身时，吓了一跳。（我看到什么？）我的脸顿时烧起来，心想（　　　　　　）。当我准备溜走时，老人叫住我，（老人怎么说的？）有一束阳光透过叶缝照在她的满头银丝上，她又说，（老人怎么说的？）我告诉她我拉不好。她又说，（老人又怎么说的？）我被这位老人诗一般的语言打动了。

生1：一天早晨，我来到了楼区后面的小山上，林子里静极了。沙沙的脚步声，听起来像一曲悠悠的小令。

师：多美的环境呀，请你再说一说，把这种美妙的感觉表达出来。

生1：一天早晨，我来到了楼区后面的小山上，林子里静极了。沙沙的脚步声，听起来像一曲悠悠的小令。（继续）我在一棵树下站好，庄重地架起小提琴，像一个隆重的仪式，拉响了第一支曲子。当我感觉到身后有人而转过身时，吓了一跳。

师：其他同学有补充吗？

生2：我庄重地站在那里，拉响了第一支曲子。

师：说得好。我庄重地站在那里，拉响了第一支曲子。但是我感到懊恼。说下去。

生2：我在一棵树下站好，庄重地架起小提琴，像一个隆重的仪式，拉响了第一支曲子。但我感到懊恼，因为我显然将那把锯子带到了林子里。

生2：当我感觉到身后有人而转过身时，吓了一跳。我看到一位极瘦极瘦的老妇人静静地坐在一张木椅上，双眼平静地望着我。我的脸顿时烧起来，心想这么难听的声音一定破坏了这林中和谐的美，一定破坏了这位老人正独享的幽静。当我准备溜走时，老人叫住我，问我是不是她打搅了我，她每天早晨都在这里坐一会儿。老人告诉我，她猜想我一定拉得非常好，只可惜她的耳朵聋了。有一束阳光透过叶缝照在她的满头银丝上，她又说，如果不介意她在场的话，她请我继续拉下去。我告诉她我拉不好，她说，她会用心去感受这音乐，她问我她能否在每天早晨做我的听众。我被这位老人诗一般的语言打动了。

师：好，这位同学了不起，这么大一段文字，而且有难度，她能这么清楚地表达出来，她也能把课文中环境描写的语言变成她自己的语言。谁愿意再说一遍。

生3：一天早晨，我来到了楼区后面的小山上，（地上铺满了落叶，林子里静极了。沙沙的脚步声，听起来像一曲悠悠的小令。）我在一棵树下站好，庄重地架起小提琴，像一个隆重的仪式，拉响了第一支曲子。尽管这里没有父亲与妹妹的评论，但我感到懊恼，因为我显然将那把锯子带到了林子里。（我不由得诅咒自己是个白痴。）当我感觉到身后有人而转过身时，吓了一跳，一位极瘦极瘦的老妇人静静地坐在一张木椅上，双眼平静地望着我。我的脸顿时烧起来，心想这么难听的声音一定破坏了这林中和谐的美，一定破坏了这位老人正独享的幽静。我准备溜走时，老人叫住我，（问我是不是她打搅了我，）她每天早晨都在这里坐一会儿。有一束阳光透过叶缝照在她的满头银丝上，她又说，（她猜想我一定拉得非常好，只可惜她的耳朵聋了。如果不介意她在场的话，她请我继续拉。）我告诉她我拉不好。她又说，（她会用心去感受这音乐，她问我她能否在每天早晨做我的听众。）我被这位老人诗一般的语言打动了。

师：了不起，来，给她一点掌声。可以适当加上环境描写，在诗一般的环境中讲述诗一般的语言。还要注意，人物语言要正确转述，并去掉语气词。

【点评4】

可见学生能力不可小觑。两位学生的转述都很不错，都适当地加上了环境描写，人物语言转述得也比较正确，教师点评指导到位，要言不烦。唯一可惜的是学生参与面不大，只有两个学生有转述实践的机会。如果整个过程改为先让每个学生自己准备，再同桌或小组交流，然后指名两位学生全班交流，可能效果更好。

三、复述"我"在老人鼓励下发生的变化

1. 以后，每天清晨，我都到小树林去练琴，面对我唯一的听众——一位耳聋的老人。就这样过了一个多月，还是这样一个美丽的清晨，我依旧来到楼区后面的小山上，我发生了哪些变化？根据课文第8—12自然段，练习说一说。复述这段文字时还要注意环境描写，人物语言要转述，说清我的变化。这又是一个挑战。

2. 生自由练习后交流。

3. 指名交流，教师相机点拨指导。

4. 学生再次自由练习。

【点评5】

　　教师又设计了一个新的语境，转述一个月以后我在树林里又一次拉琴。这与第一次转述练习在要求上基本一致，但又有新的提高：拉琴的地点和人物没有变化，但语境变化了。在新的语境中，如何用词、如何组织句子当然也应该适当发生变化，这对学生是新的挑战，可以有效激发学生参与的积极性。教师针对学生转述中出现的问题及时加以点评和指导显得非常重要。这个环节设计先让每个学生自己准备，然后指名交流，参与面广，体现了教师正确的教学思想。

四、想象"我"得知真相后的心理活动

1. 我一直珍藏的秘密被妹妹揭穿了，第二天早晨，我一如既往地来到树林，老人早已静静地坐在那里了，我又会怎么想？怎么做？请大家写一写。

我一直珍藏的秘密被妹妹揭穿了，她是一位音乐学院最有威望的教授，她曾是首席小提琴演奏家，（我怎么想）　第二天，我又来到了树林，老人依旧如同往日一样，早早地坐在木椅上等我，面对老人（我怎么想，怎么做）　　　　。

2. 生交流。

3. 师点评。

4. 男女生配合读倒数第二自然段。

【点评6】

　　教师再次创设新的语境："我"知道老人是音乐学院首席小提琴手以后再去树林拉琴，让学生根据这个语境写一段话。这与前面两个语境既有衔接，又有发展变化，并且将口头表达改为动笔练习。此练习创设巧妙，很有创造性。可以讨论的是，这次练习提出了"心理活动描写"，因此学生动笔

时的兴奋点自然就聚焦在"我"的心理活动描写上，前两次转述练习的学习成果未能得到体现。如果此次练习不提出新的要求，还是"适当地加上了环境描写""人物语言转述正确""根据新的语境适当变化"这三点要求，将重点放在"如何根据新的语境适当变化"上，可能效果会更好。

五、小结本文

师：我继续为老人拉琴，用琴声告诉老人，假如我在今后学琴的路上遇到这样或者那样的困难，我会——

生：克服困难，继续拉琴。

师：我还会不会沮丧灰心？

生：不会。

师：为什么？因为我拥有了人生最宝贵的——

生：自信。

师：而这自信是谁给予我的？这一切，源于我遇见了这位——

生：唯一的听众。

（生再次齐读课题：唯一的听众）

师：这节课我们重点学习了复述课文和创造性地复述课文，这些都是我们在语文学习中要掌握的重要本领。下课。

【点评7】

这堂课从两个方面进行小结：一是思想情感方面的收获；二是如何创造性地复述课文方面的认识收获。这样的课堂小结比较全面地体现了语文课程的性质特点。学完一篇课文以后如果学生只能在思想情感方面总结新的认识或提高，这样的语文课严格意义上说就不是语文课，语文课程的性质就发生了异化。只是这堂课对如何创造性地复述课文总结得比较笼统，没有展开，并且是教师自己总结的，如果多些时间，让学生自己来梳理总结这节课的学习体会，对学生而言意义和价值更大，学生的认识也会有新的提升。

板书：

家里	父、妹	沮丧
树林	老人	自信
晚会	成千上万	自豪

【磨课体会】

发现教材的教学价值，帮助学生逐步发展言语能力。执教《唯一的听众》时，已听过不少名师上过这一课。备课时我力求另辟蹊径，希望能展示与众不同的解读视角，即从"听"入手，拉开一条富有深度的人文主线："耳"，耳听，老人不是真正的耳聋之人；"目"，目观，三次描写老人平静的眼神；"心"，心至，言为心声，老人的语言描写正是美好心灵的写照；"耳目心"俱用才是"听（聽）"的深刻意蕴。根据这条主线，我演化出几个教学环节：概览全文，简介人物——研究"听众"是谁，提取信息；深入学文，细致揣摩——研究"听众"认真倾听时的眼神，体现"目"；提炼文意，汇通文我——研究"听众"用心倾听时的语言，体现"心"；聚焦至"聽"，巧妙铺陈——人物形象渐次立体，文本意义升腾至美。

用"聽"串连本课的教学内容，将教学过程分割为四个板块，看起来很有新意，能够反映出教师对文本个性化的解读，同时也能引导学生体会老人美好的心灵、智者的宁静、美好的德行。但这样用心良苦的解读并非是学生的解读，而是教师的一厢情愿。通过与吴教授磨课，我认识到教师的文本解读固然重要，解读时追求个性也未尝不可，但语文课的文本解读更应该关注学生语言文字的学习。如果仅仅是追求"深、新、奇"，表现教师解读的"独一无二"，这样的解读充其量是教师个人素养的展示。语文教师文本解读的重心应该是发掘文本的语文教学价值在学习语言文字运用方面所能发挥的作用，解读并选择有利于小学生学习语文的教学内容。所以第二次备课中，我根据课文特点，将"创造性复述部分课文内容"作为本课的教学重点，这样就凸显了语文课程学习语言文字运用的性质特点。

设计有梯度的教学环节，帮助学生丰厚表达经验。第二次备课我围绕"创造性复述课文"安排了三次表达练习：复述"我"与老人第一次见面的情景，复述"我"在老人鼓励下拉琴时的变化，想象"我"得知老人真相后拉琴时的情形。学生能复述清楚这三次不同情境中"我"拉琴的变化，就能理解老教授的用心良苦，体会老一代音乐人对年轻人的关爱和鼓励。我采用"提取信息—重组表达—内化运用"的方式，促使学生在情境转述中将"消极语言"转化为"积极语言"。这一过程实现了教学的多重预期，既有语言习得，也有内容理解；既开放多元，也有思维含量。学生的发言让我意想不到，看来，教师给足空间，学生的精彩便会绽放，教学中教师过度牵制学生是不可取的。

实际教学后，又出现了两个问题：第一，虽然备课时能围绕语言表达形式确定教学重点，但较多考虑的还是教师要教什么，较少考虑学生需要学什么，所以安排的教学内容还是多了些，不够聚焦。比如第二板块我花了不少时间指导学生将人物语言描写改为叙述语言，对五年级学生来说教得过浅，而且是在同一平面上反复练习，没有形成梯度，所以学生没有真正的获得感。语文教学应该顺应学生的学习需要，不能见到语文知识就盲目地教，必须顺应学生的认知发展规律。在第四板块中，我设计了"想象我得知真相后的心理活动"，虽然与前两个语境有衔接，但在无意中又增加了"心理活动描写"的要求，且教学目标中也没有这一条。虽然写心理活动符合五年级的年段要求，但课堂时间是个常量，这样势必影响教学难点的突破。在"一定的时候"学习，在"合适的时候"教，就是告诉我们，必须顺应学生的内在需求。伤其十指不如断其一指，面面俱到其实是面面不到。教学内容相对聚焦，更容易体现训练的梯度。

第二，习惯从"我要怎么教"来考虑，对学生学习活动的设计欠妥，尤其是对"学生如何学才能习得语言"考虑不够充分。比如何时安排小组学习，怎样让弱势学生参与言语实践活动，怎样组织课终小结等，都需要充分考虑学生已有认知，为学生适时适度搭建支架。三次表达练习彼此之间的关联性不够强，不利于形成清晰有效的学习脉络。倘若整个教学过程聚合于一个集中的点——"创造性复述"，据此设计丰富的、参与面广的学习活动，学生的言语能力才能切实得到提升。

磨课过程历经三年，痛并快乐着。痛的是要摒弃长期习惯的备课思路，常常穿着新鞋又走到老路上去；快乐的是，当我设计好有逻辑、有梯度的教学板块，帮助学生建立起明确有效的学习经历时，尤其是看到学生在语言表达上有起色、有进步，心中的愉悦无以言表。

从教课文走向教语文

——与景洪春老师磨课

吴忠豪

研读前后两个课堂教学实录，可以强烈感受到景洪春老师语文教学思想的深刻变化。第一次教学，教师抓住一个"听"字演绎出文本解读的主线："初识唯一的听众""耳聋与耳'聋'""平静的眼神""诗一般的语言""'聽'的艺术"等几个环节，展现出教师文本解读的过程，教学的主要目标指向对老人美好德行的深入认识。尽管从匠心独具的文本解读、酣畅流利的教学设计和诗一般的教学语言中我们可以感受到景老师的语文功底，但毋庸置疑，这堂课的设计思路还是指向对"课文内容"的深入理解。三年后的这次教学，景老师在学生读懂课文内容的基础上，依据课文内容生成三个情境，引导学生进行语言表达活动：先是转述"我"在第一次在老人面前拉小提琴时的情景；然后再让学生转述一个月以后"我"在小山上拉小提琴时的变化；再让学生想象"我"得知老人是音乐学院最有声望的教授以后，又一次到后山上拉小提琴时的情形，并写一段话。很明显，这堂课重在依据课文创设情境复述，目标指向学生语言表达能力的提高，是用课文来训练学生的表达能力。

景老师设计的三次言语表达实践是有密切的内在联系的：第一次表达教师采用了填空的方式予以引导，以降低表达的难度；第二次表达练习是在第一次基础上加上"我的变化"，难度提高了；而第三次的"想象我得知真相后的心理活动"则是创造性复述练习，这需要学生在读懂内容的基础上，运用自己积累的语言陈述自己对作品中人物和事件的感想。三次表达循序渐进，难度逐步提高，将表达训练与内容的把握、情感的领悟有机地融合在一起。

其实，理解是表达的基础，不理解怎么能够表达呢？学生要把教师创设的这些特定情境表达清楚，必须主动深入地理解课文，从中寻找合适的内容，然后再把这些内容构建成一段话，通顺连贯地表达出来。因此，利用课文创设语境进行表达，表面看似乎是在训练学生的表达能力，其实也是一种促进学生深入理解课文思想内容的途径和手段，而且这种带有明确表达任务的阅读理解，更能激发学生的阅读动机，因而其阅读的主动性和积极性会更高。试想，学生能够把"我"三次在老人面前拉小提琴的不同动作神态、不同心理活动的变化说清楚，对课文的理解还会不深入吗？景老师以依据课文的情境表达练习设计贯穿整个教学过程，不仅训练了学生的表达能力，而且有效促进了学生对课文的深入理解，极大地提高了教学的有效性。

从课堂实录中学生表达的记录看，第一次和第二次情境表达时，学生所运用的大多是课文中现成的语言。有人可能据此问，这样的情境表达练习，学生只是在转述课文中的语言，对学生的语言发展有何意义？其实这是对学生语言学习的一种误解。根据心理学家的研究，能"理解的"语言和会"运用的语言"，是个体学习言语过程中两个不同层次的学习水平。心理学家把只能"理解"不会"运用"的语言称为"消极语言"，把既能理解又能运用的语言称为"积极语言"。现代语文教学对学生语言学习的认识是建立在这样一个前提之上：学生理解了课文中的语言，就自然而然地会运用。然而实践证明这只是一种理想化且很难实现的假设。因为"能理解"不等于"会运用"，"能理解"和"会运用"不能混为一谈。就像成年人学文言文一样，能读懂理解文言文的人很多，但能运用文言文表达的人却凤毛麟角。因为"理解"比起"运用"要容易得多。儿童学现代语文和成人学文言文尽管有区别，但在语言的"理解"和"运用"的学习规律上是完全相同的。绝大部分学生，特别是学习能力中等以下的学生，不仅缺少对"理解"的语言"自然而然"运用的能力，而且也没有或很少有"自觉运用"的意识和习惯。他们对课文中学过的大部分的词语和句子，仅停留在"理解"这一层面，除了少数在语言学习方面特别有天赋的学生之外，绝大部分学生难以自觉转化为自己能够运用的语言。

景老师设计的三次情境表达实践，就是有意识地引导学生尝试运用自己理解的课文语言，是一种将课文中学到的"消极语言"转化为"积极语言"的积极尝试。教师在指导学生练习复述时，反复强调"要在诗一般的环境中讲述诗一般的语言"，诸如描写小树林环境的优美语言，描写教授神态、外貌和话语的独具魅力的语言，这些印刻着作家个性化的、新鲜的、富有文采的语言，都值得学生学习与模仿。学生通过情境转述，就有可能实现从"理解"到会"运用"的转化，从而有效促进学生的语言发展。

王尚文先生说过，理解和运用是两个密切联系、有机统一的概念，不能把它们割裂开来。运用不能离开理解这个基础，理解只能在运用中才能真正形成，抓住了运用，也就抓住了语文教学的"牛鼻子"。离开了运用，理解就可能浅表化，甚至误入歧途。这番话很值得深思。

（吴忠豪　上海师范大学　教授）

其实我们可以更酣畅地对话

接到开课任务后，我开始了选课。此时已临近期中考试，时间过半，看看后半册的教材，几乎没有我十分喜欢的课文。有的课文超出了三年级学生的认知水平，如《威尼斯小艇》；有的课文离学生年代久远，如《猫是老虎的先生》；有的课文写得太浅显，没有语言训练的"抓手"，如《饭钱》；唯有《惊弓之鸟》文质兼美，入选国内多个版本的教材。不过，《惊弓之鸟》是一篇传统课文，已有很多名师上过，我思忖着如何使老课新上。

首先，我考虑的是如何抓住课文最核心的问题，达到牵一发而动全身的效果。这篇文章并不难，很多学生在课外阅读中已接触过，"课文无非是个例子"，如何利用这个例子，引导学生探寻文本表达的奥秘，让学生在"得意"的基础上"得言"，体现一种语文意识，是这堂课要彰显的主要目标。

文本的表达顺序，是作者叙述思路的表征，是作者独具匠心的体现，这需要教师备课时去认真地发现，并形成教师、学生与作者间的认知共鸣。这篇文章在表达上的特别之处是作者先写了更羸的做法，最后才点明了他的想法，何不利用文本的这个特点，让学生对课文内容进行想象补白，而更羸的想法放在文末，又正好可以指导学生理解课文先写结果再写原因的写作特点，学习作者谋篇布局的匠心。这个核心问题想好了，我又设计了三个教学板块，心中才有了底气。

一周后，我如期开课。课上好了，课堂上那看似活跃的气氛虽然赢得了同事的赞赏——"你的课是一堂对话共享的课"，然而，教学过程中那几个不够酣畅、不够尽兴的镜头总在我眼前闪烁。或者说，我的课堂，给了学生表达的欲望，却又不自觉地限制了他们表达的空间。

镜头一

引导学生理解更羸的心理活动是本课的教学难点，当我提出"更羸发现这只大雁飞得慢，叫的声音很悲惨时，他会想什么"的问题时，学生出现了三种意见：第一位学生是从第9段中找到的答案。第二位学生的意见是："更羸仔细看了看，心想：这只大雁怎么飞得这么慢，而且还没有团队，它是不是受过箭伤？"其实这两种意见大体一样，只不过一个是用课文语言回答的，另一个是用自己的话归纳的。第三位学生认为应该加上"它一听到弦响，心里很害怕，就拼命往高处飞。它一使劲，伤口又裂开了，就掉了下来"这一句。我认为这是学生阅读理解中的障碍点——容易将更羸细致的观察与准确的判断混为一谈，这是正常的，也值得停下来花时间讨论。这时，有一位学生说："因为更羸前面拉了弦，所以这里应该加上这一句。"也许是担心时间不够，也许是看到有部分学生赞成这个与预设相悖的观点，我马上反问这位学生："这时候更羸拉了弦吗？他刚刚看到一只大雁慢慢飞来，边飞边鸣，他的第一反应是什么？"虽然听上去是在和学生商讨，但语气中有明显的倾向，班级中有两个反应较快的学生马上嗅到了我的意图："他的第一反应是，考虑这只大雁为什么飞得这么慢？""而且只有一只大雁，没有其他的大雁。"他们在下面附和着我，我仿佛抓到一根救命稻草般，马上抓住这两名学生的回答——"景老师也赞成卢家禾的意见"，立马将尚存疑惑的一部分学生拉到我预设的轨道上来。原本想好的讨论也就不了了之了。

其实，最后的"对话"与其说是我带着学生"对话"，不如说是我代替学生"对话"，尽管他们已经做好了对话的准备。真的，有时帮助也是一种扼杀。

镜头二

上课伊始，我引导学生解题"惊弓之鸟"，"惊""弓"二字的推进都很顺利，当我问到"之"的意思时，一个学生回答说是"助词"，这是我没想到的。我的第一反应是表扬他，但又担心表扬之后会不由得接着他的"助词"讲下去，这样对三年级学生来讲太深了。于是，我只好追问这位学生"之"是什么意思，他没直接回答，却说："比如示范之家。"看来，他已经会正确运用"之"了，这更是我始料未及的。可是，他始终未回答出我预设的答案"的"。我只好敷衍了一句"好的"，随即又请了另一位同学回答。还好，终于有同学将"的"这个答案说出来了。我不忘表扬他一句："预习得真好，这是文言文中常用的，知道这个词的意思很不容易。"貌似掩盖了刚才的尴尬。

这一教学细节虽然没有什么不当，可是否有更好的方式，让一颗本已打开的心飞得更高、更远？我应该这样做，迎着他的目光，真诚地说："真好，你是在用心预习，不仅知道这个词的词性，还懂得这个词怎么用，大家要向你学习，理解词语不仅要知道它的意思，更应懂得怎么运用。"以后的课堂，会有更多的同学也"秀"出他们的精彩，这不就更凸显一个对话的课堂吗？对那个答出"的"的同学的评价，我给自己打了"及格"。从评价功能角度讲，我只重视了价值判断，却忽视了价值引领。这等于给了学生一个满意的结果，给了学生一个美满的句号，没有给学生一个新的开始和新的启示。我应该这样说："'之'是古代的常用字，现在人们常常会在成语或固定短语中用到，比如，前面韩森提到的'示范之家'，比如成语'害群之马'，有兴趣的同学回去可以再查一查带有'之'的成语，你会有更多的收获。"

教师有三个层面：一是教学生正确的知识；二是教给学生一把钥匙；三是给学生一个视野。语文教师随时要有一种看得更远的目光，学生才能在你的视线中飞得更高。教育，原本就是在期待中超越和升华。

镜头三

课堂的尾声，我希望通过想象魏王说的话，推进学生对文章主旨的理解。此时，我对学生说："同学们，文章的结尾没有魏王说的话，此时此刻，魏王可能会说什么？我们最近刚学过三种对话形式，请你选择其中一种对话形式说一句话，简短一点。"热烈讨论之后，我请了几位同学来回答。第一位同学说："'你真不愧是我国有名的射箭能手。'魏王说。"我马上给予了肯定："非常好，他用的是提示语在后的形式，而且和开头照应了。"第二位同学说："你真不愧是魏国有名的射箭能手，原来想要把猎物射中，必须先动点脑子。"听到这样直奔文章主旨的精彩答案时，我又禁不住给予了大大的表扬："你理解得真深刻，给她点儿掌声。"气氛的确热烈，但后来细想，表达内容的精彩掩盖了表达形式的变换，换句话说，我和学生都忽略了用三种对话形式来表达的训练目标。这时，第三位同学说："魏王十分高兴地说：'我终于知道了你射箭好的秘诀。'"发现学生能恰当运用积累过的词语，我觉得需要捕捉这稍纵即逝的火花，于是，我热情地说："真不错！用上了刚刚学过的一个词'秘诀'。"随即，我又将这火花再次抛给学生，希望点燃更旺盛的火花，"那你说，更赢成为射箭能手的秘诀是什么？"果不其然，大家更加跃跃欲试了："是仔细观察。""看它的动作、叫声。""动脑筋。""认真思考。""有经验。"是时候了，我得意地开始总结："当我们遇到问题对要善于观察，观察以后还要善于思考，还要善于把观察到的和自己的经验联系起来。这就是更赢之所以成为'射箭能手'的秘诀。"

日本教育学者佐藤学做了形象的比喻：好的教学如接住学生"投过来的球"，即"接住"每个学生的发言，并能与那些倾心"投球"的学生的想法产生共振，而不是只注意自己教学的进度。当我们注意到生成资源的利用，注意到教学时机的捕捉，但又难以达成这节课的教学目标时，我们该怎么办？反思之后，我觉得还是可以找到两者完美契合的生长点，比如当学生的发言很精彩而忘了用上合适的对话形式时，我可以这样启发："魏王说这句话时会是怎样的神态？怎样的语气？你能再说得具体些吗？"这样的引导，既肯定了发言学生的精彩，又暗示了方法和思路，使其他学生的后续学习更有效。其实课堂是充满机会的，只有充满机会的课堂才是开放的课堂。教师向学生开放，课堂向生活开放。开而不放或放而不高往往是因为我们想得不够深入，眼界不够广阔，把握得不够及时。目标是基于学生确定的，学生学习的积极性是最宝贵的，这节课的短期目标没有达成不要紧，可以在下节课上再去付诸实践。王荣生教授曾经说过，教的根本目的是帮助学生学，教学环节就是组织"学的活动"，教学流程就是"学的活动"充分展开，营造以"学的活动"为基点的课堂教学。能调动学生学习的积极性才是真正的教，给学生学习体验的机会才是真的会教，教师轻松、学生愉快、学有收获才是教的艺术的至高境界。

教学之美，美在细节。没有完美的课堂，但要有清醒的反思。关注表达的语文教学让语文课堂更加凸显学科本质，直指核心问题的语文教学让课堂更加简洁。但既要注重教学设计的精巧，更要注重课堂教学的高效。阅读与表达是语文课堂的命脉与血肉，智慧与尊重则更能成就语文课堂中的对话。"课堂是向未知方向挺进的旅程，随时都有可能发现意外的通道和美丽的图景，而不是一切都必须遵循固定路线没有激情的行程。"（叶澜老师语）其实，我们是可以更酣畅地对话的，只是我们缺少了耐心，缺少了整体的驾驭力，缺少了敏锐的洞察力，缺少了思考的穿透力，缺少了果断的判断力，缺少了对教学时机的捕捉与最佳利用。

真正的教学源自心灵，源自教师的专业智慧！

尊重原初体验，提升言语智慧

《看不见的爱》教学实录与反思

教学内容：沪教版《语文》2015 年版

教学年级：四年级

教学时间：40 分钟

执教日期：2016 年 4 月

教学过程

板块一：溯"爱"，整体感知

师：昨天我们预习了课文，也完成了课前问卷，老师阅读了问卷，了解了同学们的学习情况，这节课，我们一起学习《看不见的爱》。先听写几个词组，请几位同学到讲台上来写。（详见板书）

（三生到黑板前听写，教师提醒学生注意"的""地""得"的用法）

师：谁来点评一下他们写得怎么样？

生："糙"写得太宽了。

师：这个"糙"写对了，但是不美，我听到俞江越说的一个词儿，"瘦"一点儿，是的，这个字要写得"团结"一点，就像我们班同学一样，要团结在一起。像老师这样写一遍，不仅要写正确，而且要写美观。（教师范写，全体学生写一遍）

生：两个"安详"的"详"都写成"祥"了。

师：应该是哪个？

生：言字旁的详。

生："疏朗"的"疏"也写错了，写成"舒"。

师：把"疏朗"的"疏"也写一遍。

师：昨天的问卷中，有好几位同学提到了不明白"疏朗"的意思。你们查过"疏朗"的意思吗？

（有四生举手）

师：表扬这四位同学，遇到不懂的问题，及时提出来，并主动去解决。

师：文中"疏朗"是什么意思？

生："疏"是稀疏。

师："疏"表示空间比较大，用"稀疏"是可以的，"稀疏"是说星星多不多？

生：不多。

师：那么"朗"呢？

生：明朗。

师：星星不多，看上去清楚吗？

生：清楚。

师：是啊，非常清楚。所以，可以用"明朗"来解释。两个字的意思合起来是什么？

生：稀疏明朗。

师：联系上下文看一看，这里用"疏朗"合适吗？谁读一读这一句？

生：（朗读）夜风轻轻袭来，蛐蛐儿在草丛中轻唱起来，天幕上已有了疏朗的星星。

师：你觉得用在这儿合适吗？

生：合适。

师：是的，天空中的星星不多，所以是"夜风袭来，天幕上已有疏朗的星星"。预习时，遇到不懂的字词一定要养成查字典的习惯。

师：再看看黑板上的这些词语，你发现了什么？景老师为什么要让他们这样写？这一排词语写的是什么？这一排呢？（师指板书）

生：第一排写的都是小孩的动作。

师：这是个怎样的孩子？

生：盲童。

生：第二排写的是妈妈的神态，最后一排写的都是天色的变化。

师：很会归纳。这篇文章的线索是比较多的，（指板书）具体说一说。

生：写了盲童怎么打玻璃瓶的，写了妈妈的表现，还穿插写了天色的变化。

师：很好。文章还有一个特点，就是运用了第一人称的写法。文章有这么多线索，阅读的时候，我们该怎样把握？先来了解一下文章写了什么，借助填空，说说看。

（出示：我_____母亲_____盲童_____）

生：一天，我出去散步，看见一位母亲安详地微笑着，一边给盲童递石头。

师：不一定要用上黑板上的词语，简单概括一下文章写了一件什么事。

生：一天，我出去散步，看见一位母亲在教盲童打瓶子。

师：你觉得这里用"教"合适吗？

生：帮。

生：鼓励盲童打弹弓。

师：我喜欢"鼓励"这个词。妈妈仅仅是在教吗？景老师现在是在教你们，但是妈妈对盲童，仅仅是在教吗？

生：不是，"鼓励"更合适。

板块二：扣"爱"，研究表达

师：课文写了一位母亲在不断地鼓励她的孩子——一位盲童打弹弓的事。很多同学在问卷中都提到了一点，说有一种感觉，这篇文章虽然没有提到一个"爱"字，却让他感受到了一种爱。很好。你们知道为什么会有这种感受？文章没有提到一个"爱"，这正是作者的高明之处。作者非常了不起，他是英国一位著名的作家。（生齐读：威廉·戈尔丁）

师：作者为什么能让我们感受到一种浓浓的爱？他用了什么手法？

生：第一人称的写法。

生：他不仅写了自己看到的，写了自己听到的，还写了自己想到的。

师：对。第一人称的写法就有这样的好处，可以写出自己的所见所闻所想。请你告诉我，哪些地方让你感觉到文章很真实，找出相关句子，画出来。

（生交流）

生："过了很久，那男孩的频率逐渐慢了下来，他已经累了。"这是写作者看到的，作者如果是编造的，他就不知道那个男孩是累了。

师：孩子有没有告诉作者"他累了"？

生：没有。

师：这是作者感受到的，作者把自己的感受在字里行间传递了出来，让我们感觉很真实。

生：最后一节"走出不远，身后传来一声清脆的瓶子的碎裂声"，这是作者听到的。

师：你是不是觉得这个结尾很不一样，很精彩，是吧？好，昨天有很多同学都认为最后一节写得好，一起读。

（生齐读：走出不远，身后传来一声清脆的瓶子的碎裂声）

师：作者为什么不这样说："过了一会儿，那男孩打中了瓶子"，不也是这个意思？

生：写得不真实。

师：也是真实的，为什么作者不直接说"那男孩打中了瓶子"？

生：不太符合实际，因为前面写到"便转身往回走去"，"走出不远"才听到瓶子的碎裂声。

师：你是从实际的角度来讲，那就直接写他打中了，为什么一定要写打瓶子的声音？

生：作者已经走出不远，不一定看得到那个小孩子。

生：已经天黑了，他已经看不见瓶子的轮廓了。

生：但是他听到声音了就知道这个小孩子打中了瓶子。

生：太俗了。

生：前面已经写"我沉默了"，作者用这样的结尾，可以写出他对这件事产生的思考。

师：我觉得卢家禾已经明白大概意思了，只是表述得还不够清晰。谁再来说？

生：因为作者在前面写到"由皮条发出的'噼啪'声和石子儿崩在地上的'砰砰'声仍在单调地重复着"，最后一节这样写，就让人有一种突然很轻松的感觉。

师：韩森的语感太好了。看板书，景老师在黑板上写了"单调地重复着"，这句话比较长，谁来读好？

生：那由皮条发出的"噼啪"声和石子儿崩在地上的"砰砰"声仍在单调地重复着。

师：好，读得好，停顿得也对，但是语速太快了。谁再来读？

（生再读）

师：（纠正儿化音）石子儿。

（生齐读：石子儿）

师：这句话中有一个词很重要——

生：单调。

生：重复。

师：不对。听我读（师范读：那由皮条发出的"噼啪"声和石子儿崩在地上的"砰砰"声仍在单调地重复着），听出来了吧？

生：（齐答）仍。

师：把"仍"圈出来。从"仍"你体会到什么？

生：时间很长。

生：表示前面没有讲到的地方很有可能也在讲，并且，后面还补充了一句："对于那孩子来说，黑夜和白天并没有什么区别。"（掌声）

师：真好。韩森同学在阅读时有一种非常好的习惯，能前后联系着读文章。作者不止一次在文中提到那孩子打瓶子的声音，这也是文章用声音的描写作为结尾的原因，这样写要比直接写他打中了要更显得意犹未尽。（板书：意犹未尽）这石子儿打在了瓶子上，打在了作者的心上，也打在了我们的心上。

板块三：品"爱"，触摸语言

师：昨天的问卷中，有18位同学提到了第17自然段，我们读一读第17自然段和文章结尾。

（指名读）

生：夜风轻轻袭来，蛐蛐儿在草丛中轻唱起来，天幕上已有了疏朗的星星。那由皮条发出的"噼啪"声和石子儿崩在地上的"砰砰"声仍在单调地重复着。对于那孩子来说，黑夜和白天并没有什么区别。

师：虽然他读得结结巴巴，但是他总算读下来了。

（一生再读）

师：有进步。这一段话写得很美，昨天有好几个同学在问卷中提到，明明是写"看不见的爱"，作者为什么要写景？

生：借景抒情。

师：不要仅仅告诉我一个词，光知道这个词还不够，你要结合课文内容把理由说清楚，而且在这篇文章中，不止一次写景，哪几句？用波浪线画出来。

（生交流）

师：这是同学们在阅读时遇到的一些难点，我也觉得奇怪，讨论一下好吗？

生：为什么文章的结尾不用省略号，而用句号？

师：表示意犹未尽的时候不一定要用省略号，有时候，用句号也是可以的，不是所有的结尾都要用省略号。文章结尾写天色已经暗下来，与男孩打弹弓有什么关系？

生：修饰夜景，文章写的是母爱，所以就修饰了一下。

师：我觉得你也明白了一半了。

生：写天色暗了下来突出了时间长，也暗示了母爱是不间断的。

师：从"天色很好"到"又过了很久，夜色笼罩下来"，这个过程是漫长的，作者没有写几点几分，我在哪儿。如果作者这样写：几点几分，我在这儿看到了什么，你感觉怎样？

生：太死板。

师：这篇文章的基调你读下来是什么？感觉怎样？

生：有一种忧伤感。（掌声）

师：感觉很好。直接写时间和通过写天色来代表时间在推移，这两种写法哪一种与文章的基调更吻合一些？

生：通过写天色来代表时间在推移。

师：有的时候，我们要表达一种情感，可能需要一种文字，借写天色的变化来表现人物的情感，就是一种不错的写法。

（师再次指导学生有感情地朗读三句写景的句子）

师：昨天很多同学问了这个问题：文章为什么用"看不见的爱"作为题目？这个问题提得非常有价值。老师是这样认为的，这男孩看不见，所以用"看不见的爱"作为题目，这样理解可以吧？

生：应该可以。

生：不可以。因为文中的母亲没有说过自己爱盲孩子，只是在她的一言一行中表现出来了。（掌声）

师：真好，一言一行，母亲在一言一行上具体怎样表现的，画出来，读一读。

（生交流）

师：昨天的问卷中，很多同学都从这句话读出了母亲对孩子的鼓励和孩子的坚持。是不是可以这样说，一方面是因为他是个盲孩子，看不见，更重要的是母亲给孩子的这种爱，课文中直接写了吗？母亲的爱是不是直接用语言表达的？母亲有没有说"他虽然是个盲孩子，但是我爱他"？

生：没有。

师：但是我们感受到母亲的爱了吗？

生：感受到了。

师：母亲的爱是深沉的，也是伟大的。它伴随着我们，包括盲孩子，也包括你们的父母对你们的爱，这种爱是看不见的，但又是深沉的。

板块四：研"爱"，运用语言

师：课文以第一人称的口吻，写了作者的所见、所闻和所想。后来，盲孩子回到家，向他爸爸讲述了这件事，该怎么讲呢？还是这个时间、地点，景老师给你们一个开头，"夏天的一个傍晚，我和妈妈来到一片空地上"，说一段话，可以用上"虽然……但是……"，也可以用上积累过的词语、短语等。说之前先想一想，课文中的哪些内容可以放进去，哪些内容不能放进去？

生：盲孩子看到的内容都不能放进去。

生：盲孩子听到的内容都可以放进去。

师：很好，这些内容是课文中已经有的。课前，我们体验过做一个盲人的感受，联系生活经验想一想，还有哪些内容可以加进去？

生：盲孩子想到的内容可以加进去。

（四人小组练习）

师：交流时注意两点：第一，课文中已有的内容，在表达时，注意把"我"听到的内容自然、连贯地讲出来；第二，课文没有写的内容，比如"我"怎么想的，想象要合理，符合当时的情境。

生：夏天的一个傍晚，我和妈妈来到一片空地上打玻璃瓶，虽然我看不见，只能听见蛐蛐在清唱的声音。

师：蛐蛐的声音这时候就出来了？

生：没有。

生：（继续）虽然我看不见，但是我一直很认真、很有规律地打着。我相信，只要通过我的努力，总有一天，我能打中那个玻璃瓶。

师：你说得很清楚，也很简洁，有点像概括主要内容。我希望你能够把刚才我们听写过的、积累过的词句也用进去，就像刚才那个同学"功夫不负有心人"，就是将课内外学过的语言进行运用。

生：夏天的一个傍晚，我和妈妈来到一片空地上打玻璃瓶，我打得很认真，我屏住气，瞄很久才打中一个，（师：对！就这么说。）我听到了皮条发出的"噼啪"声和石子儿崩在地上的"砰砰"声，在单调地重复着，在我看来，那就是通往胜利的声音。（师：真棒！）这时，我听到一个叔叔和妈妈在说话。"他……怎么能打中呢？""我告诉他，总会打中的。关键是他做了没有。"听到妈妈的话，我想，只要我坚持打下去，总会有一次打中的。这时，我的耳边传来蛐蛐儿为我加油的声音，不知又过了多久，我终于听到一声清脆的瓶子的碎裂声。（掌声）

师：这位同学有三点可取之处：第一，文中积累的语言她都用进去了；第二，什么时候说"我"做的，什么时候说"我"想的，她说得很有层次；第三，文中没有写到的，"我"怎么想的，她想象得合情合理。像她这样，自己再练习说一遍。

生：夏天的一个傍晚，我和妈妈来到一片空地上打玻璃瓶，虽然我看不见，但是我打得很认真，我屏住气，瞄了很久，才打中一个，我打一弹，移一点，再打一弹，再移一点，虽然我打得忽高忽低，但我还是认真地打着，我屏住气，瞄了很久才打出一个，我打得也很有规律，（师：加了"也"字就很连贯）打一弹向一边移一点，再打一弹再移一点，然后再慢慢移回来。我听见了蛐蛐儿在草丛中清唱的声音，好像在为我加油、鼓劲儿，那由皮条发出的"噼啪"声和石子儿崩在地上的"砰砰"声，我一点儿都不觉得单调，那是我通往胜利的声音。（掌声）

师：你们都很爱用这句话，这句话的原创是谁？（生答）同学说的精彩语言，如果合适，用进去也能增色不少。

生：（继续）我听见一位叔叔和我妈妈在聊天，他想教我，但是我妈妈对他说："我告诉他，总会打中的。关键是他做了没有。"听了这话，我更加有信心了。没过多久，我听到了一声清脆的瓶子的碎裂声。我终于打中了。

师：真棒！

（出示：走出不远，身后传来一声清脆的瓶子的碎裂声）

师：如果请你给文章换一个结尾，你会怎么写呢？

生：这真是看不见的爱啊！

生：这真是伟大的母爱啊！

师：这是我们最爱用的结尾，篇末点题，与作者的结尾比，哪一个好？为什么？

生：作者的结尾好。

生：文章好几个地方都写到声音，因为在盲孩子的世界中，只有声音。所以作者写了自己听到的各种声音，也是盲孩子听到的各种声音。

师：说得太好了。这样写要比直接写他打中了更显得意犹未尽，收到言已尽而意无穷的效果。（板书：言已尽而意无穷）

师：这石子儿打在了瓶子上，打在了盲孩子的心上，打在了妈妈的心上，也打在了作者的心上，打在了我们心上。再次齐读。

（生齐读）

板书：

22　看不见的爱

粗糙的弹弓	安详	天色很好
打得忽高忽低	平静	疏朗的星星
单调地重复着		夜色笼罩
清脆的瓶子的碎裂声		

教学反思

　　触摸学生心灵。新课程强调学生是学习的主体。因此，阅读教学的内容就必须站在学生的角度上确定学习起点，这个起点不能是教师想当然的"觉得"，而必须是学生现有的水平和能力，指向学生的最近发展区。揠苗助长式的超前教育或原地踏步式的重复教育都会挫伤学生的学习兴趣，浪费教学资源。故而，学情分析应成为确定教学内容的前提。怎样分析？首先要编制一份合适的问卷。所谓"合适"，是指根据教学需要，有针对性地对学生现有水平和学习期待进行调研而设计的系列问题。在执教本课前，我设计了一份问卷：

　　1. 你喜欢这篇课文吗？为什么？（不少于 50 字）

　　2. 学习这篇课文，你觉得最困难的地方是什么？（在括号里打"√"，可以多选）

　　（1）不理解题目的意思。　　　　　　　　　　　　　　　　　（　　）

　　（2）不理解文中词语的意思，比如_____。（　　）

　　（3）不理解某些句子的意思，比如_____。（　　）

　　（4）不理解第____自然段为什么这样写。　　　　　　　　　（　　）

　　（5）不理解母亲为什么要这样做。　　　　　　　　　　　　（　　）

　　（6）其他_____。（　　）

　　3. 你觉得这篇课文写得最精彩的地方是哪里？为什么？（不少于 50 字）

　　4. 什么是"看不见的爱"？（不少于 30 字）

　　必须承认，这份问卷在学理上存在一些缺陷，但是它切实地帮助我了解了学情。通过对 37 份问卷的汇总和整理，学生对课文主旨的把握、写法上的妙处以及学习中的困难等都得到了呈现。尤其是在第一个问题的调查中，95% 的学生选择喜欢，5% 的学生选择不喜欢。在喜欢的学生中，46% 的学生认为文章体现了母爱的伟大；6% 的学生认为文章体现了盲童的坚持不懈；16% 的学生认为文章体现了母爱的伟大和盲童的坚持不懈；21.6% 的学生认为文章的写法好，分别体现在细节、题目、语言、动作以及作者未明言爱却充满爱意等方面。在第二题的调查中，不理解第 16、17 自然段为什么这样写的学生占 8% 和 19%；不理解第 14、20 自然段为什么这样写的学生各占 6%；不理解第 3、5、7、8、9、12、19 自然段为什么这样写的学生各占 3%。如此一来，教学内容的确定便一目了然了，我创生了"通过描写自己的所见所闻所思和景物描写使文章更真实感人"的教学内容。当学生发现自己想学的内容在课堂教学中呈现出来时，自然十分积极主动。

　　触摸语言细处。品析语言是散文教学的基本路径。抓哪些语言来品析呢？我没有架空地去谈文本的悠悠母爱，因为这些是学生已经读懂的，多讲没必要，而是抓住内涵丰富，学生心求通而未能通、口欲言而未能言的词句，让学生去真实感受、体认、分享它所传达的丰富而细腻的人生感情。为什么作者不止一次地写天色的变化？与课题有什么关系？一切景语皆情语，师生通过对景物描写的语言的品味咀嚼来探索看不见的爱的意蕴，是真正有散文味的教学。提升阅读教学的品质，必须了解不同文体表现的特殊性，最后确定这些文体应该教些什么，以实现教学内容的独特性。

触摸语言深处。小学生阅读散文，对散文描写的具体事物可能较为关注，而对隐藏在散文字里行间的至真至纯的温暖情感往往难以揣摩。比如《看不见的爱》中的结尾："走出不远，身后传来一声清脆的瓶子的碎裂声。"教师应善于引领学生从微观视角品读细节来解读全文，向更深处漫溯。这句话为什么这样写？为什么不那样写？为什么用这句话作结尾？这一具有张力的问题，既能带动对课文基调的整体品味，又对课文内容和教学过程都有很强的内在牵引力。这样的主问题设计，是根植于对学生和课程标准的准确把握，最适合的才是最有效的，依据学情，创生出最为鲜活、最契合文体特征的教学内容。整节课上，学生思维活跃，妙语连珠，自始至终都处在积极愉悦的探究氛围中，文章情感、语言风格、写作手法都在这支长蒿的一拨一划中得以理解。

在这节课结束之后，又对学生做了一次课后问卷，如下：

1. 学了课文，你是否已经理解了什么是"看不见的爱"？（不少于30字）
2. 学完这篇课文，你觉得课前感觉最困难的地方是否已经解决？
A. 全部解决　　　　B. 大部分解决　　　　C. 小部分解决　　　　D. 仍未解决
3. 学完这篇课文，你觉得仍存在什么问题？（请上题选择B、C、D的同学写）
4. 学完这篇课文，你觉得这篇课文写得最精彩的地方是哪里？
5. 访谈题：通过课文的学习，你觉得你对这一课的理解前后是否有变化？
（10人左右）

在对第一个问题的调查中，100%的学生选择理解了什么是"看不见的爱"；在对第二个问题的调查中，困难全部解决的学生占29.7%，大部分解决的学生占59.5%，小部分解决的学生占5.4%；对于文章最精彩之处，选择最后一个自然段的学生占54%。

以上的备课过程，经历了四个阶段：首先，根据学习需要和课标要求确定教学内容；其次，参照教学内容确定学习起点；然后，沿着学习起点关注学习状态；最后，评估学习结果。奥苏贝尔曾说过："影响学习的唯一最重要因素就是学习者已经知道了什么。要探明这一点，并应据此进行教学。"语文教师一定要讲出学生感觉到又说不出来的东西，讲出学生一望而知，其实是一无所知的东西来。"我开始并不喜欢这篇文章，不明白是谁在跟谁对话，现在我明白了，是母亲怕孩子受伤，在安慰孩子。现在我最喜欢课文的结尾。"这是真正属于学生主动学习的发现。既有尊重，又有提升，教学植根于学生心灵，语文课堂的对话就很自然地迈向更高层次。

看得见的学习，看得见的成长
——景洪春老师《看不见的爱》教学赏析
冷玉斌

龙应台女士有过一次演讲，谈人们为什么需要文学，她说：

> 如果说，文学有一百种所谓"功能"而我必须选择一种最重要的，我的答案是：德文有一个很精确的说法，machtsichtbar，意思是"使看不见的东西被看见"。在我自己的体认中，这就是文学跟艺术的最重要、最实质、最核心的一个作用。

"使看不见的东西被看见"，我很喜欢这个说法，而且，我更想到，这不仅是文学之功能，移用至课堂教学，我们在课堂上，也需要与学生一起，透过阅读、透过学习，"使看不见的东西被看见"。事实就是这样，最近观摩了景洪春老师《看不见的爱》一课教学，深深觉得，透过这节课，课上的老师与学生，课外的观课者，都看见了一些本来看不见的东西。

一

课文标题就叫"看不见的爱"，顾名思义，文中有"爱"，却是"看不见"的。读了课文，我们会知道文中"看不见的爱"有多层含意：一是指男孩是盲童，眼睛看不见，自然看不见妈妈，看不见妈妈的一举一动；二是文中没有诸如"爱""母爱"这样的字眼，作者没有直接书写"爱"，而是通过神态、语言、动作等刻画出来；第三，"爱"是一种情感，本身也不是眼睛能看见的，需要用心体会。

那么，通过景老师的设计与教学，学生看见"爱"了吗？

当然看见了。

首先，从整体上说，景老师整节课教学都围绕一个"爱"：溯"爱"、扣"爱"、品"爱"、研"爱"，以"爱"作为贯穿课堂的线索，和学生一起浸润在妈妈对孩子的"爱"里。当然，有人会说，这是教师的设计，是教师的教学行为，学生实际也是看不见的，的确是这样，教师没有办法对学生说：现在，我们来溯"爱"；现在，我们来品"爱"……但是，在教学实施中，景老师极为巧妙的设计，总是让"爱"凸显，让"爱"在学生的视线之内。

比如，溯"爱"环节，是对课文预习的检查与总结，其中安排了对课文内容的概括，借助填空，说说课文主要内容。有一位同学说："一天，我出去散步，看见一位母亲在教盲童打瓶子。"景老师立刻追问："你觉得这里用'教'合适吗？"学生说："帮。"另一位说："鼓励盲童打弹弓。"景老师评价说："我喜欢'鼓励'这个词。老师现在是在教你们，但是妈妈对盲童，仅仅是在教吗？"学生立刻有了领悟："'鼓励'更合适。"

从这一处极小的引导，除了能看出景老师深厚的语言感受力外，更能发现她从头到尾都是以"爱"为引领，从"教"到"鼓励"，用词的区别，带出更多爱意与关注，学生也就一下子明白过来，看见了更合适的"鼓励"，看见了妈妈对儿子的"爱"。

教学中，学生最集中的对"爱"的看见，是在第三板块品"爱"。在这一环节中，景老师切入文中有关景色的句子与母亲的言行，在学生的阅读与对话里，琢磨并感悟母亲的那份深沉的爱。对环境描写这一块，教师不但引导学生体会环境描写对人物感情的烘托，更将其升华为有效的读法与写法，提升了学生的阅读与写作素养：

片段 1：

师：不是太死板。这篇文章的基调你读下来是什么？感觉怎样？

生：有一种忧伤感。（掌声）

师：感觉很好。直接写时间和通过写天色来代表时间在推移，这两种写法哪一种与文章的基调更吻合一些？

生：通过写天色来代表时间在推移。

师：有的时候，我们要表达一种情感，可能需要一种文字，借写天色的变化来表现人物的情感，就是一种不错的写法。

最终，景老师问学生："我们感受到母亲的爱了吗？"学生回答："感受到了。"我相信，这是学生最真实的声音，他们确实看见了"看不见的'爱'"。

二

话说回来，任何老师教学《看不见的爱》，肯定都试图让学生看见这其中的爱，就内容的理解，这是必须达成的目标，景老师自不例外。在我看来，显出教师功力的关键在于，通往这个目标的路途以及路途之中的风景。而这一点，在我看来，就是本节课上看得见的另一个重要事物，那就是"学习"。

片段2：

师：文中"疏朗"是什么意思？

生："疏"是稀疏。

师："疏"表示空间比较大，用"稀疏"是可以的，"稀疏"是说星星多不多？

生：不多。

师：那么"朗"呢？

生：明朗。

师：星星不多，看上去清楚吗？

生：清楚。

师：是啊，非常清楚。所以，可以用"明朗"来解释。两个字的意思合起来是什么？

生：稀疏明朗。

师：联系上下文看一看，这里用"疏朗"合适吗？谁读一读这一句。

生：（朗读）夜风轻轻袭来，蛐蛐儿在草丛中轻唱起来，天幕上已有了疏朗的星星。

师：你觉得用在这儿合适吗？

生：合适。

师：是的，天空中的星星不多，所以是"夜风袭来，天幕上已有疏朗的星星"。预习时，遇到不懂的字词一定要养成查字典的习惯。

对"疏朗"这个词的学习，我印象既深也好。明确、清晰，也疏朗，教师气定神闲，一字一字推敲过去，帮学生理解词义，还能联系语境运用，又渗透了语文学习方法：遇到不懂的字词养成查字典的习惯。关于这一点，叶老的很多话太值得重温，不过，这又是另外的大话题了，此处不表。总之，从这里，能看得见学生的"学习"。

片段3：

师：这句话中有一个词很重要——

生：单调。

生：重复。

师：不对。听我读（师范读：那由皮条发出的"噼啪"声和石子儿崩在地上的"砰砰"声仍在单调地重复着），听出来了吧？

生：（齐答）仍。

师：把"仍"圈出来。从"仍"你体会到什么？

生：时间很长。

生：表示前面没有讲到的地方很有可能也在讲，并且，后面还补充了一句："对于那孩子来说，黑夜和白天并没有什么区别。"（掌声）

师：真好。韩森同学在阅读时有一种非常好的习惯，能前后联系着读文章。作者不止一次在文中提到那孩子打瓶子的声音，这也是文章用声音的描写作为结尾的原因，这样写要比直接写他打中了要更显得意犹未尽。（板书：意犹未尽）这石子儿打在了瓶子上，打在了作者的心上，也打在了我们的心上。

我发现，景老师特别关注学生的"学法"，也擅长点拨。上述片段，景老师在总结时，又一次提出"前后联系着读文章"，由此生发更多"意犹未尽"之感，学生就有了扎扎实实的学习。不仅如此，我更感觉，在这一片段中，另有一个好的看得见的"学习"，那就是景老师无痕却有效的范读引领。学生的语言感受有所偏差，始终存在对"句意"的强化，如"单调"，如"重复"，这时候，景老师果断引导，进行范读，使学生关注到"仍"，这就跳脱了句子的单一指向，立刻增大了理解的空间，这样一个表示状态的副词，将学生的理解引向了更深处。他们是通过对老师的学习达成自己的学习——这样的教学是好的教学，这样的学习是看得见的学习。

片段 4：

（出示：走出不远，身后传来一声清脆的瓶子的碎裂声）

师：如果请你给文章换一个结尾，你会怎么写呢？

生：这真是看不见的爱啊！

生：这真是伟大的母爱啊！

师：这是我们最爱用的结尾，篇末点题，与作者的结尾比，哪一个好？为什么？

生：作者的结尾好。

生：文章好几个地方都写到声音，因为在盲孩子的世界中，只有声音。所以作者写了自己听到的各种声音，也是盲孩子听到的各种声音。

师：说得太好了。这样写要比直接写他打中了更显得意犹未尽，收到言已尽而意无穷的效果。（板书：言已尽而意无穷）

师：这石子儿打在了瓶子上，打在了盲孩子的心上，打在了妈妈的心上，也打在了作者的心上，打在了我们心上。再次齐读。

这一处设计，景老师自己有分析：

这句话为什么这样写？为什么不那样写？为什么用这句话作结尾？这一具有张力的问题，既能带动对课文基调的整体品味，又对课文内容和教学过程都有很强的内在牵引力。这样的主问题设计，是根植于对学生和课程标准的准确把握，最适合的才是最有效的，依据学情，创生出最为鲜活、最契合文体特征的教学内容。

课文结尾，"走出不远，身后传来一声清脆的瓶子的碎裂声"，堪称点睛之笔，它不仅交代了盲童击中了瓶子这一事件，更紧要的是，它再次提醒读者，"有爱就有了一切"，爱是情意，爱更是力量。再多说一点，这一句又一次点题"看不见的爱"，盲童是通过声音来辨识，来完成他的射击，我也没有看到瓶子被击碎，而是"听"到的，这是瓶子碎裂的声音，更是我的心所领悟到的爱的声音。教师在这里，以换结尾的方式，引导学生领悟此中妙处，学生稍做比较，即恍然大悟，"盲孩子的世界中，只有声音"。课文最后一句，是符合事实的，而从写作着眼，又因戛然而止而收到独特的表达效果。

以上片段，结合起来看，正可见景老师设计与引导之力，让学生的学习明显看得见，在学习中学会学习，在阅读中学会阅读，也就落实了课标中的教学建议：引导学生钻研文本，在主动积极的思维和情感活动中，加深理解和体验，有所感悟和思考，受到情感熏陶，获得思想启迪，享受审美乐趣。

三

针对本节课的教学，景老师进行了细致反思，在反思当中，她尤其强调了对教学起点的重视。通过学习单确定学习起点，沿着学习起点关注学习状态，她说她一定要讲出学生感觉到又说不出来的东西，讲出学生一望而知其实是一无所知的东西——这不就是"使看不见的东西被看见"，或者说是看得更清晰、更透彻。从课后问卷里也能看到，有学生写道："我开始并不喜欢这篇文章，不明白是谁在跟谁对话，现在我明白了，是母亲怕孩子受伤，在安慰孩子。现在我最喜欢课文的结尾。"果然是看见了原先看不见的。

值得一提的是，这节课，学生不但看见了看不见的，还能在看见之后，重新构思，将这样的看见换为第一人称，以恰当的语言表达出来。这其实是景老师对课后习题的创造性教学，习题是要求孩子们以播音员的身份做个小报道，而景老师以向爸爸转述的方式来完成。我个人觉得，以盲童的身份向爸爸讲这件事，比起播音员的报道，似乎"小"了一点，但这种"小"，在这篇课文，却是更为有爱、更为贴切。景老师的设计，让我觉得更接地气，也就更加呼应了课文。

在这个过程中，景老师的引导与评价语都特别具体，且针对性强，让学生有径可循，比如最后一次的肯定与推动：

师：这位同学有三点可取之处：第一，文中积累的语言她都用进去了；第二，什么时候说"我"做的，什么时候说"我"想的，她说得很有层次；第三，文中没有写到的，"我"怎么想的，她想象得合情合理。像她这样，自己再练习说一遍。

三点可取，分别为何，做得怎样，通透敞亮，这样一来，到最后一位同学站起来讲，就特别棒了，而这，不就是学生通过一节语文课的学习，有了大家都能看得见的"成长"？

现在，说起课堂教学，越来越认同马克斯·范梅南的论断，它就是个现象学事件，所以，往往有着太多的即时生成与不可复制，以一节课的教学来对教师与学生进行评议，未免失之偏颇或囿于一端，但不管怎样，我总是相信，教者本身的专业素养、个人风格对课堂的影响终归很大，什么样的人，就会上出什么样的课，这样的人，也就上出了这样的课。

看景洪春老师，我会觉得，她的平和，她的温婉，她对学生的热爱，对语文的追求，这些东西就顺理成章地落在她的课堂里。课前课后的调查，对教学起点的看重，这是最好的儿童立场；课堂上对学生的引导与指示，落实了学习任务，完成学习目标；她对孩子慷慨的称赞，关节处机智的点醒，这些是语文的，但更多是生命的。课堂上的师与生，哪里仅仅是"教与学"的关系，说到底，是生命与生命的交汇呀。在这样的交汇中，课堂上的学习与成长，自然而然，像花儿一样绽放。

这一点，应该也是景老师这节课让我看见的那些原本看不见的东西了。

（冷玉斌　江苏省兴化市第二实验小学　"国培计划"
北京大学小学语文课程开发及教学指导专家）

语境，还是语境

最近一直在学校听课，发现老师们大多具有较强的语文意识，课上就内容讲内容的现象少了，关注语言的行为多了，这是可喜的。但在具体的操作方法上，或直奔答案，或简单操作，或不知所云，看不到教学的过程，学生自然就缺少学习的经历。一线教师急需一些可操作性的教学方法。这儿先列举理解词语的方法。

关于词语的理解，很多老师常用联系上下文、查字典、词素分解法等，仅有这些方法是不够的，重要的是在具体语境中让学生理解运用。

比如，沪教版四年级上册《手术台就是阵地》中，"白求恩仍然争分夺秒地给伤员做手术，做了一个又一个"。这里，对"争分夺秒"的理解是需要结合语境的。

首先，请学生说说"争分夺秒"的意思，同时观察"争分夺秒"的构词方式，说说学过的类似构词方式的词语，比如"山崩地裂""欢天喜地"等，既渗透了按构词方式给词语归类，也教会了学生理解词语的方法。

接着，提问："白求恩争夺的仅仅是一分一秒吗？"从而引发学生思考，白求恩分明是在争夺伤员们的生命啊，那些陆续从战场上抬下来的伤员，需要尽快得到白求恩的救治啊！又顺势在语境中理解了"陆续"的意思，就是接连不断，用在这里说明伤员接连不断，实在是多啊。

第三步，再回到课前解题时出现的白求恩的那番话："手术台是医生的阵地。战士们没有离开他们的阵地，我怎么能离开手术台呢？部长同志，请转告师长，我是一名八路军战士，不是你们的客人。"请学生再次朗读后，教师顺水推舟："白求恩说自己不是客人，你们想一想，他是不是中国人民的客人？"学生当然说"是"。教师顺势追问，并补充资料："他是一个外国人，到我们中国来，当然应该算是客人。当时条件相当艰苦，党中央决定每个月给白求恩100元生活费，被他谢绝了，并要求将这些钱用于伤员身上。当有伤员急需输血时，他主动献血。他没有把自己当作客人，而是当作什么人？"学生不难回答："一名普普通通的八路军战士。"自然而然，水到渠成，教师小结："白求恩把自己看作是一名普通的战士，坚守阵地，坚守自己的岗位。"

第四步，教师带着学生有感情地朗读"我是一名八路军战士，不是你们的客人"，并再次朗读课题"手术台就是阵地"，体会白求恩说这句话时的情感之切、意蕴之深。

词义和语境有着密切的关系，就像植物生长离不开空气和水一样。是仅仅教"争分夺秒"的意思，还是引导学生经历理解这个词语的全过程？是单单理解词语所表达的意义、内容、情感，还是习得词语运用的作用和规律？答案不言而喻。一个词语，表达的可能只是很简单的字面上的意义，也可能是语境所赋予的一种深层的含义，还有可能是一种言外之意。对字面义的理解比较容易，语言的深层含义和言外之意则不同，必须结合具体的语境，透过字面所表达的意义去深入理解。

语境，还是语境。

雄辩中的"大"境界

《晏子使楚》(第一课时)教学实录

教学内容：人教版《语文》2015 年版
教学年级：五年级
教学时间：40 分钟
执教日期：2015 年 3 月

教学过程

板块一：初识晏子，整体感知，了解故事背景

师：（板书：晏子）今天学习《晏子使楚》，知道是什么意思吗？

生：齐国的大夫晏子访问楚国的事。

师：他用了一个词，"访问"。这是课题中一个字的意思，哪个字？

生：使。

师：（板书：使）文中有一个词解释这个"使"，哪个词？

生：出使。

师：（板书：出使）他说"大（dà）夫"，有同学说是"大（dài）夫"。这个词有两个音，这儿读"大（dà）夫"。医生好，就是——

生：大（dài）夫好。

师："大（dà）夫"是干什么的？

生：齐国的宰相。

生：一个外交官。

师：相当于外交部长。这两天正在开"两会"，外交部长还在接受采访，是不是？每个国家都有外交部长，代表的是什么？

生：自己的国家。

师：请用刚才这些信息，再用完整的话来介绍一下晏子的身份。

生：晏子是代表齐国来访问楚国的外交官。（掌声）

师：（板书：楚）刚才我们从课题了解了课文的大概内容。晏子叫什么名字？

生：晏婴。

师：你怎么知道的？

生：一本书里。

师：哪本书？

生：《语文全解》。（众笑）

师：故事选自《晏子春秋》（板书：《晏子春秋》），我还以为你读的是《晏子春秋》呢！（生笑）这本书里记载了晏子的很多故事。相信今天学了课文，很多同学不再看《语文全解》，而去看——

生：（齐）《晏子春秋》。

师：（出示PPT）这就是晏婴。他是春秋时期著名的政治家、思想家和外交家。晏婴为什么叫"晏子"？景老师也想叫"景子"，可以吗？

生：不可以。

师：为什么？

生：因为"子"是对某个人的尊称。

师：你不尊重我？（生笑）

生："子"是指有名的人物。

师：我还不够有名？（生笑）

生："子"是称呼古代那些有名的人。

师：为什么会有名呢？今天有很多办法成名，比如"网红"。

生："子"是后人对他的尊称。

师：你还知道哪些人被称为"子"？

生：孔子、孙子、老子……

师：孔子，原来叫——

生：孔明。（生笑）

师：啊？孔子叫孔丘，后人称他为孔子。

生：老子、孙子、孟子……

师：他们因为什么有名？

生：有学问。

生：都是思想家。

师：对，这些有学问、有思想的男子被称为"×子"。现在知道景老师为什么不能叫"景子"了吧？不过，我可以努力。（众笑）晏子为什么跟孔子、老子、墨子一样，被称作"晏子"？

生：也许因为他是一个政治家、思想家、外交家。

生：也许是他为国家奉献了很多。

师：我们就带着问题走进这个历史故事。课文读了几遍？

生：三遍。（四遍）（五遍）

师：晏子给你留下什么样的印象？用一两个词语概括。

生：很伟大。楚国想仗着自己国势强大，显现自己的威风，晏子就想方设法回敬他。

生：我觉得晏子临危不乱，别人都嘲笑他，他却面不改色地反驳。

师：这个词说得太好了！写到黑板上。（生板书：临危不乱）

生：晏子非常机智，别人问他的问题，他都能以很好的方式回答别人。

生：晏子智勇双全，他说自己是最不中用的，要去访问最不中用的国家，这样的话，楚王听了有可能会杀了他，但他却没有一点退缩，就直接这样说。

师：智勇双全，比你是不是更贴切？你光说了"智"，他比你进步了。（生板书：智勇双全）

生：聪慧过人。楚王想了很多办法想侮辱他，他用各种不同的方法回敬他。

师："聪慧过人"和"智勇双全"哪一个更合适？

生：智勇双全。

师：可不可以形容一个小孩聪慧过人？

生：可以。

师：回家说你爸爸聪慧过人，合适吗？形容晏子呢，合适吗？（众笑，摇头）

生：善于反驳。楚王本来想侮辱他，可是他因为善于反驳，把楚王的很多话给说了回去。

师：说了回去？

生：回敬。

师：回敬，真好！"善于反驳"，其实就是——

生：能言善辩。（生板书：能言善辩）

生：博学多才。因为楚王一直都在千方百计地侮辱他，可是晏子却面不改色，还一次一次地回敬他。（生板书：博学多才）

生：他很会辩论，因为他用了一个"柑橘南为枳"的道理反驳了……

师：柑橘（jú），不读 yuè。

师：（看板书）学语文要能说会写。

（生上台改错别字）

师：刚才同学们说得非常好，晏子给我们留下了这么多印象，那么这篇课文，我们看课文题目（生齐读）……（转向改错别字的女生）

生："辩"字错了。（上台改）

师：读课题知道，文章是写人的。前面学过一篇《爸爸和书》，也是写人的，两篇文章写法上有什么不同？

生：所处的时代不同。

生：《晏子使楚》写了三件事，《爸爸和书》写了一件事。

师：他有一双慧眼。（掌声）

师：作为五年级学生，读文章时，不仅要关注故事情节，还要再问自己，文章写什么？怎么写的？这篇课文写了三件事，是哪几个自然段？

生：3 到 5。

师：第 1、2 自然段交代的是什么？

生：起因。

（生齐读第 1、2 自然段）

师：（板书：乘机，侮辱。师领读，生跟读正音）课文的结构非常清楚，第 1、2 自然段交代了故事起因，也就是背景，第 3 到 5 自然段各写了一件事，（出示地图）你看出什么了？

生：我看出楚国的面积比齐国大了很多。

师：很好！文中有一句话"齐国和楚国都是大国"。春秋末期，诸侯争霸，齐国遭到了来自晋国军队的攻击。兵临城下，齐王感觉抵挡不住。齐王想联合南方的楚国一起对抗晋国，于是就派了谁？

生：晏子。

师：课文第 1、2 自然段可以不写吗？

生：不可以。

师：为什么？

生：不然为什么楚王要给晏子使麻烦呢？

师：这个叫"使麻烦"吗？

生：给晏子增添麻烦。

师：光是增添麻烦吗？我麻烦你帮我做点事，这是给你添点麻烦。楚王对他是添麻烦吗？（生笑）

生：还有侮辱他。

生：刁难他。

师：侮辱晏子，也就是在侮辱——

生：齐国。（掌声）

师：这一点作者在课文的开头有了清楚的交代，有助于我们读懂后面的三件事。非常好！

板块二：概括事件，学习写法，感受课文谋篇布局的特点

师：这三个故事能不能简要概括出来？（出示 PPT）

楚王让晏子钻狗洞，_____，_____。

（晏子怎么样？）（结果怎么样？）

（生自由练习概括第一个故事）

生：楚王让晏子钻狗洞，晏子说只有访问狗国才钻狗洞，结果楚王只好吩咐大开城门，让晏子进来。

师："晏子说只有访问狗国我才去钻狗洞"，可不可以说得再简洁一点？晏子其实是在做什么？

生：反对楚王。

师：反对？是反对还是反驳？

生：反驳。

师：你再说一遍。

生：楚王让晏子钻狗洞，晏子反驳楚王，楚王只好把城门打开，迎接晏子进来。

师：第一件事简单地用 3 个字概括（板书：进城门）。（出示 PPT）

楚王_____，_____，_____。

（生自由练习概括第二件事）

生：楚王一看晏子身材矮小，就认为齐国没有人，然后呢，晏子说齐国首都临淄住满了人，敝国有一个规矩，就是访问下等的国家，要派下等的人去，我是最不中用的，所以被派到这里来。

师：结果呢？

生：结果楚王只好尴尬地笑。

师：尴尬地笑了。

生：稍微再简洁一点。

师：你很善于倾听，你来说。

生：楚王说齐国没有人了，晏子把他引入……

师：仅仅是说吗？

生：楚王侮辱晏子说齐国没有人，晏子把他引入陷阱中，结果楚王很尴尬。

师：让楚王很尴尬，非常好！尴尬是你自己理解到的，可以。"引入陷阱"还不准确，应该是晏子怎么样？

生：反驳了楚王。

师：回击了楚王。第三个故事，没有提示。（出示 PPT）

_____，_____，_____

生：楚王嘲笑齐国人没有出息……

师："没有出息"具体在文中指什么？

生：坏人多。（盗贼）

师：要表达清楚。楚王嘲笑——

生：楚王嘲笑齐国人的盗贼太多了……

师：齐国的盗贼多。

生：晏子却说，是因为水土的原因，就到楚国来盗窃别人。结果楚王只好赔不是。

师：第一件事概括为"进城门"，第二件事呢？

生：见楚王。

师：（板书：见楚王）第三件事呢？

生：吃宴席。

师：吃宴席？"吃"是动词，像"吃菜"一样"吃宴席"？（生笑）

生：排酒宴。

师：楚王安排酒宴？对于晏子来说，进城门、见楚王，第三件事是晏子——

生：赴酒席。（掌声）

师：（板书：赴宴席）作者写这三件事的时候，写法上有什么相同的地方吗？

生：都是写楚王怎样侮辱晏子，然后晏子成功反驳。

师：针锋相对？都是先写了楚王侮辱他，他有力地回击了楚王，结果——

生：楚王尴尬。

师：这是在写法上相同的地方。既然三件事内容差不多，次序颠倒一下可以吗？

（生小组讨论）

生：如果第三件事放前面，晏子还没进城门，没有见过楚王就赴宴席，显得很奇怪。

师：按照事情发展顺序写的。这是第一个理由。景老师觉得还不止呢！

生：先进城门，见了楚王，才能赴宴席的。

师：跟她的理由一样。

生：对晏子来说，从进城门到见楚王，再到赴宴席，难度越来越高。

师：为什么？

生：因为第一次就是钻狗洞的问题，他很快就解决了。

师：对你来讲难不难？

生：很难。

生：第二次晏子也化险为夷了，显然比第一次花费的时间多。第三次他在赴宴的时候有很多大臣都在同样地取笑他，对他来说是最难的了。（掌声）

师：他发现了作者在安排材料上的良苦用心。通过事件写一个人，选择事件很重要，写作顺序也很重要。这样一来，读者在阅读时，慢慢地走近晏子这个人物，人物形象也慢慢地在我们心目中不断地高大起来。

板块三：精读第一件事，理清逻辑关系，运用恰当的词语表现晏子的品质

师：第一件事，用刚才那个同学的话来说，很简单，晏子轻松面对。第一件事中，晏子的临危不乱、智勇双全、能言善辩体现在什么地方？他的能言善辩体现得特别明显，是哪句？

生：（读句子）他临危不乱表现在，楚王让他钻狗洞，他却没有钻狗洞，也没有很生气，而是反驳了楚王。

师：晏子的这句话，你读懂了吗？如果读懂了的话，你就会填这个空，自己试着填一填。（出示 PPT，生自由练习）

访问正常国家开城门，

访问狗国钻（　　　　），

楚国让我钻狗洞，

所以楚国是（　　　　）。

生：访问正常国家开城门，访问狗国钻狗洞。

师：为什么访问狗国就要钻狗洞啊？

生：因为狗国没有居民，他们都是狗。

生：楚国让我钻狗洞，所以楚国是狗国。（掌声）

师：楚王让晏子钻狗洞，你们知道晏子有多高啊？课文中怎么说的？

生：身材矮小。

师：你有多高？

生：不太清楚。

师：你自己多高都不知道。（问旁边的学生）你多高？

生：1.34 米。

师：你多高？

生：1.4 米。

师：晏子跟你差不多高。晏子到楚国去，城门外站了士兵，当士兵的一般都怎样？

生：威武、高大。

师：晏子往那儿一站，（生笑）可以想象吗？所以楚王侮辱他，（让他）钻狗洞。同学们读懂了这个逻辑关系，非常好！读一读晏子的这番话。

（生读）

师：这里，作者没有写他怎么说的，你觉得他可能怎样对士兵说？设身处地，脑子里有没有马上跳出一个词语？

生：胸有成竹。

生：不慌不忙。

生：毫不在乎。

生：不紧不慢。

师：这些都可以，但都不是最好的。学语文要咬文嚼字。景老师找了几个词语（出示 PPT），看看哪个最合适？

晏子看了看，（　　　　　　）地对接待的人说："这是个狗洞，不是城门。如果我访问'狗国'，当然得钻狗洞。我在这儿等一会儿，你们先去问个明白，楚国到底是个什么样的国家？"

心平气和、不卑不亢、强词夺理、怒气冲冲……

生：我觉得应该填"心平气和"。

师：为什么？

生：因为如果是"怒气冲冲"的话，就觉得他好像很……很生气的样子，就不像是那种访问、尊敬别人的样子，不是求别人的态度。

师：你说他是去求他的？

生：不是。

师：使者一般是去谈判的，用"谈判"比较合适，谈不上"求"。但是肯定是有任务的，对不对？好，你觉得"心平气和"合适，不用"心平气和"就会得罪楚王，是不是？

生：我觉得也是"心平气和"，因为后面两个是贬义词。

师："不卑不亢"是贬义词吗？

生："强词夺理"是贬义词。

师：晏子是不是强词夺理？

生：不是。

师：我倒觉得有点儿像强词夺理，耍嘴皮子嘛！

生：晏子很聪明。

生：他是为了国家才强词夺理的，这样的也比为个人强词夺理好。（掌声）

师：也就是说，这样的强词夺理不叫"强词夺理"，而叫什么？能言善辩！他站的立场是——

生：国家。

师：他代表的是——

生：齐国。

师：为什么不能用"怒气冲冲"呢？

生：如果是"怒气冲冲"的话反倒显不出他的风度来。（掌声）

师：这个词用得太好了（板书：风度）。晏子虽然个子矮，但是矮个子的背后还依然有他的风度，他代表的是堂堂的齐国。哪个最好？

生：心平气和。

师："不卑不亢"是什么意思？"卑"是什么意思？

生：自卑。

师：不卑微。"亢"呢？

生：反抗。

师："亢"不是反抗，而是高傲。不认为自己低下，也不认为自己是高傲的。景老师告诉你这个词的意思，再想一想，哪个词最合适？

生：不卑不亢。

师：啊？为什么又变了？这么快，你们也是善变的嘛！现在认为"不卑不亢"这个词合适的同学有吗？为什么？

生：如果说晏子是一个像奴隶一样身份的人的话，那就把他的身份写得太低了。

师：所以在这儿，他既不能表现出"我是来求着你的"，但是也不能表现出太高傲、傲慢的态度。

生：我也觉得是"不卑不亢"。

师：你也变过来啦！

生：一点也不高傲，就是他不是很……不是很骄傲，他不自卑是因为楚王在侮辱他的时候，他没有自卑，没有……而且反驳楚王。（掌声）

师：说得不错，用"不卑不亢"的语气读一读晏子的话。（生读）

师：读出"不卑"，但谈不上"不亢"，软绵绵的，让士兵们还想欺负你。（生笑）谁再来？（生读）

（师范读）（掌声）

师：光有掌声我还不满足，希望你们像我这样读。（生齐读）

师：“楚国到底是个什么样的国家？”一般情况下，我们学过了用反问句的，对不对？晏子在这里为什么这么说？“难道你们楚国不是狗国吗？”也可以呀？

生：不可以。

师：直接说出来，你侮辱了我，侮辱了我的国家，我就直接说出来，可以吗？

生：不可以。

生：齐国还在被包围，这样子的话，齐国就没救了。

师：有可能没救，对吧？

生：会激怒士兵。

师：一般情况下是不斩来使的，但是如果激怒对方的话，也会有，历史上也会有马上把使者斩掉的事情。

生：因为他要保护自己的风度。

师：风度是保护的吗？保持自己的风度，保持矮个子的自信、矮个子的风度。非常好！我们再来有感情地读一读这段话。晏子看了看，对接待的人说——

（生齐读）

师：读着读着，就读出了晏子的那份自信、那份风度、那份维护国家的尊严！

师：谢谢！下课！

（第二课时略）

让我们的语文课荡起双桨

兰保民

看完景洪春老师执教的《晏子使楚》课堂实录，我的耳边不由得回响起那首优美动听的歌曲——《让我们荡起双桨》。多么美妙的画面啊："让我们荡起双桨，小船儿推开波浪，水面倒映着美丽的白塔，四周环绕着绿树红墙。小船儿轻轻飘荡在水中，迎面吹来了凉爽的风。"船儿在清泠泠的水中自如地前行，靠的是双桨摇荡所产生的助推力，小船一路前行，于是两岸的风光、水中的美景次第展开，触目之处无不令人心旷神怡。课堂也是这样，在充分展开的语文课堂上，文本的绝胜佳处，孩子们的奇思妙想，师生智慧交融、彼此激发的教学场景，让人感到就如荡舟于山水佳处，山川映发，美不胜收。

课堂之所以能够呈现出如此美妙的教学景观，在很大程度上得力于教师的施教之功。当教师把语文教学的"双桨"摇荡得自如而有力量的时候，课堂便如山水画图一样渐次打开，语文教学所特有的化语、培智、润心、育德的功能便得到了充分彰显。

语文课的"双桨"

那么在这堂课上，景老师手中的"双桨"是什么呢？在我看来，就是"语言文字"和"思想情感"。《义务教育语文课程标准（2011年版）》明确指出：语文课程应"引导学生丰富语言的积累，培养语感，发展思维"，充分"重视语文课程对学生思想情感所起的熏陶感染作用"。双手紧握"语言文字"和"思想情感"的双桨，正体现了执教教师对语文课程"工具性与人文性的统一"这一课程性质的深刻理解与扎实践行。语文的魅力一定存在于语言文字中，语文课堂的魅力也一定是在彰显语言文字本身的魅力的过程中呈现的，除此之外，别无他途。而语言不是无情物，它是思想情感的表达载体；我们汉语言文字之所以那么富有魅力，正源于作为我们的母语，它所隐含着的那些民族情感和审美与文化的密码，以及它在传情达意的过程中所呈现出来的准确、生动、缜密、贴切等种种特性，令人感到妙不可言。语文教学，当然可以采用多种方法，但所有的方法，都一定是围绕"语言文字"这一"根本大法"而使用和展开的，是为充分彰显语言文字内在的思想情感力量而服务的。从这个意义上来说，语言文字及其背后的思想情感，是语文教学方法的方法，因而是"元方法"；是语文教学策略的策略，因而是"元策略"。

《晏子使楚》是一则历史故事。作为五年级的一篇课文，要学生完整读下来，估计并没有太大的困难，但要充分发挥这样一篇"语浅而境大"的文章的语文教学功能，让学生在阅读中体会到文章中语言的妙处，感受到晏子那种维护国家尊严的大义情怀，就不是一件容易的事了。那么景洪春老师是如何让孩子在原有学习基础上往前再走一步的呢？我们看到，除了几张简单的幻灯片用来给孩子们提供必要的学习支架之外，她并没要弄当前小学语文课堂上常见的一些令人眼花缭乱的"花招"，而是扎扎实实地让孩子读课文、品词句、讲理解、谈感受。说到底，就是充分发挥语言文字本身的教学功能，是真正的用语文的方法教语文。

荡起"双桨"，美景无限

那么景洪春老师是怎样教的呢？这里涉及"景点"和"景观"的问题。于漪老师曾反复强调，课要"上得一清如水"，要"强主干，删枝叶"。这就像欣赏风景一样，称职的导游，绝不会引领着游客一次游览多处景点，而每一处景点却只是走马观花，留下一个"到此一游"的标签了事；而是会精心选择一处风景名胜，让游客学着像朱光潜先生所说的那样："慢慢走，欣赏啊！"就教学而言，就是要做到重点突出，围绕教学重点，把文本中语言文字呈现出的多元"景观"指点给学生，让学生去理解、去品赏、去感悟、去体会语言文字的妙处，在潜移默化中积累语言，训练语感，使情感受到熏陶，思维得到提升。

就我的理解，在这堂课中，景洪春老师为学生选择的景点就是"晏子的人物形象"。她的这堂课从大的教学环节来看，呈现为三个板块：第一个板块是"初识晏子"；第二个板块是"概括事件"；第三个板块是"精读第一件事"。而这三个板块都是紧紧围绕晏子这一人物形象来展开的。随着课堂教学的不断推进，晏子这个人物形象的性格特征，在学生的理解中越来越明晰，越来越富有深度，而晏子作为贤臣良相，他身上所具备的那种不畏强梁、不辱使命，用智慧和辩才维护国家尊严的精神品格，也越来越充分地潜入到学生心中，让学生在潜移默化中深受爱国主义教育。如此，这堂课的一条教学主线便理得非常清晰，学生学习起来方向很明确，而不会感到乱马杂沓、茫然无序。我们经常说，语文教学中语言训练与思维训练同步发生，同等重要，这几乎是所有语文人都具有的共识；而实际上，除此之外，学生的思维品质与教师的课堂组织同样关系密切。如果课堂组织有序，教学逻辑清晰，教学环节环环相扣，长此以往，学生的思维品质就会在潜移默化中受到深刻的积极影响；相反，教师如果在教学中不注意梳理课堂教学的头绪，教学内容组织无序，学生的思维品质要说不会受到负面影响，恐怕也是不可能的。

那么，在"晏子的人物形象"这一处"景点"，景洪春老师又是怎样给学生指点语言的"景观"，玩转"语言的魔方"，引领着学生去欣赏品味这些"语言景观"的绝胜之处的呢？

在这里，我们把语言比喻成一处处"景观"，而在教学第一个环节，景老师先后运用了"定景""借景""示景"的不同手法来引领学生品读文本，体味语言的景观。所谓"定景"，在这里指的就是景老师聚焦文本标题中"使""子"等关键字词，让学生通过这些关键字词去感受文本表达的内在精神和核心意旨。这些关键字词，就像江南园林中的一个个月洞门或者一扇扇花窗，教师让学生的双眼和心灵聚焦到这些关键字眼，就如同将文本的一角揭开给他们看，让学生在深入品读文本之前，便感受到文本中"满园春色"的招引，迫不及待地前行了。所谓"借景"，指的是借课堂发言中现场生成的语言，不仅完成了初步理解人物形象的任务，而且还训练了学生语言运用的能力，比如"聪慧过人"与"智勇双全"的比较，即为一例。而有的时候，当学生在文本语言中转来转去，发现不了美景所在的时候，教师便干脆把应该重点关注的"语言美景"指给他看，这就是我所说的"示景"。在引导学生理解文章第一、二段交代故事起因的作用时，教师在补充春秋争霸形势图的基础上，直接指引学生关注"乘机"和"侮辱"这两个词语，从而让学生不仅体会到晏子此番出使所身负的使命，而且也为理解后文晏子义不受辱，不只是为了维护个人尊严，更重要的是为了维护国格这一主题打下了坚实的基础。

这堂课的第二个教学环节，主要内容是概括文章所写的三个事件，目的是让学生体会文章选材组材的妙处。在这一环节中，景老师运用的教学方法，我们不妨称之为"撤拐杖"。在学习过程中，学生开始是需要一定的学习支架作为支撑的，而当他们逐渐掌握方法的时候，就得逐渐撤掉这些支架，让他们扔掉"拐杖"，独立完成学习任务，这就是叶圣陶先生所说的"教是为了不教"。景老师深谙此教学之道，她既不是让学生凭空去概括这三个事件，也不是让学生亦步亦趋地按照自己设定的框架去填空，而是一步一步地撤掉学生手中的"拐杖"，学生一开始可能会有点步履蹒跚，但正是在这蹒跚的步履逐渐趋于稳健的过程中，学生习得了一种语言表达的"范式"，也正是在这个过程中，学生不仅发现了三件事在写法上的相似之处，也体会到了作者安排材料时层层深入的良苦用心。更重要的是，学生在这一过程中"慢慢地走近晏子这个人物，人物形象也慢慢地在我们心目中不断地高大起来"。

一堂课，要一两处呈现亮点并不难，难的是每个环节都有亮点，而如果将课堂的精彩一直延续到最后，乃至将课堂推向一个高潮，做到曲终奏雅，就尤其显得难能可贵了。景洪春老师的第三个教学环节，就达到了这样的境界。这是一个文本精读的环节，需要学生深入品读文本语言，充分理解晏子的智慧和品格。在这一环节中，景老师除了让学生感受晏子能言善辩的语言逻辑力量之外，妙手一指，指向了文本"语言景观"的空白处，让学生补充一个形容词来描绘出晏子跟士兵说话时的语调和气度。这一"无中生有"的妙招，收到了一举多得的教学效果，学生们不仅充分激活了已有的词语积累，辨析了不同词语的表达效果，而且在"心平气和、不卑不亢、强词夺理、怒气冲冲"等几个词语的比较过程中，对晏子的语言展开了深入的品味咀摸，从而理解了他"矮个子"背后的"风度"，风度背后所维护的国格，以及他不卑不亢的语言所体现出的分寸感，还有这一语言分寸感背后的使命意识。

总之，景洪春老师执教的《晏子使楚》一课，自始至终不离语言文字与思想情感，她挥动着"语言文字"与"思想情感"联动的"双桨"，与孩子们荡舟于水上，它所呈现出来的诸多美景，我只能道其一二，还有诸多美妙之处，值得语文教学的慧心人细细地观览、欣赏、品味。

（兰保民　上海市浦东教育发展研究院　特级教师）

《晏子使楚》文本解读与教学建议

【文本解读】

《晏子使楚》选自《晏子春秋·内篇杂下》，由"进城门""见楚王""赴酒席"三个小故事组成。三个小故事的记叙方法基本一致，都是先写楚王想侮辱晏子，再写晏子智斗楚王，针锋相对，最后楚王只好认输。从整体看，事情的起因、经过、结果非常完整；从局部看，三个故事又是相对独立的。

课文一开头寥寥数语介绍了当时的历史背景：春秋末期，齐国和楚国都是大国。

其实，当时的背景远比这复杂。晏子于齐灵公二十六年（公元前556年）任齐卿之职，历经灵公、庄公及景公三代君主，堪称"三朝元老"，景公即位后不久，他协助镇压了叛军，深得景公赏识。晏子虽身材矮小，其貌不扬，然满腹经纶、才思敏捷，尤以口才出众而著称于世。在齐景公即位的第二年，由于他在晋国访问时的狂妄态度，引起了晋国高层的不满，于是晋国派出军队对齐进行震慑性攻击，齐景公一开始并不在意，但后来晋国军队几乎兵临城下，使得他不得不服软，并意识到单凭齐国的力量无法与强晋抗衡，于是他决意与楚修好，共抗晋国。在这种情况下，晏子作为使者访问了楚国。此时楚国由楚灵王执政，他目空天下，狂妄自傲，因此打算羞辱一下"身材矮小，其貌不扬"的齐国使节晏子，于是便有了"晏子使楚"这个故事。

文章写了晏子的三个小故事，为使故事更完整，编者给文章加了开头和结尾：

> 楚王仗着自己国势强盛，想乘机侮辱晏子，显显楚国的威风。
> 从这以后，楚王不敢不尊重晏子了。

本来，写楚王，在这篇文章中是一个陪衬，篇幅的限制是可以想象的，所以作者特别点出他"不敢不尊重晏子了"。作者还写了楚王的三次"只好"：

> 楚王只好吩咐打开城门，把晏子迎接进去。

说着他故意笑了笑，楚王也只好赔着笑。

楚王听了，只好赔不是说："我原来想取笑大夫，没想到反而自讨没趣了。"

从"乘机侮辱"到三次"只好"，再到"不得不尊重"，勾勒了楚王对晏子态度的转变，一个仗势欺人、傲慢无礼的楚王形象跃然纸上。写这些的目的是为了衬托晏子的机智善辩、沉着冷静、不畏强权和不辱使命。作者的良苦用心便在此。

文章的主旨是写人物，人物要感人，不能光凭理性，光靠历史人物的共性，要靠感性，靠人物的个性。文章中的晏子个性鲜明，他作为一名使臣，深知外交无小事，尤其在牵涉到国家利益的时候，更是丝毫不可侵犯。晏子以"针尖对麦芒"的方式，维护了国家利益，也维护了个人尊严。

首先，文中用大量笔墨描写晏子对楚王的有力回击。三次回击，晏子所用的方法不同。第一次，晏子的推理严密，他说了四句话，句句铿锵有力：

此乃狗洞非城门。
使狗国者，从狗门入。
楚国（不）是狗国。
我（不应当）从狗门入。

在这一推论中，晏子以子之矛攻子之盾：本来楚王想让晏子置于两难境地，结果晏子毅然拒绝从小门入，并将谬论还给了楚王：是我晏子一人受辱，还是整个楚国都受侮辱？楚国不愿付出受辱的代价，我就当从城门入。

第二次，面对楚王的目中无人，晏子有意贬低自己，并利用了楚王的推断"凡是无才无能之人就只配出使无才能的君王的国家"，又一次还击了楚王：

我最无能，
故只配出使到最无能的君王的国家。
我出使的是楚国，
楚王就是最无才能的君王了。

第三次，晏子运用了犀利的类比法，让楚王自掘坟墓，使得楚王不得不自嘲："我原来想取笑大夫，没想到反而自讨没趣了。"

晏子使楚，力挫楚王的无礼与无理，不辱使命，让人叹服他的反击之勇、善辩之妙。勇在将计就计，不卑不亢；妙在晏子既没有得罪楚王，又维护了齐国的尊严，还嘲讽了楚国，得到了楚王的尊重。

"救民百姓而不夸，行补三君而不有，晏子果君子也！"这是孔丘对晏子的高度评价。当国家利益受到侵犯时，晏子不顾个人安危，始终把国家利益放在首位。今天，我们处在全球化时代的多元复杂环境中，更应自觉维护国家主权独立、领土完整、文化价值和民族尊严。

其次，《晏子使楚》全文语言风格质朴，平直之中含有曲婉的风致，虽平和温醇，但小处皆含大义，寻常道白亦成格言警句。

第 4 自然段写晏子面对楚王的刁难，表现出非凡的智慧与勇气："装着很为难的样子""拱了拱手"，表面上谦卑，实则步步为营，句句击破。

> 敝国有个规矩：访问上等的国家，就派上等人去；访问下等的国家，就派下等人去。我最不中用，所以派到这儿来了。

此处以"最不中用"之人自比，自谦而深得应对之妙，含蓄之中潜藏着讽刺的针芒。这是多么扬眉吐气的事啊！争的不是个人的荣辱，而是国家的尊严。司马迁对晏子敬佩仰慕有加，他在《史记·管晏列传》中感慨："假令晏子而在，余虽为之执鞭，所忻慕焉。"晏子的勇气令人感动，两千年后的今天我们再读此文，仍然激动不已。

中国历史上充满智慧的人不少，但晏子却是一个很独特的人物，不仅因为他身居高位，更在于他的智慧与众不同。他幽默而充满灵气，虽是矮个子，却当上相国，辅佐了三代君主。比如第 3 自然段"晏子看了看，对接待的人说"这一细节描写，颇能勾画出晏子的复杂心理：是思维敏捷，随机应变能力强，还是不仅看到楚王侮辱自己，还看到了楚王侮辱自己的祖国？小个子晏子的大智慧以及非凡的勇气都在"看了看"之中。沉着是得到尊重的前提，再联系文尾"楚王不敢不尊重晏子了"，我们更加深入地理解了晏子的冷静与睿智。

再如对晏子的神态描写，第二件事中的"故意笑了笑"刻画出其缓解紧张的气氛，笑得非常轻松，楚王"冷笑"之后，晏子"笑了笑"，是反攻，是回敬，更是矮个子晏子的自信与风骨！还有第三件事中的晏子"面不改色"，不改的是什么？不改的是沉着和从容，不改的是面对侮辱毫不胆怯的勇气，不改的是对国家无比热爱的情怀。

晏子是一名出色的外交家，他爱国，清楚地认识到自己国家的利益所在；他机智，有极为出色的语言和交际能力；他知己知彼，了解对方的政经社情，善于准确把握对方的弱点，发现双方利益的汇合点；他有气节和精神，"不辱使命，雄辩四方"（司马迁语）。鲁迅说："我们从古以来，就有埋头苦干的人，有拼命硬干的人，有为民请命的人，有舍身求法的人……虽是等于为帝王将相作家谱的所谓'正史'，也往往掩不住他们的光耀，这就是中国的脊梁。"（《中国人失掉自信力了吗》）司马迁所歌颂的晏子等人，就是这样的"脊梁"。

【教学建议】

首先，教学内容的确定应适切。要指导学生从生动的故事中体会晏子高超的语言艺术，感受晏子语言中透出的大义凛然和爱国精神，这是教学内容之一。其次，通过有感情地朗读课文，体会人物鲜明的个性特征，学习作者通过人物对话刻画人物的写法，这是教学内容之二。第三，课文的另一条线索"楚王"虽是衬托，也不能忽略。楚王前后态度的转变亦可作为教学的抓手，这是教学内容之三。

本课拟上两课时，每课时教学目标如下：

《晏子使楚》第一课时教学目标：

1. 初步了解晏子这一历史人物，理解课题中"使""子"的含义。

2. 继续学习概括课文主要内容。有感情地朗读晏子与楚王第一次斗智的故事，感受晏子善辩的口才，体会其不辱使命、维护国家尊严的精神。

《晏子使楚》第二课时教学目标：

1. 学习楚王与晏子间的第二、三次斗智的故事，联系课文内容积累"张袂成阴、挥汗成雨、摩肩接踵"等词语，理解"面不改色、安居乐业"的意思。

2. 抓住三个"只好"学习质疑，继续有感情地朗读课文，进一步体会晏子用能言善辩的才能捍卫祖国的尊严。

3. 学习课文选取三件事例表现人物品质的写法，学习通过描写人物语言刻画人物的写法，并练习运用。

其次，教学方法的选择要有针对性。对于五年级学生来讲，要注意引导品味文中关键的或学生易忽略的词语。如对课题的理解可以抓"子"和"使"：晏子原名晏婴，为何称为"子"？查字典得知，"子"是古代对有学问、有贡献的男子的尊称，那么，晏婴何以被人们所尊重？他的贡献在哪里？由此引入教学，既调动了学生的兴趣，又直接切入文本主旨。关于"使"字，可让学生圈画语句理解，"使"即"出使"，并引导学生质疑：既然齐国和楚国都是大国，楚王还仗着国势强盛想侮辱晏子，为什么晏子要出使楚国？也借此了解时代背景，并在语言环境中理解"乘机"之意，乘什么机？楚王的态度为什么会发生这么大的转变？课程伊始，板块紧凑，直切首尾，既引发思考，亦激发了阅读热情。

老舍先生说过，"对话是人物性格的'声音'，性格各殊，谈吐亦异"。晏子第一次和楚王交锋，一番对话的核心是推理，对于五年级学生有难度，可指导学生用上合适的关联词对其语言进行梳理，在反复揣摩中学习晏子语言的逻辑严密。

再看楚王，每一次交锋中他都有表现，但倘若逐句学习理解，教学就过于细碎，必须提纲挈领，抓住文中牵一发而动全身的词语，比如"只好"一词，看似平常，却反复出现了三次。第一个"只好"既写出了楚王的无奈，更反衬出晏子的机智。至此，学生产生了"愤悱"意识，教师再不失时机地引导学生走进晏子第二次、第三次与楚王的交锋，反复品读，想一想晏子每次说的话妙在哪里，潜心品味，并通过分角色朗读再现情境。最后，晏子的形象渐渐在学生心中立了起来：作为一名使者，他说话既彬彬有礼，又让楚王无话可驳，同时还维护了国家的尊严，可见晏子之高明。

尤其重要的是，主问题下的研讨不是隔空论说，都是踏踏实实地走进文本语言深处去思考。诸如对"最不中用""也许"等人物语言的咀嚼品味、层层剥笋："中用"是什么意思？"不中用"呢？"最不中用"呢？晏子果真"最不中用"吗？为什么要这样贬低自己……如此，或朴实求积淀，或灵巧重激发，在揣摩中见形象——"雄辩"中的大境界，晏子，就有了伟大的遇见。

"同样，晏子出使楚国时，还发生了类似受辱的故事，如果你是晏子，会怎样应对？"这一问，使《晏子使楚》的镜头有了延伸力，有了穿透感，也激发了学生对故事的二度想象创作。在补充的《晏子使楚》故事中，学生溯古探寻，感受到晏子面对强权的侮辱冷静应对的心理体验，更尝试运用了三次交锋中的雄辩技巧练习了言语表达。这样，教学就由《晏子使楚》的学习转入《晏子春秋》的拓展阅读，整堂课更具历史厚重感，学生的言语习得亦更丰厚。

于漪老师说："课要上到学生心里去。"层层剥笋、提纲挈领、想象仿写等只是诸多教法中的沧海一粟，关键是引领学生通过与文本的交融与碰撞，熟读精思，切己体察，实践内化，领略晏子"雄辩"中的大境界。

比较中甄别，表达中习得

《我们家的男子汉》教学实录与反思

教学内容：人教版（课标本）《语文》2004年版
教学年级：五年级
教学时间：60分钟
执教日期：2014年4月

教学过程

板块一：辨析解题，整体感知

师：今天我们学习一篇课文，（板书：男子汉）在你印象中，什么样的人可以称为"男子汉"？

生：勇敢。

生：英雄人物。

生：有气节、有担当的人。

师：很好。（补齐课题）

师：文中的男子汉指谁？

生：是作者姐姐的孩子，一个四岁的小男孩。

师：（板书：王安忆）课文的作者是王安忆，中国当代文学女作家，上海作家协会主席，复旦大学教授。

（生齐读课题）

师：读了课题，你有什么疑问？

生：为什么说姐姐的孩子是个男子汉？

生：为什么说一个四岁的小男孩是男子汉？

生：这个男子汉有什么特点？

师：你们都会抓住题眼来提问。老师也有一个问题，为什么是"我们家的"，而不是"我家的"？

生：因为写的是王安忆姐姐的孩子，他们的妈妈是一样的。（生笑）王安忆和她姐姐是一个妈妈生的，他们是一个大家庭，可是姐姐是出去的。（生笑）结婚出去了，把孩子留在家里。

师：你的意思我听明白了，其实文中就有一句话，和你说的意思是一样的。

（生齐读第 1 自然段：我们家里有一个男子汉，那是姐姐的孩子。姐姐生下他后，就和姐夫到安徽去了，把他留在家中由我们来照看）

师："我们"在文中具体指哪些人？

生：小男孩的爸爸妈妈、我、小男孩的外婆、保姆。

师：为什么用"我们"而不用"我"？从表达效果上看，"我"和"我们"有什么不同？

生：感觉到我们这个家庭非常大。

生：感觉到很自豪。

师：对，就和我们说"这是我们学校的"口气是一样的。如果在课题后加一个标点符号，你打算加什么标点？

生：感叹号。

师：体会得很好，读出自豪的感情来。

（生齐读课题）

师：有一本教材也选了这篇文章，把第 1 自然段中"姐姐生下他后，就和姐夫到安徽去了，把他留在家中由我们来照看"这句话删掉了，好不好？

生：不好，因为这是背景，必须交代的，不能删。

师：是的，适当的背景有助于我们理解课文。

（生再次齐读课题）

板块二：检查预习，梳理文脉

师：现在请你们在本子上听写两组词语。请两位同学上台听写。我只报一遍，听清楚，记住了，再写。作为五年级学生，要有一定的听记速度。

（二生在黑板上默写，师巡视检查）

师：（第一组）潦草地吃　努力地喝　很响亮很长久地笑　满头大汗、耐心地等待　很镇静地四下打量　着急地喊

师：写完后请你再写一个和这几个词语结构相似的词。

师：（第二组）登着　攀上　推开　抓住　蹿进

师：写完后请再写一个和这五个词相似的词语。

师：一起来检查一下这位同学默写的词语。（指着"潦草地吃"，众笑，因为该生写得字迹不清）你看，字写得也潦草。"满"写对了吗？自己的错误自己修改。（生重写，仍然写错）你再看看，"满"是左右结构，不是上下结构。（生改正）啊，这次写对了！

（生齐读第一组词语）

师：他仿写的是"高兴地合不拢嘴"，对吧？

生："高兴地合不拢嘴"中间应该是双人"得"，改成"高兴地笑"就可以了。

师：可以。不过景老师要表扬这位同学，字写得端端正正，很漂亮。

（生齐读第二组词语）

师：他仿写的是"坐下"，对吗？

生：对。

师：对是对了，不过对于五年级学生来说，写"坐下"太简单了。

生：攥着。

师：很好。下面的同学，写错了请订正过来。再把你们仿写的词语读给同桌听，如果有不合适的，或者用错"的地得"的，请改过来。

（生"开火车"读自己仿写的词语）

生：开心地笑。

生：倔强地喊。

生：快速地写。

师：刚才这组词语都是写小男孩的什么？

生：神态和动作。

师：是啊，这篇文章中有大量类似的描写，阅读时我们要关注这些同类的词语，便于记忆，也便于运用。

师：词语检查完了，下面再检查课文朗读的情况。请三位同学分别读三个部分的其中一小节，第一部分读"有一次"到"他便努力地喝橘子水"，第二部分从开头读到"他终于去安徽和爸爸妈妈在一起生活了"，第三部分读第二小节。

（三个学生分别朗读）

师：给第一位同学提点建议。哪些地方可以读得再好一些？

生：营业员终于过来了，他脸色有点儿紧张，勇敢地开口了："同志，买，买，买……"这一句读得不够紧张。

师：你来试试。

（生朗读这一句）

师：第二位同学读错了一个音，"挨打"的"挨"是第二声。"蹿进"的"蹿"读第一声，在这儿表示"奔跑"。（生齐读这几个词）

（生继续读第三部分第二节）

师："济济的人群"的"济"读第三声，我们平时说"人才济济"的"济"也是这个意思，表示什么？

生：多。

师：中国还有一个省会叫"济南"，也读第三声。

师：再请两位同学读这一句：走的前一天，他对外婆说："外婆，你不要我了，把我扔出去了。"

（一生读）

师：你很会发嗲。（生笑）

（一生再读）

师：这好像就是你的本色嘛，萌萌的。（生笑）

师：同学们读得不错，说明预习得比较扎实。文中的男子汉给你留下怎样的印象，请用一两个词语来概括。

生：可爱，坚强。

生：执着。

生：勇于尝试。

生：天真。

生：面对生活挑战的执着。

（生板书在黑板上）

（生齐读）

生：一个可爱的男子汉。

生：一个执着的男子汉。

生：一个勇于尝试的男子汉。

板块三：比较辨析，学拟小标题

师：本文与之前学过的课文哪一点不同？

生：有小标题。

（生齐读小标题：他对独立的要求、他的眼泪、他面对生活挑战的沉着）

师：这些小标题有哪些相同之处？

生：都是短句子。

生：都是用"他"开头。

师：小标题起到什么作用？

生：概括并引出下文。

师：你看到小标题有什么感觉？

生：鲜明。

生：会先选择自己喜欢的内容去读。

师：很好，这就是小标题的作用。其实，王安忆这篇文章一共写了五件事，在另一本教材中选了三件，本文选了三件，其中有一件事两个版本的教材都选了。你能用自己的话概括这三部分内容吗？

生：第一部分写了姐姐的孩子很独立，他买橘子水日益熟练起来，情绪高涨起来，最后变成一种可怕的狂热。

师：第一部分其实写了两件事，一件略，一件详，说得再简洁一点。

生：不让人搀手——略写。要自己买东西——详写。

师：第二件事呢？

生：他从不为一些无聊的小事哭。他很早就开始不为打针而哭了。

师：能不能说得再简洁一些？

生：他不为挨打和打针哭，还给我写回信，详写的。

师：第三部分其实写了两件事。

生：一是上托儿所不闹，二是去合肥的时候自己爬火车。都是详写的。

（师相机板书）

不让人搀手（略）　　　　　　要自己买东西（详）

不为打针和挨打哭（略）　　　给我写回信（详）

上托儿所不哭闹（详）　　　　乘火车时爬火车（详）

师：我们概括的主要内容与作者的小标题有什么不同？

生：我们拟的都是小男孩具体做的事，作者是在用他的性格特点做小标题。

（掌声）

师：你有一双发现的眼睛。一个小孩子在成长过程中发生的事情很多，如果不好好组织材料，将会显得杂乱无章。本文作者是怎样安排材料的？

生：选择最有代表性的。

生：选的事情都是分开来的。从两岁到四岁，再到上托儿所。

生：把一个类型的材料放在一起。（掌声）

师：什么类呢？

生：都体现了男子汉的气质。

生：这些事都体现了男子汉的特点。

师：每一部分分别写了男子汉的哪些特点？

生：第一部分写了小男孩的勇于尝试，第二部分写了小男孩的坚强，第三部分写了勇敢。

师：也就是说，作者在组织材料时，是按照性格特点分类安排材料的。这就是本文的特点。

（生齐读课题）

师：读了课题就知道文章是写人的，看到小标题也能看出文章是写人的。作者归纳了人物性格作为小标题，你能否用人物的语言来给这三个部分拟小标题？

（生边默读边批注）

生：第二部分可以用"他哭起来眼泪很多"做小标题。

师：想一想，第二部分写了小男孩的"坚强"，合适吗？

生：应该是"不痛，不痛"。

师：很好。那第一部分呢？

生：你不要讲话噢。

生：不要，不要，我自己说。

师：为什么是这句？

生：第一部分是写小男孩勇于尝试，"不要，不要，我自己说"就能体现这一点。（掌声）

（师相机板书："不要，不要，我自己说""不痛，不痛"）

师：很好。那第三部分可以用哪句话做小标题？

生：你不要我了，把我扔出去了。

生：我觉得不是这一句，我觉得是"我怎么办呢"。

师：为什么？

生：因为小男孩上不去火车很着急，虽然不想回安徽，但是在挤不上火车的情况下，还是挤上去了。"我怎么办呢"这一句话更能说明他勇于面对生活的挑战。

生：这句好像不太合适，不能说明他勇敢。

师：是的。第三部分似乎不能用文中的人物语言做小标题，请你展开合理想象，在"认为自己是非走不可"后面加一句话，仿照板书说一说，小男孩可能会怎么做？怎么说？

（师板书：他_____地_____："_____"）

生：他倔强地喊："我要回合肥！"

生：他焦急得直跺脚："让我爬上去！"

（师相机板书："让我爬上去"）

（生齐读三个新拟的小标题："不要，不要，我自己说""不痛，不痛""让我爬上去")

师：我们讨论出来的用人物语言做小标题，和作者用人物性格做小标题，你觉得哪一种小标题好？为什么？

生：作者的小标题好，因为大家一看到小标题，就很清楚这个孩子的特点，一目了然。

生：我们的小标题好，这样可以更吸引读者去看。

生：我们的小标题好，因为用人物语言比较生动，作者的小标题比较死板。

生：王安忆的小标题好，因为更突出了每一部分的内容。

师：其实，景老师的这个问题没有答案。同学们说得都很有道理，王安忆的小标题一目了然，直接揭示了人物的特点，而且句式很整齐，也概括了这一部分的内容。而用人物语言做小标题，可以吸引读者去阅读。不过，两类小标题有个共同点，都比较简短。这些都是一个好的小标题的特点。所以，要根据不同的情况、根据不同的文章来拟小标题。

板块四：品味语言，练习写话

师：王安忆的文字是很有特点的，这篇文章同样如此。作者用怎样的语言来表现这个孩子是男子汉的？请你默读课文，用心发现，哪些词句写得很特别，特别精彩，表达的情感很丰富？发现一两处，画下来。

（生默读圈画）

生：挨打就够屈辱了，何况为挨打哭，因此，挨打时，他总是说"不痛，不痛"，甚至哈哈大笑起来，很响亮很长久地笑，两颗很大的泪珠便在他光滑饱满的脸颊上滚落下来。这一句写出了男子汉很勇敢。

师：你说的是体会到什么。老师希望你说说，作者是怎样把男子汉的勇敢写出来的，这句话特别在哪里？

生：作者先写了他从来不为挨打哭，还把他怎么笑的写得很具体。

师：就像她这样来回答。体会到什么不需要多说，只需要说作者怎么把特点写出来的。

生：到了柜台前，他又嘱咐我一句："你不要讲话噢！"营业员终于过来了，他脸色有点儿紧张，勇敢地开口了："同志，买，买，买……"他忘了要买什么东西了。这一句作者写出了小男孩虽然有点紧张，但为了买到自己想吃的山楂片，还是勇敢地开口了。

师：我很赞同你的想法。不过我觉得后面一句写得更精彩。请你往下读。

生：他好久没说话，潦草地吃着山楂片，神情有些沮丧，我有点儿后悔起来。

师：这句话中有一个词"潦草"，圈出来。你们平时什么时候用"潦草"？

生：字迹潦草。

生：这里用"潦草"说明小男孩没能自己买成山楂片，所以小男孩吃得很快，心里很沮丧。

师：是啊，作者用词太准确了。一起读一读这句话。

（生齐读）

生："据姐夫来信说，他看了这句话，先是大笑，然后跑进洗手间，拿起一块手巾捂住了脸。"一般情况下，我们会写"又哭又笑"，而作者不直接说"哭"，写出了他既不愿意哭，即使哭也不愿意让别人看见。（掌声）

师：是的。本文中王安忆不只一次写到小男孩的哭和笑，因为对于一个四岁男孩来说，哭和笑都是家常便饭。谁继续交流？

生：当别的孩子哭的时候，他才想起来哭。哭声嘹亮，并无伤感，似乎只为了参加一个仪式……因此，挨打时，他总是说"不痛，不痛"，甚至哈哈大笑起来，很响亮很长久地笑，两颗很大的泪珠便在他光滑饱满的脸颊上滚落下来。写哭声是"嘹亮"，笑声是"响亮"，作者写得很具体。（掌声）

师：说得真好，抓住了两个"亮"，你有一双发现的眼睛。我们阅读时，遇到这种意思相近的词语要多问几个为什么，为什么这么写，这么写有什么好处等。王安忆作品的语言用词准确、细腻精准。她也善于写身边的普通人。比如本文，她选择了她的姨侄儿，一个小孩来写。她是一位语言大师，在她笔下，很多普通的人物、普通的事情写得很有意思。

师：你们知道老师喜欢文章的哪一部分吗？

生：最后一部分。

师：你们猜对了。

（师出示：我把他抱了起来，他勇敢地抓住窗框，两只脚有力地登着车厢，攀上了窗口。窗口边的旅客不约而同地伸手去抱他。他推开那些妨碍他的手，抓住一双最得力的，蹿进了车厢，淹没在济济的人群里了）

师：其实，第一节课我们已经听写了"攀铁路"这部分的动词，齐读。

登着　攀上　推开　抓住　蹿进

师：同样喜欢这一部分的同学起立。

（起立者齐读）

师：作者抓住小男孩的动作，写得非常具体。同样，作者还写了小男孩"买橘子水"，省略了小男孩买橘子水的动作。

（出示PPT）

一个炎热的下午，我从外面回来，见他正在门口小店买橘子水。他站在冰箱前面，露出半个脑袋。……营业员只顾和几个成年人做生意，看都不看他一眼。（他怎么说？怎么做？用上恰当的动词）_____。他满头大汗、耐心地等待着。

师：给大家几分钟，展开想象，把小男孩买橘子水的动作具体写下来。

（生完成仿写）

师：交流一下。

生：他站在冰箱前面，露出半个脑袋。<u>手里攥着一元硬币："阿姨，我买橘子水。"</u>营业员只顾和几个成年人做生意，看都不看他一眼。<u>他又把五个汽水瓶一个一个地抱起来，放在柜台上，好似炫耀他的战绩。他踮着脚，双手扒着冰箱的门。</u>他满头大汗、耐心地等待着。

师："好似炫耀他的战绩"想象得合情合理。

生：他站在冰箱前面，露出半个脑袋。<u>他踮着脚，把头放在冰箱上，不停地叫着："同志！同志！"</u>营业员只顾和几个成年人做生意，看都不看他一眼。<u>他便用瓶子敲着冰箱，皱着眉头，继续喊着："阿姨！阿姨！"</u>他满头大汗、耐心地等待着。<u>汗珠从他头上沁出来，他也不在意。</u>（掌声）

师：一个"敲"字写出了小男孩的着急，一个"沁"字用得很准确。

生：我最后一句是这样补充的：烈日下，他眯缝着眼，静静地看着阿姨。（掌声）

师：真不错，你像王安忆一样，用词准确。

师：作者写这篇文章不仅在介绍他们家中的一个小小男子汉，而且在歌颂一个健康生命的成长。健康的生命，成长的生命，是最最美丽的。我想，作者写这篇文章和景老师选这篇文章有一个共同的愿望，知道是什么愿望吗？

师：（指男生）我，作者，还有你们的父母，都希望所有的男孩子都成为男子汉，都具有男子汉可贵的品质。当然，女孩子也要具有男子汉的坚强执着，女孩子要成为"女汉子"。（众大笑）课后请修改片段。

教学反思

正确选择教学内容是上好语文课的核心问题。一堂语文课，教师首先应清楚这堂课要"教什么"。《我们家的男子汉》是儿童文学作家王安忆的作品，比较贴近小学生，对于五年级学生来说，在内容理解上没什么难度，因而，我把教学重点放在教会学生学习以人物性格特点分类组织材料的方法，并尝试拟小标题。本课的教学思路大体为：首先通过课文实例的比较，让学生理解这种选材组材的方法，体会小标题与课文主旨的关系；再尝试换一个角度拟小标题，让学生进一步体会小标题的特点；接着引导学生想象说话，情感体验后再次尝试拟小标题；最后让学生通过讨论，体会到拟小标题没有固定程式，一个好的小标题应契合文本特点和表达意图。

一堂课的教学内容要相对集中，学生才能学得相对透彻。对处于语言发展关键期的小学生而言，积累语言材料和丰富语感经验是教师确定教学内容时首先应考虑的。因为语言的积累与运用是小学生学习语文的基础，"胸藏万汇凭吞吐，笔有千钧任翕张"。本课摒弃了琐碎的课文分析，四个教学板块既各有侧重，又环环相扣。第二板块中的词串学习是积累语言；第三板块写男孩爬火车的动作语言便是结合课文情境运用语言；第四板块再次写男孩买橘子水的动作语言，目的是引导进一步学习揣摩王安忆作品的语言特色，把普通人物的普通事情写得有意思。

王荣生教授说过，教学的根本目的是帮助学生学。语文课堂教学中处理好"教"与"学"的张力能使相对集中的教学内容教得更加透彻。面对"教"的种种复杂情况，教师对学生语言的生成与发展要有强烈的指导和相助意识。需要教师讲授与阐明的，毫不含糊；需要教师示范和学生示范时，要舍得花时间。时时处处皆语文。本课力求利用不同版本教材的比较辨析给予学生较大的学习空间，但在文本的处理上略显面面俱到，学生习得语言的过程展开尚不够。

充满思维张力的语文课

谢江峰

《我们家的男子汉》是一篇写人的散文，沪上作家王安忆从一个成人的角度，用独特、细腻的语言写出了一个"小男孩"成长的过程，字里行间处处流露着作者对"男子汉"的无限关爱。

综合来看，本文的表达主要有两个特点。首先是用小标题，从三个方面，即"他对独立的要求""他的眼泪""他面对生活挑战的沉着"来表现"我们家"男子汉的性格特点：独立、坚强、勇敢、沉着等。另外，课文语言朴实、生活化，但又十分细腻、形象，比如"他一只胖胖的手""像一条倔强的活鱼一样挣扎着"……这样的语言在课文中随处可见，读来让人忍俊不禁，真实地刻画了小男孩的年龄特征和性格特点。

这样的课文教什么、如何教，是摆在教师面前最主要的问题。景老师紧紧抓住文本特点，确定了两个重点学习目标：一是学习本文以人物性格特点分类、组织材料的方法，用小标题形式体会主要人物的性格特征；二是学习品味作者生动、细腻的语言特色。两个学习目标可以说是殊途同归，都是指向学习课文的表达方式，这也是高年级阅读教学主要的任务。

其次是怎么教的问题。这一节课，景老师采用的最主要的教学方式是比较，几个词语比一比，和原文比一比，和自己的语言比一比……通过一次次的比较，学生逐渐走入文本，体会到文章独特的表达方式。

比较，在阅读教学中是很好的教学方式，通过词语与词语、句子与句子、段落与段落、这一篇与另一篇之间的比较，让学生进行思考：为什么这样写而不是那样写？间或两种写法都可以，那么其间的表达效果又有怎样的区别？

本课的教学中多次用到比较，大致有这样几处：

一是课题中"我"和"我们"进行对比。题目《我们家的男子汉》，"为什么用'我们'不用'我'？从表达效果上看，'我'和'我们'有什么不同？""我"显得小家子气，"我们"表示一大家子人，意思上不一样，同时也是体现"自豪"之情，在表达的情感上也不一样。

课题，常常被忽略，或者只是读一读而已。但景老师关注到了"我们"这个词语，它不仅说人多，更代表一种情感，表达效果完全不一样。"我"和"我们"一比，课文的情感基调比出来了，学生的语言感觉也一下子有了。

二是这一篇教材和别的教材文本的比较。比如让学生思考"有一本教材也选了这篇文章，把第一小节中'姐姐生下他后，就和姐夫到安徽去了，把他留在家中由我们来照看'这句话删掉了，好不好？"经过讨论，学生认为不删为好，因为这句话交代了事件的背景，背景有助于读者进一步理解文章内容。同一个文本，在收入教材的时候做一些修改、增删，这原本无可厚非。智慧的老师能借助不一样的文本，让学生去发现怎样的表达是最合适的，哪个词的用法更加准确等，让学生通过比较辨别其中的"滋味"，从而逐渐培养对语言的敏锐度，即我们俗称的"语感"。

第三处，学生读课文之后列出的小标题和课文的小标题进行比较。每一篇课文的学习，首先要读懂"写了什么"，即课文的内容。读懂《我们家的男子汉》这样的课文，对五年级的学生来说，没有一点难度。但景老师还是舍得花时间让学生去读，舍得花时间让学生交流读懂了什么。然而，这里的读懂，不是对课文内容的简单重复，而是从高年级阅读教学的主要任务出发，让学生从谋篇布局的角度了解每个部分写了两件事：其中一件事详写，一件事略写，并用最简洁的短语板书出来，列出了诸如"不让人搀手、要自己买东西""不为打针和挨打哭、给我写回信""上托儿所不哭闹、乘火车时爬火车"等类似于小标题的短语。

教学到此为止已经相当精彩了，读懂、概括尽在其中，更精彩的是，景老师让学生仔细体会"我们概括的主要内容与作者的小标题有什么不同"，让学生又一次发现作家是如何组织材料的，把学生的思维再推进一步，"一个小孩子在成长过程中发生的事情很多，如果不好好组织材料，将会显得杂乱无章"。课文就是按照男孩的性格特点分类安排材料的。这样的"重大发现"已经超越了阅读教学本身，引领学生站在另一个高处"俯视"课文，学生学到的不仅仅是课文所写的一个可爱、天真、认真的男孩，还有表达方式、习作规律，"内容人人看得见，含义只有有心人得知，而形式对于大多数人来说是一个秘密"。景老师的教学指向的就是含义、形式，此乃大智慧！

第四处，从课文的每个部分中找到一句男孩的话做小标题，和课文的小标题进行对比。"作者归纳了人物性格作为小标题，你能否用人物的语言来给这三个部分拟小标题？"在教师的引导下，学生再次沉浸到课文中去，阅读、批注、写话，全班一起讨论，列出了"不要，不要，我自己说""不痛，不痛""让我爬上去"这三个小标题。"我们讨论出来的用人物语言做小标题，和作者用人物性格做小标题，你觉得哪一种小标题好，为什么？"有学生说课文的小标题好，也有很多学生不唯文本，认为自己讨论出来的小标题好。"这个问题没有答案。"景老师这样告诉学生。为"没有答案"的教学叫好，更为不畏权威的学生叫好，比较不是一定要有高下低劣之分，比较的最高境界在于让人认识事物、认识世界、认识自我。

另外，在品味语言的过程中，师生一起用比较的方式感受作品语言的生动、细腻。比如，"他好久没说话，潦草地吃着山楂片，神情有些沮丧，我有点儿后悔起来"。"潦草"一词，一般指做事马虎，如"写字潦草"，教学中，通过和日常生活中常用的"潦草"这个意思进行比较，体会小男孩的心情，感受作者独特而准确的用词。这样的比较在本课的教学中随处可见，如"哭声嘹亮"和"很响亮很长久地笑"，用"嘹亮"和"响亮"进行比较，感受两个词语的细微差别。

景老师从文本内容和写作特点出发，引导学生关注文本语言，在品味语言中练习表达，为达成这样的目标，教师不囿于一字一词一句的串讲、分析，而是从语言文字入手，和学生一起玩转"比较"，使课堂充满思维张力。

（谢江峰　上海市松江区第三实验小学　特级教师）

好一个"优先发言卡"

8月的一个周末，和几位好友相约小聚。因都是教育人士，聊着聊着，话题又扯到了教育，其中不乏思想的火花。

席间，大家聊到了"如何寻找适合学生的教育而不是为教育寻找适合的学生"这一话题，我想到了学校这两年也在关注这一课题，也有了一些探索，比如实行 A、B 卷制。为了让少数学困生重拾学习的信心，学校在期末考试中为部分学生设置了降低难度的 B 卷，比如语文试卷中增加基础知识的考察比重，减少阅读方面的考察比重，试卷难度大大降低，学困生也能考到六七十分。这样试行了一段时间，有利有弊。该方式在某种程度上的确增强了部分学生的学习自信心，但有时我们也在反思，当发给这些学生 B 卷时，无形中为这些学生贴上了"学困生"的标签，给他们的心理增加了负担，也会遭到其他学生的嘲笑。

听了我的介绍，另一位友人为我们讲述了她在学校开展"优先发言卡"的实践。她们学校每学期都要开展教学视导，在听完一个班级一天的七节课后，校领导发现这个班级总有那么五六个学生未被教师叫起来发言，当校领导与任课教师沟通时，她们觉得很委屈，觉得自己在课堂上的确关注到了大多数学生，即便这样，一天下来，仍有五六个学生被边缘化，这说明我们的教学尚未达到理想课堂的境界——面向每一个学生。后来，有教师想出了解决问题的办法——发放"优先发言卡"，即事先给每个小组中能力相对较弱的学生发放"优先发言卡"，当教师提问后，这些学生有权先发言，避免了"优生一言堂"的现象。而且，"优先发言卡"的拥有者并不是一成不变的，而是根据学生课堂表现进行即时调整。为了不让那些优生感到在课堂上没劲儿，对优生也有一条规定：不能重复他人的发言，必须在前面同学发言的基础上进行总结、提升。这样，两头的学生都调动起来了。我们听后，频频点头称是。

随后，一位友人亮出了她的观点，她用的是"颜色卡"激励法。比如，发放红、黄、蓝、绿等颜色卡，哪种颜色代表哪一类学生教师都心中有数，为了不让学生将颜色与成绩好坏贴上标签，教师经常调换颜色，这样学生摸不到发卡规律。教师上课时首先宣布："持 ×× 颜色的学生有优先发言权。"这样的形式，让那些学困生有机会展示，也乐意展示，学生在五彩的色卡变化中感受到课堂不再那么枯燥无趣了。

由此，我想到了原上海市教委副主任尹后庆在最近一次的讲话中提出，"长期以来，我们一直认为'教得好'就能'学得好'，而且在这方面我们已经有了有力的评价证据。但是，今天我们是否应该想到另外一些维度。今天上海义务教育均衡发展已经不再是'均贫富'的阶段，而是政府所提供的教育资源必须通过学校专业化的劳动创造性地转化为能让学生切身体会得到的教育服务，学校就必须从研究学生出发，寻找适合学生的教育而不是为教育寻找适合的学生。"

"寻找适合学生的教育"不是一句空话，而是一个系统工程，它应该包括教学方式的转变、良好师生关系的构建，更为重要的是，还应该有一套科学的评价方式。正如尹后庆主任提到的，"以校为本的质量保障体系的建立一方面让学校能够关注到每一个学生在学习进程中出现的状况并及时加以补救或矫正，另一方面也让教师在这一过程中掌握了评价的方法和如何正确使用评价促进教学的体验，提高教师敏锐洞察学生学习过程的能力，促进教师专业水平的提高"。

"关注到每一个学生在学习进程中出现的状况并及时加以补救或矫正"，读到这句话，我想到了在一些公开课上，教师为了追求课堂的"行云流水"和"天衣无缝"，上课时只考虑到自己预设好的教案的顺利推进，不考虑学生的接受程度，更不要说根据学生状况及时加以补救或矫正。我曾听过一节二年级语文课《喇叭花》，本是教研组内研究课，但教师还是感到有压力，特意借了年级里最好的班级来教学。教学设计环环相扣，教师声音柔美，多媒体课件做得也很精美。班级里有几个女生的确不错，无论是朗读水平还是表达能力都是年级里屈指可数的。整堂课上，教师一直在请这四五个女生回答问题，其他学生被动地跟在后面混。我特别注意到后面的几个男生，要么发呆，要么东张西望，要么翻动书页，似乎游离于课堂之外。教师还设计了"引读"环节，大概是想通过引读，让学生熟悉课文内容，然后再指导学生根据板书复述。但在"引读"环节，我发现许多学生只是被动地跟在后面"呜呜啦啦"地读，读得既不投入，也没有抑扬顿挫的变化。我个人认为，语文课上，"引读"要慎用。在两种情况下可以设计"引读"：一是需要营造课堂氛围时。比如《狼牙山五壮士》的结尾：

狼牙山上响起了他们壮烈豪迈的口号声：

"打倒日本帝国主义！"

"中国共产党万岁！"

这段文字需要师生引读，渲染气氛，引导学生感受英雄的豪迈气概。二是需要反复品味涵泳的句子或是表达形式较为特殊的语句。比如《一夜的工作》中"这是高大的宫殿式的房子，室内陈设极其简单，一个不大的写字台，两张小转椅，一盏台灯，如此而已"，这句话值得反复玩味。作为总理办公室，里面的摆设与办公用品即便再豪华一些、丰富一些、高档一些，也无可厚非。因为这毕竟是一个国家总理的办公室，代表的是一个国家的形象。然而，周总理办公室除了一些工作的必需品之外，别无其他。在语言形式上，作者用"高大"跟"极其""如此而已"进行鲜明的对比，旨在突出周恩来作为一国总理在生活上的简朴与简单。这句话可以由教师和个别学生配合朗读，特别是"一个""两张""一盏""如此而已"等词，可反复引导学生品读，体味作者运用对比手法的妙处。

　　好一个"优先发言卡"，它体现了教师教学的立足点，关注课堂上每一个学生的个体差异。教师上课应以教科书为媒介，把每一个学生的发言编织成一件织物，信赖和期许每一个学生的发言都是精彩的，接纳每一个学生的思考与不完美。

在比喻的丛林里

《观潮》教学实录

教学内容：人教版（课标本）《语文》2004 年版
　　　　　沪教版《语文》2015 年版
教学年级：四年级
教学时间：50 分钟
执教日期：2017 年 9 月

教学过程

板块一：揭示课题，整体感知，辨析"观"之意

师：今天我们学习第 19 课，课题是《观潮》。

师：这个潮是哪里的潮？知道吗？

生：潮水的潮。

师：哪儿的潮水？

生：海面上的潮水。

生：钱塘江的大潮。

师：对。钱塘江的大潮。咱们是浦江三小的学生，这个"浦江"指的是什么？

生：黄浦江。

师：黄浦江是上海的母亲河，钱塘江是杭州的母亲河。

师："观"是什么意思？

生：观看。

师：观看，连起来说就是——

生：观看钱塘江的大潮。

师：课文对钱塘江的大潮有一句总的介绍。一起读。

生：（齐读）钱塘江大潮，自古以来被称为"天下奇观"。

（板书：天下奇观）

师：这里也有个"观"，什么意思？

生：景象。

师：那"奇观"呢？

生："奇观"是奇特的景象。

师：有不同意见吗？

生：奇异的景象。

师：你为什么要说奇异？

生：奇异是非常非常特别的意思。

师：和他的"奇特"，意思不是差不多吗？

生：是不一样的，因为这个潮比之前其他地方的潮要好看。

师：你看过吗？

生：课本上就是比其他地方要好看。（众笑）

师：先把这个问题存起来。钱塘江大潮是世界三大涌潮之一，是天体引力和地球自转的离心作用，加上杭州湾喇叭口的特殊地形所造成的特大涌潮，盛于唐宋，历经两千余年。厉害吗？

生：厉害。

师：再把第1自然段读一读。

生：（齐读）钱塘江大潮自古以来被称为天下奇观。

板块二：听写词语，从写作顺序入手，了解课文主要内容

师：课题是"观潮"，我们在这一单元学了哪几课？

生：第16课《赵州桥》，第17课《五彩池》，第18课《美丽的小兴安岭》。

师：发现了什么？

生：这几篇课文都是写景的。

师：哪几篇？

生：第16课，第17课，还有第18、19课。

师：有不同意见吗？

生：整个单元都是。

师：《观潮》这一课既然是写景的，为什么不用"钱塘江大潮"做题目，而要用"观潮"呢？带着这个问题读一读课文。读的时候也可以看看课后提示，课后提示就是一个好老师。

（生自由读）

师：为什么不用"钱塘江大潮"做题目？看看"观"，是写什么的？

生："钱塘江大潮"这个题目太长了，而且它讲的不是钱塘江而是钱塘江的潮。

师：看看课后提纲。

生：（齐读）观潮的时间和地点。潮来前，潮来时，潮来后。

师：课文是按照什么顺序写的？

生：时间顺序。

师：《赵州桥》是按时间顺序写的吗？从提纲里看出什么了？

生：地点。

师：题目是《观潮》，又按照时间顺序来记叙的，所以，题目中的"观"告诉我们这是记事文。本单元其他课文是写景文。能说说课文的主要内容吗？

生：我来到海宁市的盐官镇观钱塘江的大潮。

师：到了四年级，还要学会全面概括主要内容。给你们一个帮手，把提纲的句号改成逗号，试试看。

（出示：潮来前，江面_____）

生：潮来前，江面风平浪静。

师：可以在书上写一写，也可以在课文中圈一圈。

生：刚开始时江面风平浪静，后来，风号浪吼。

师："号"字音读得非常准。潮水又怎样呢？

生：发出山崩地裂的响声。

师：既有看到的景象，又有听到的声音，能连起来说一遍吗？

生：潮来时，江面风号浪吼，发出山崩地裂的响声。

师：潮过后——

生：潮过后，钱塘江恢复了平静，江水涨到六七米高。

师：厉害！再把要求提高一点，挑战一下。把刚才说的连起来说说，时间、地点加进去，把潮来前、潮来时、潮来后都加进去，会概括吗？

生：我们来到了钱塘江观钱塘江大潮。

师：很好。

生：潮来前，江面风平浪静。潮来时，江面风号浪吼，发出山崩地裂的响声。潮过后，钱塘江恢复了平静，江水涨到六七米高。

师：厉害的，谁比他更厉害？

生：农历八月十八，我们来到海宁市盐官镇观钱塘江大潮。潮来前，江面风平浪静。潮来时，江面风号浪吼，发出山崩地裂的响声。潮过后，钱塘江恢复了平静，江水涨到六七米高。

师：太厉害了。（掌声）接下来检查预习情况，听写词语。谁愿意到黑板上来听写？

人声鼎沸　　　　横贯江面

白浪翻滚

山崩地裂　　　　浩浩荡荡

师：把书打开对照修改。一起写"鼎"。（板书：鼎）"鼎"是什么意思？

生：鼎鼎大名。

师："鼎"是古代时候的什么？

生：一种大锅。

师：对，用来烧水、盛东西用的。"人声鼎沸"是什么意思？

生：人的声音很大。

师：像什么？

生：像水沸腾了一样。

师：你们一般什么时候会人声鼎沸？

师：老师说明天要春游了。

生：下课的时候。

师：（指学生板书）老师为什么要他们俩这么写？

生：进行归类。

师：说对了一半。归什么类？"人声鼎沸、山崩地裂"讲什么的？

生：是声音。

师：这些讲的是什么？

（生齐读）

师：看到的潮水的样子。（板书：声、景）

（生再次齐读）

师：预习时，遇到词语可以进行归类记忆，便于今后运用。

板块三：学习第 4、5 自然段，学习作者通过比喻的手法，写出潮来时的壮观景象，并尝试背诵

师：课文开头告诉我们，钱塘江大潮自古以来就是天下奇观，作者是怎么把"奇"写出来的？有同学说"奇特"，有同学说"奇异"，哪些地方让你感受到了？

（指名读）

生：午后一点左右，从远处传来隆隆的响声，好像闷雷在滚动。顿时，人声鼎沸。熟悉江潮的人告诉我们：潮来了。我们踮着脚——

师：（正音）踮（diǎn）着脚。

生：（继续读）向东望去，江面还是风平浪静，看不出有什么变化。过了一会儿，响声越来越大，只见东边水天相接的地方，出现了一条白线。人群又沸腾起来。那条白线很快向前移动，逐渐拉长，变粗，横贯江面。再近些，只见白浪翻滚，形成一道六米多高的白色城墙。

师："六米多高"大约有多高？告诉你，咱们班教室约三米高。

生：应该有两间那么高。

师：见过那么高的潮水吗？

生：没有。

师：但我听你朗读，感觉只有两三米高。再读。

生：（再读）只见白浪翻滚，形成一道六米多高的白色城墙。

师：现在有五米了，再读。

生：（再读）只见白浪翻滚，形成一道六米多高的白色城墙。

生：（继续读）那浪越来越近，犹如千万匹白色战马齐头并进，浩浩荡荡地飞奔而来；那声音如千万辆坦克同时开动，发出山崩地裂的响声，好像大地都被震得颤动起来。

师：这段话中，把什么比成什么？

生：把白浪比作白色城墙。

师：白色城墙。这个语段中还有类似的句子吗？

生：那浪越来越近，犹如千万匹白色战马齐头并进，浩浩荡荡地飞奔而来。

（板书：白色战马）

师：还有吗？

生：那声音如千万辆坦克同时开动，发出山崩地裂的响声，好像大地都被震得颤动起来。

师：很好。

生：只见东边水天相接的地方，出现了一条白线。人群又沸腾起来。

（板书：白线）

师：我有个学生，前不久刚刚去看过钱塘江大潮，回来以后，也写了一篇《观潮》。他这么写的：那潮水很快向前移动，再近些，只见白浪翻滚，浪很高。那浪越来越近，很猛；那声音很响。这样的写法好，还是课文的写法好？

生：课文。

师：为什么？

生：因为前一段写得比较详细，而后一段就写了一点点，根本就没有让我们真正了解到。

师：你去过海宁盐官镇观潮吗？看这段文字，是不是有一种感觉——

生：好像去过那边。

师：身临其境。没去过的人好像亲身到了那个地方。刚才这段话当中，作者把什么比作什么？

生：把潮水比作白线、白色城墙、白色战马。

生：颜色。

师：很好。（板书：色）还有呢？

生：形状。

师：很好。（板书：形）景老师也没去看过，我也想拿你们熟悉的事情来比，可以这样比吗？

（出示：那浪越来越近，犹如千万匹白色绵羊齐头并进，浩浩荡荡地飞奔而来。）

生：（众笑）不可以。

师：我也是在比喻呀，白色绵羊也是你们熟悉的。有身临其境的感觉吗？

生：没有。

师：为什么？

生：绵羊没有那种感觉。

师：什么感觉？

生：千万匹战马就形容很洪亮的声音的。

师：看过战马吗？

生：看过。

生：很威猛。

师：绵羊呢？

生：跑不了多远，就被狼吃了。（众笑）

师："白色战马"把大潮的什么写出来了？

生：把大潮的勇敢。

师：换一个词。

生：把大潮的凶猛气势写出来了。

师：非常好。（板书：势）男生读"白色战马"这句，女孩子读"白线""白色城墙"这句。

（女生读：那条白线很快向前移动，逐渐拉长，变粗，横贯江面。再近些，只见白浪翻滚，形成一道六米多高的白色城墙。）

（男生读：那浪越来越近，犹如千万匹白色战马齐头并进，浩浩荡荡地飞奔而来；那声音如千万辆坦克同时开动，发出山崩地裂的响声，好像大地都被震得颤动起来。）

师：气势是读出来了，景老师觉得这"白线""白色城墙""白色战马"，也可以换一换顺序，你们觉得可以吗？

生：不可以。

师：反正都是形容潮水的。

生："白线"是最开始的潮水，"白色城墙"是后来的潮水。

师：文中说，作者站在哪里观潮？

生：海宁的盐官镇专门观潮的地方。

师："白线"就是什么？

生：最远的地方。

师：非常好。

生："白色城墙"是再离得近一点，"白色战马"已经很接近了。

师：非常好，是不是按照由远到近的顺序啊？（板书：远——近）这段文字写出了潮来时的那种汹涌。现在，景老师就是慕名来观潮的游客，你们就是钱塘江大潮。有没有信心把它背下来啊？

（师站在教室门口，演"游客"，生分小组分别朗读"像白线""像白色城墙""像白色战马"的语段）

生：（齐背）那条白线很快向前移动，逐渐拉长，变粗，横贯江面。再近些，只见白浪翻滚，形成一道六米多高的白色城墙。

师：停，听你们这么背，那大潮早就把我的衣服扑湿了。太慢了，潮水都来了，跑都来不及。（众笑）

生：（再次齐背）那条白线很快向前移动，逐渐拉长，变粗，横贯江面。再近些，只见白浪翻滚，形成一道六米多高的白色城墙。

师：再晚一点，我就要被潮水冲走了。

生：（继续齐背）那浪越来越近，犹如千万匹白色战马齐头并进，浩浩荡荡地飞奔而来；那声音如千万辆坦克同时开动，发出山崩地裂的响声，好像大地都被震得颤动起来。

师：我也想背，给我机会吗？

生：给！

（师背诵，故意将"横贯江面"的"贯"背成"卧"）

生：应该是横"贯"江面。

师：错一个字，不要紧吧？

生：不可以。

师：第2自然段写的"横卧江面"，可以吗？

生：不行，因为有两个"横卧江面"了，重复。而且，"横卧江面"没有"横贯江面"好。

师："横卧"和"横贯"分别写的是什么时候的景象？（板书：潮来前　宁静）

师：横贯呢？什么感觉？

生：浪很大……

师：对。一字之差，也不要背错。

板块四：说话练习，运用积累的词语，介绍潮来时的壮观情景

师：观潮的地点、角度、天气不一样，看到的大潮景象也不同，还有一线潮、冲天潮、回头潮等（出示图片），请你选择一种潮，用上黑板上的词语，说一两句话，介绍介绍。用上一个词，不得了；用上两个词，了不得；用上三个，给你点"赞"。

（生自由练习）

生：一线潮来了，只见一条白线横贯江面，浩浩荡荡地奔涌而来。

生：回头潮来了，犹如千座雪峰，发出山崩地裂的响声。

生：冲天潮来了，只见白浪翻滚，江中的石桥瞬间被淹没了。

师：既用上了积累的语言，也比较贴切，学以致用。

师：苏东坡诗云："八月十八潮，壮观天下无。"难怪作者一开头就这样写。

（齐读：钱塘江大潮，自古以来被称为"天下奇观"）

板块五：小结全文，体会大潮之奇异

师：这样的文字，这样壮观的景象，我们要把它记忆在脑海里。回到开始的那个题目。刚开始有同学说这个"奇"是什么？

生：奇特。

师：他说是奇特，有同学说是——

生：奇异。

师：那你现在觉得是什么？你说。

生：奇迹。

师：（板书：潮来前，潮来时，潮来后）课文按照时间顺序，围绕"观"字向我们介绍了钱塘江大潮的这种壮观的景象。写"潮来时"这一部分作者抓住了潮来时的——

生：声音、气势。

生：颜色。

生：形状。

师：作者善于用比喻手法，让我们这些没有看过大潮的人，仿佛看到了潮来时的情景，仿佛听到了潮水的声音，真正感受到了大潮的壮观。

（出示作业）

① 背诵第 5 自然段。

② 根据课后提纲，先概括出每一部分的段意，再连起来归纳课文的主要内容。

板书：

19 观潮

潮来前	宁静			
潮来时	人声鼎沸	横贯江面	白线	
		白浪翻滚	白色城墙	
潮来后	山崩地裂	浩浩荡荡	白色战马	
	（声）	（势）	（色）（形）	

远———近

向青草更青处迈进

——景洪春老师的《观潮》与语文课堂的学习深度

于 龙

如果把一堂语文课看成一次学习的旅程，那么，两个关键问题就是"带学生到哪里去"和"怎么带"。前者关涉语文课的方向和目的，后者主要是指教学引导的策略、方法与工具。衡量一堂语文课是否有效，我们也可以从学生的学习变化来观察，一堂好课应该是：（1）学生发生了积极的学习变化；（2）这种积极的学习变化是由教师的"教"引发的。

所谓发生积极的学习变化，是指学生在没进入课堂之前的起点状态，与走出课堂之后的终点状态，两者是有距离的，学生有知识、技能、方法或情感态度的正向的学习变化。有些语文课，学生貌似也听、说、读、写了，但这些语文活动大都只是学生"本来状态的自然呈现"，在原有基础上，没有新的知识与技能的增长，学生更多的是在"原地踏步"，缺少实质性的语文学习。

有没有发生积极的学习变化以及这个学习变化有多大，我们可据此判断一堂语文课的学习深度。从这个角度来看，景洪春老师执教《观潮》，就好像是带着学生"向青草更青处迈进"，以巧妙的教学引导、梯度性与结构化的提问，带领学生做了一次深度学习的游历。

一

《观潮》一文选自赵宗成、朱明元的《喜看近日钱塘潮》，原本是一篇广播稿，1980 年 11 月 5 日在中央人民广播电台《祖国各地》节目中播出，后于 1981 年 6 月编辑出版为《祖国各地》第一集，由广播出版社出版。编入语文教材时，略去了江潮生成的原因、危害以及历年治理潮害的情况，只节选了记述观潮经历和景象的部分。

景老师对《观潮》一文的基本定位是：（1）以记事为主，按照潮来前、中、后的顺序，记述了观潮的见闻、经历；（2）按照由远及近的顺序，采用比喻等手法，从声、势、色、形等方面写潮来时奇特、壮观的景象。"记事"是对《观潮》文体特质的把握，从一般老师对《观潮》的理解与教学情况来看，这是一个必要的澄清与界定；"潮来前、中、后"和"由远及近"是对写作思路的把握；声、势、色、形及比喻是对写作特点的把握。

那么，在景老师的《观潮》课堂中，学生经历了怎样的学习变化呢？从课堂教学的五个主要环节来看，学生经历了从直觉感受到理性分析、从阅读理解到迁移运用的学习过程，有一个明显的梯度变化（见表一）。

表一　《观潮》的教学环节与学习变化

教 学 环 节	学 习 变 化
1. 整体感知，辨析"观"的意思	· 发现并辨别"观潮"和"奇观"中"观"字的意思 · 通过对总括句"钱塘江大潮，自古以来被称为'天下奇观'"中"天下奇观"的分析，整体感知课文，遇到学习问题，产生后续学习探索的动机
2. 听写词语，从写作顺序入手，了解课文主要内容	· 通过对新旧知识的关联与对比以及对课文标题的比较、辨析，确定课文的文体特点 · 根据提纲，确定写作顺序，概括主要内容
3. 学习作者通过比喻的手法，写出潮来时的壮观景象，朗读体会表达效果，并尝试背诵	· 呼应前面遇到的学习问题，为个人感受提供证据支持 · 通过关联生活经验、换词等，比较写法的优劣与正误，理解比喻手法的运用 · 在理解的基础上，读出气势，并尝试背诵重点语段
4. 说话练习，运用积累的词语，介绍潮来时的壮观情景	· 运用积累的词语描述一线潮、冲天潮或回头潮的景象
5. 小结全文，布置作业	· 呼应前面遇到的问题，总结学习收获

比如，在第一环节围绕"奇"字的理解，学生产生了"奇异还是奇特"的学习疑问，这是自然生成的学习感受，对此，景老师并没有给出结论，而是将这一问题悬置，直到第三环节时，才结合重点学习内容让学生为自己的感受提供证据支持，巧妙地呼应了这个问题。如果教学到此止步，那么，学生实际上还是停留在"感受"的学习水平上。景老师接下来通过关联生活经验（咱们班教室约三米高）、换词（战马—绵羊，卧—贯）等方法，引导学生明确了"有比喻"和"无比喻"在写法上的优劣，以及用"战马"还是"绵羊"、用"贯"还是"卧"在写法上的正误。基于阅读感受却不停留在阅读感受上，而是着眼于语言表达，引领学生展开理性分析，这才是语文课堂的深度学习。在理性分析之后，景老师又通过朗读与背诵的活动，引导学生把阅读感受读出来，这一学习活动起到了整合学习经验——将阅读感受与理性分析整合起来、"外化"出来——的效果。

围绕这一问题线索，学生经历了一个从"阅读感受"到"理性分析"，再到"经验整合与外化"的过程：生成感受和疑问（奇特还是奇异）——为感受提供证据（从哪里获得了这种感受）——分析证据（这些语句何以给人奇特的感受）——朗读、背诵（能把这种感受读出来吗）。

类似这种深度学习，也体现在"比喻"这个教学点上。通常教比喻，大都离不开本体与喻体的关系以及比喻的表达效果。但问题是，如果只是简单识别本体和喻体，给比喻句贴上"生动形象"的理解标签，实际上，这还是在比喻句的外围徘徊。景老师的教学处理至少有两个层次：（1）通过"用不用比喻"的对比，引导学生体会比喻带来的"身临其境"的感觉，这是对比喻表达效果的感知，由此带给学生学习收获——识别语言表达的优劣和感知比喻的表达效果；（2）通过"换喻体"的方式，用"绵羊"替代"战马"，引导学生体会喻体选择与表达效果的差异，从而抵达另一个学习目标——结合语境理解比喻运用的正误。

二

语文课堂上深度学习的发生，主要是基于教师精准的学情分析和教学预设，以及课堂生成的应对智慧。从景老师《观潮》的教学预设和执教情况来看，有一个比较突出的特点——课堂提问的梯度性和结构化。我们知道，教师的课堂提问在某种程度上起到了"学习支架"的作用，它能引发学习兴趣，澄清学习疑问，助推学生的理解与表达，引导学生走向学习终点。教师过于随意、毫无章法的提问以及质量欠佳的问题，很难促成学生有意义的语文学习。

根据学习任务和学情状况，景老师提出了很多梯度性、结构化的问题。比如在整体感知环节景老师提出的这一组问题，顺着学生的学习反应形成了一条关联紧密的问题链（表二）。在第一轮会话中，通过景老师的提问，形成了"浦江—黄浦江—母亲河—钱塘江"的认知线索，用"母亲河"巧妙地唤起了学生的生活经验，关联了黄浦江与钱塘江，这是一条横向拓展的问题链。在第二轮会话中，从"什么意思""有不同意见吗"到"为什么要说奇异""不是意思差不多吗"，从"观"到"奇"，从理解差异到追问原因，这是一条纵向深入的问题链。

表二 《观潮》第一环节的问题清单

第一轮会话	这个潮是哪里的潮？知道吗？
	咱们是浦江三小的学生，这个"浦江"指的是什么？
	"观"是什么意思？
	那连起来说就是——
第二轮会话	这里也有个"观"，什么意思？
	有不同意见吗？
	你为什么要说奇异？
	和他的"奇特"，意思不是差不多吗？

当然，在景老师的课堂提问中，最突出的还是大量比较、辨析类的问题。比如："我们在这一单元学了哪几课？发现什么了？→为什么不用'钱塘江大潮'做题目，而要用'观潮'呢？→《赵州桥》有观的过程吗？→那《赵州桥》写的是景还是事？→《赵州桥》是按时间顺序写的吗？"从单元其他课文（《赵州桥》《五彩池》《美丽的小兴安岭》）的特点分析与比较中，发现《观潮》的文体特点，并将这个教学点与课文题目关联起来，在这里，景老师用了至少四个对比：（1）"钱塘江大潮"与"观潮"；（2）《赵州桥》等课文与《观潮》；（3）写景与写事；（4）时间顺序与空间顺序。在完成这些对比之后，《观潮》一文的文本特质就凸显出来了。不仅如此，这一教学处理还体现了前后知识的贯通与关联→寻找相同点和差异点，再从中引出"这一篇"的特色。如何抓住单元教学中课文之间的关联，以及怎样利用这个关联，景老师的课也给出了一个很好的示范。

除此以外，还有很多类似梯度性、结构化的问题。比如，"'人声鼎沸'是什么意思？→你们一般什么时候会人声鼎沸？"这是关联生活经验和语用情境的拓展性问题；"潮来前江面怎么样？→潮水又怎样呢？"→"既有看到的景象，又有听到的声音，能连起来说一遍吗？"→"挑战一下。把刚才说的连起来说说，时间、地点加进去，把潮来前、潮来时、潮来后都加进去，会概括吗？"这是一个不断升级学习难度的梯度性问题；"没去过的人好像亲身到了那个地方。刚才这段话当中，作者把什么比作什么？"→"我也是在比喻呀，白色绵羊也是你们熟悉的。有身临其境的感觉吗？"这是引出反例的拓展性问题；"我也想背，给我机会吗？→错一个字，不要紧吧？"这是引发学习兴趣、设置语用（误用）情境的问题。

近年来，语文教学在"关注学习经历，提升语言素养"上达成了较为广泛的共识，但究竟应当引导学生获得何种学习经历？怎样聚焦"语言素养的提升"设计和展开教学？如何引导学生从"浅表学习"到"深度学习"？凡此种种，还有待我们从教学理念到课堂行动的落地转化。从这个角度来看，综观《观潮》历年的教学情况，我们也许能发现景老师《观潮》一课的教学探索、意义与价值。

（于龙　上海师范大学教育学院　博士　副教授）

儿童习作常见病例研究初探

对于一线教师来说，相对宏观的教学问题往往只能搁置，但在微观领域却可以大有作为。如何更有效地进行习作教学，一直是困扰着语文老师的一个难题，从儿童习作常见病例入手，就是微观研究，以微观研究量的累积撬动宏观问题的改良，不失为一种尝试。

一、为什么要做儿童习作常见病例研究

首先，小学习作教学应遵循教学规律。众所周知，刚从医学院毕业的医学生必须经过住院医生、主治医生的培训过程，他们对疾病的认识过程是通过实践→认识→再实践→再认识的过程。医生运用医学知识对病情进行综合分析，去粗取精，得出正确的诊断和最佳治疗方案。同样，儿童习作也需要通过实践→认识→再实践→再认识的过程，十二年的教育阶段，有一个循序渐进的过程。然而，当下很多教师把习作方法规律的指导当成学习任务，这是一大误区。上海师范大学吴忠豪教授指出："小学生学习语言，实践经验的积累比方法更重要。"文章是一句一句写出来的，运用语言，就得有语言材料的积累、语言敏

感，就得把握语言规则。儿童学习写作，首先应鼓励他们表达，在表达中适时解决表达技能，或者在表达出现错误时适时传授表达方法，从而解决认识问题。

其次，小学习作教学应基于儿童立场。汪曾祺先生多次回忆沈从文在西南联大时的讲课："沈从文先生的讲课，可以说是毫无系统。他大都是看了学生的作业，就这些作业讲一些问题。"沈先生有强烈的学生立场，他知道，写作文仅靠讲授习作知识、灌输习作概念是学不会的。指导习作就应该关注习作中的问题。成尚荣先生指出："我们不是教语文的，是教儿童学语文的。"儿童在学习写作的过程中会遇到各种问题，呈现出各种病例，教师的作用就是敏锐地发现这些病例，将其归类，找出病因，然后有针对性地予以指导。"教创作靠'讲'不成，沈先生把他的课叫作'习作''实习'。如果要讲，那'讲'要在'写'之后。"沈从文先生这番话，说的也是这个道理。

第三，小学习作教学应重视语言表达。大凡一篇文章总是由一个一个段落组成，而每一个段落又是由一个一个句子组成。因此，要写好一篇文章，首先得用准每一个词，写好每一个句子。多次听贾志敏老师上作文课，学生在口头作文中频频出现的语病，总能被贾老师敏锐地指出来，如"把球打出了界外""我最喜欢的老鸭汤搬上来了"等。作文首先要文通、句顺。"通"则"懂"，"懂"则"通"，"不通"则"不懂"，"不懂"则"不通"。道理似乎就这么简单，但很多教师依然不重视。"有的教师似乎在枝枝节节的方面用力过多（比如大讲什么顺叙、倒叙、插叙，形容、比喻、夸张、衬托和对比，开头和结尾，等等），而对根本的方面考虑得很少，或者，请恕我用个不恭的说法，有些舍本逐末。舍本逐末的结果至少会是事倍功半，甚至于更坏。"（张志公《语文教学论集》，孟宪范编，福建教育出版社 1981 年版）当代作家毕飞宇先生指出，"好的小说语言有时候和语言的修辞无关，它就是大白话。"所以，重视语言表达，就是指导学生写好大白话。

二、儿童习作常见病例分析及指导

笔者将儿童习作常见病例大致归为四种：第一种是表达习惯差，包括啰唆病、重复病、直奔结果病、好词病、口语病、造假病等。第二种是表达规范缺失，包括言不由衷病、自相矛盾病、语意模糊病、故作文雅病等。第三种是习作技能错位，包括三段病、提纲先行病、"启示"病、"创新"病、关联病等。第四种是语言基本功差，如"跳跳"病、干巴病、人称病、长句病等。

限于篇幅，以下列举几种常见病例加以分析及指导。

病例一：啰唆病

啰唆病指习作中语言复杂、冗长，让读者读后不明白。"但我就是怕恐高，有人觉得很不可思议，但我就是怕恐高""我妈妈""我心里"这些句子、短语看上去好像都是通顺的，但实际上都犯了啰唆病。

这种病例以女生居多，一方面因为女生比较细致、擅长描摹；另一方面与盲目追求字数有关，加之女生比较听话，久而久之，养成语言啰唆的习惯。

解决这一问题的根本办法是指导学生学会简洁而准确的表达。

什么是简洁而准确的表达呢？

我 10 岁那年，有一次得了感冒，拖了很久也没有痊愈。

这句话选自上海版教材《我的第二次生命》。"拖了很久"，短短四个字，就把当时"我"生病时间长、很痛苦写出来了。这就是一种简洁而准确的表达。

《地震中的父与子》这样写道：

父亲大声向四周呼喊："这里有 14 个小孩，都活着！快来人！"过路的人赶紧跑过来帮忙。50 分钟后，一个安全的出口开辟出来了。

文章主要写的是父亲鼓励儿子在地震后的废墟中坚持到最后，至于这个出口怎么开辟的，救援的人们是怎样利用工具挖出口的，50 分钟做了些什么，省略不写。一个"安全"、一个"开辟"非常准确、简洁。

《欧阳定稿》讲的是欧阳修先生写作的故事，有人买到他的《醉翁亭记》的草稿，发现欧阳修先生开始是这样写的："滁州四面有山"，凡数十字。意为他开始写的是"滁州四面有山"，就十来个字，末后修改定稿，曰"环滁皆山也"，五字而已。五个字能表达得清楚明了，就不必写十几个字。

简洁并不是说篇幅要短，而是要看表达是否明了、是否清楚、是否有作用。作家汪曾祺在《说短》里指出：要使语言生动，要把句子尽量写得短，能切开就切开。

鲁迅先生回忆他写的一篇文章时说："我写《徙》是这样开头的：'世界上曾经有很多歌，都已经消失了。'"对这句话他不是很满意，后来他出去散了一会儿步，回来以后把这句话改成了"很多歌消失了"。改后的开头，更简洁、更清楚。

朱自清在写《绿》的时候，是这样开头的：

我第二次到仙岩的时候，我惊诧于梅雨潭的绿了。

如果是小学生写游记，开头不外乎会这样写：某月某日，天气晴朗，我和某某同学在老师的带领下坐着车，我们一起来到某某地方，心情格外高兴，在那儿，我们看到了梅雨潭，发现梅雨潭非常绿。啰啰唆唆写了半天，还不如朱自清先生这样写来得直截了当、干脆利落。一个"惊诧"，让读者情不自禁往下想：梅雨潭的什么"绿"让作者这样惊诧啊？就会带着疑问往下读。

曹操在"赤壁大战"之前发给孙权的书信这样写道：

> 近者奉辞伐罪，旄麾南指，刘琮束手。今治水军八十万众，方与将军会猎于吴。

这是一封战书，只有短短三十个字，作者缓缓写来，气定神闲，雍容大度，毫无剑拔弩张的狂态，自有一种居高临下的气势，千年之后，犹能使人想见这位叱咤风云的历史人物当年的风采。

笔者常有这种感受：很多学生的习作，选材很好，但总让人感到可惜，明明可以用一两句话说清楚的，他偏要绕几个圈子；明明可以用一两句话表达得明白的，他偏要加上成串的修饰语言，偏要用几个长句子给人感觉读起来有障碍。所以，写作文首先要心中有读者。写作文的目的是什么？是要让读文章的人能读懂意思。

如果发现学生的习作比较啰唆，可以用专项摘抄的方法来改变，即指导学生在阅读课外书时，从中选择比较简要准确的语言进行摘抄，坚持训练一段时间，文章就会变得简练而又准确。

> 我的蜜枣已经吃完了，父亲又塞给我一颗，回家！

这是学生从《汪曾祺读本》中的《童年的病》中摘抄出来的。第二句话是讲吃第二颗蜜枣，非常简单地带过。吃完以后怎么收拾东西、怎么告别、怎么回家，都没有写，就两个字——回家。

> 煮干丝不知起于何时，用小虾米吊汤（就是用小虾米煮汤），投干丝入锅，下火腿丝、鸡丝，煮至入味，即可上桌。不嫌夺味，亦可加冬菇丝。

简短的几十个字，把煮干丝这道菜怎么做的写得准确、精彩。

下文是一位小学四年级学生写的随笔：

遗　憾

　　今天，我**早早地**来到了学校。**为什么呢？因为今天要去春游。我们在教室里兴奋地等待着**。（"早早地"和"兴奋"照应，开头直截了当，也为后文的"遗憾"做铺垫。）不一会儿，刘老师进来了，对同学们说："我临时要去开会。"我和同学**议论纷纷："去开什么会？"**（老师开什么会，与我们关系太大了。）"关于春游的会！"说完，刘老师就走了。又过了一段时间，刘老师开完会回来了，**竟然说**（"竟然"用得准确）："今天春游不去了，因为昨天下雨，把两个公园的草地和椅子都淋湿了，学校决定不去了！"**我们听到这个消息差点哭出来，**（完全是儿童的感受，儿童的语言）**脑子一片空白，只得**（写出了无比的无奈）**按老师的要求开始读书。**

　　但是，当我和同学在上第一节课时，看到**居然**出太阳了！（"居然"和前文照应）同学们感到很无奈。

　　唉！我们多想去春游啊！

　　一篇简短的随笔，清楚明白，而且把孩子真实的感受写出来了。这就是一种简洁的表达。

　　病例二："我"字病

　　"我"字病指上下句之间被描述的对象（即主语）重复出现，不会运用"他（她）"或者"它"这些人称代词，造成语句不连贯。

　　解决这类问题的根本办法是指导学生把句子写连贯，包括指导学生正确使用人称代词。

　　请看两例：

　　狗有一只灵敏的鼻子，它常常摇着它的尾巴闻**我**的味道来找**我**，就这样**我**每次都跟它玩捉迷藏，等到它找到**我**的时候，它就"汪汪"地扑到**我**的身上。

　　妈妈的衣袖破了。**妈妈**赶忙从抽屉里拿出一个小布包。**妈妈**先从布包里拿出一根针、一条青线，用牙咬了咬线头儿，把线头儿穿过针眼儿。**妈妈**又从布包里找出一小块布，贴在破了的地方，然后一针一线地缝起来。

　　出现上述情况，教师应告诉学生，在几个句子里，如果写的只是一个人物（或事物），后面再指这个人物（或事物）时，就可以用"他（她）"或"它"来代替。以上两例可以改为：

狗有一只灵敏的鼻子，**它**常常顺着气味，摇着尾巴来找**我**。当**它**找到**我**之后，就"汪汪"地扑上来，和**我**玩捉迷藏的游戏。

妈妈的衣袖破了。**她**赶忙从抽屉里拿出一个小布包。**她**先从布包里拿出一根针、一条青线，用牙咬了咬线头儿，把线头儿穿过针眼儿。又从布包里找出一小块布，贴在破了的地方，然后一针一线地缝起来。

再看一例：

我走到了新型的独木桥以后，**我**的心更加忐忑不安，一不小心就掉下，**我**顿时感觉到，**我**真失败啊！

有两种改法：

走到了新型独木桥以后，**我**心里更加忐忑不安，生怕一不小心掉下去，顿时感觉自己真失败啊！

我走到了新型独木桥以后，心里更加忐忑不安，生怕一不小心掉下去，顿时感觉自己真失败啊！

将以上三例归类，可以形成以下习作策略：

首句写"在什么情况下"时，可以略去人称代词，在第二句中出现即可；写自己的内心活动时，可以略去"我"；由几个分句组成的复句中，"我"一般不超过两个。这类习作策略是师生从常见病例中共同讨论总结的，借鉴性强，易于被学生接受。

把句子写连贯，包括合理安排顺序。

再看一例：

雨越下越大。我透过玻璃窗向外望去，天地间像挂着无比宽大的珠帘，迷蒙蒙的一片。雨落在对面屋顶的瓦片上，溅起一朵朵水花，像一层薄烟笼罩在屋顶上。雨水顺着房檐流下来，开始像断了线的珠子，渐渐地连成一条线。地上的水越来越多，汇合成一条条小溪。

这段话先总写雨大，再具体分述雨怎样大，大到什么程度。在具体分述时，作者又按照"天地间""对面屋顶""房檐""地上"的顺序排列，写得清楚、连贯。

有顺序是写几句意思连贯的话的基本要求，指导时应要求学生在写几句话时，不能东一句、西一句，想到哪儿就写到哪儿；要围绕既定的中心意思，按照一定的顺序，把相关的句子组织在一起，使句子前后连贯。

经常有这样的训练，学生就会形成良好的语言习惯。小学中年级重在练习写好片段，指导学生把一段话（句群）写清楚、写连贯，一学期写百余段话都不为多。打好语言基本功，学生到高年级再组段成篇就不觉得困难了。汪曾祺先生在《沈从文先生在西南联大》中回忆道："他（沈从文）认为：先得学会车零件，然后才能学组装。我觉得先做一些这样的片段的习作，是有好处的，这可以锻炼基本功。现在有些青年文学爱好者，往往一上来就写大作品，篇幅很长，而功力不够，原因就在零件车得少了。"

病例三：报账病

报账病是将文章写成流水账。我并不反对写流水账，相反，我认为写好流水账是习作的基础，是一种自由写作表达方式。从作文的本质来看，流水账写法特别符合儿童的审美心理，在儿童习作入门过程中有着其他任何方式不可替代的作用。

之所以把它称为"报账病"，是希望在写好流水账的基础上，教师要想办法让学生明白哪些内容需要取舍。

有了流水账以后，内容可以增删，这就要根据中心来选择。当我们描述一种体验时，材料有了，可以从感受入手，选择最有感受的环节告诉别人，为什么在这个环节里获得与别人不一样的感受。也就是说，要表达一种感受，一定由感受人出发来选择详略。

比如许地山先生写的《落花生》，作者通过写一家人过"收获节"情况及其收获节上各自的所想、所得，赞美花生的品质。至于"买种、翻地、播种、浇水"的过程与中心思想不太密切，则用以上八字一笔带过，略写得潇洒、利索！

解决这类问题最简单的办法就是"扩展法"。

首先，确定中心；其次，在与中心关系密切的地方，多问几个"怎么样""为什么"；最后，扩展情节，使所要表达的情节清楚明白地展开。用扩展法展开情节也要有所选择、取舍，即与中心思想关系密切的内容要详写，可以展开，要下细功夫去雕琢；相反，需要略写的地方则不能用以上方法。

比如，指导学生写《开学新鲜事》，题目就有明确规定：首先，这件事是开学时发生的；其次，这件事是开学前没有发生过的且让你有一种新鲜感的事情。"开学"包括开学前的准备、开学后一两周内发生的事情。可以这么设问：开学了，学校里的老师、同学、教室、校园景物给你留下的总印象怎么样？搬了校区？换了一个教室？换了一个新老师？如果没有换老师，还是这个老师，那么是发型变了？衣着变了？精神风貌变了？哪些做法与以往不同？开学两周给你印象最深的一件或几件事是什么？开学两周给你印象最深的一个人是谁？你的感受怎么样？是不是真正体现了新鲜？

请看下面习作：

门铃囧事

五年级　　李祥晖

　　明天就要开学了，爸爸妈妈决定今天晚上带我、小姨和弟弟去看场电影。

　　看完电影，已经 8:30 了。弟弟揉揉惺忪的眼睛："我好困呀！"回到家门口，我按了一下门铃，"叮咚！"房内无人回应。

　　我又按了好几下，可还是没人开门。怎么回事？见鬼了！姥姥姥爷都睡了？这么早？出去了？哎，大家都没带钥匙，这可怎么办啊？

　　我无力地捶门："开门——！"又不敢太大声，生怕吵到邻居。弟弟站着站着，都快睡着了！整个楼道回荡着我家的门铃声。妈妈也等得不耐烦了，双手叉腰做出无奈的表情。有什么办法可以让他们听见铃声？电话，对，电话可以！

　　"谁带手机了？"我问。

　　妈妈和爸爸摇头："平时看电影也不带手机的。"惨了，准备睡墙角吧！

　　"哼哼……"小姨一边笑一边摸口袋，"我带了！"

　　"咦？去哪儿了？好像——忘在车里了。"神啊！HELP ME！千万要找到手机啊！

　　小姨接过爸爸的车钥匙，进了电梯。

　　大家又开始了焦急的等待。要不问邻居借个电话？考虑了片刻，我决定按邻居的门铃。"叮咚！叮咚！"也许邻居不在家或是睡得太早了，也无人应答。我又一次叹了口气。

　　这时，电梯门打开了，小姨举着手机跑出来。"快打开手机！"我一把抢来手机。

　　可无论我怎么按键，屏幕都没反应。天哪！乱箭射死我吧！手机竟然也坏了！

"不要着急！"小姨成竹在胸，"重启一下就好了！"

大家的眼睛都盯着那部手机，唉！小姨的手机太 OUT 了，重启竟要 5 分钟！比电脑还慢！

终于，姥姥终于听到了电话铃声，弟弟舒服地躺在了床上……这时，已经 9:20 了。

第二天，妈妈决定在姥姥姥爷房间再装个门铃，这样就不怕看电视时听不到门铃声了。你说行不？

"门铃响了"是很常见的事，但在作者笔下非常有情节感，跌宕起伏，这些情节都是生活中常见的：听不见门铃响、没带手机、带了手机打不开、启动很慢等。题目中的"囧"是尴尬的意思，其实是一种内心的感觉，字里行间流露着小作者的尴尬，让读者也能切身体会到这种感受。

以上三种病例只是儿童习作病例中的沧海一粟，教师要善于积累学生习作中的常见病例，真正做到因势利导。相比单纯教习作技巧，这种微观研究对学生大有裨益。同时，教师还要以身作则，张志公先生指出，"以身作则"是批改作文中另一个重要原则。教师写的字要工整，一笔一画，一个标点都不苟且，决不写不通的句子，不说似是而非的或者虚应故事的话，这对学生有极大的示范作用。反之，如果教师自己在这些地方马虎随便，而要求学生严肃认真，那怎么能办得到呢！

自出机杼，遇水搭桥

《赵州桥》教学实录

教学内容：人教版（课标本）《语文》2004 年版
　　　　　沪教版《语文》2015 年版
教学年级：四年级
教学时间：40 分钟
执教日期：2015 年 10 月

教学过程

板块一：预习反馈，整体感知，简介赵州桥

师：（板书课题：赵州桥）课文是我国著名桥梁专家，叫——

生：李春。

师：李春？课文是我国著名桥梁专家茅以升写的。你们说的李春——

生：设计、建造了赵州桥。

师：对。预习过课文吗？检查一下预习情况。能不能用一两个词语概括赵州桥给你留下的印象。

生 1：赵州桥又坚固又美观。

生 2：赵州桥不但坚固，而且美观。

师：赞成谁？

生：第二个。

师：为什么？

生 2：因为我用上了"不但……而且……"

师：这叫什么？

生：关联词。

师："不但……而且……"和你说的"又……又……"有什么不一样？

生1：我也觉得她说得好。

师：你很谦虚，知道两组关联词表达的意思不一样。请你把"坚固"和"美观"写在黑板上。（生板书：坚固 美观）

师：除了"不但坚固，而且美观"，谁还来说一说？

生：赵州桥非常雄伟，它又坚固又美观。

生：赵州桥不但节省石料，而且不容易被大水冲垮。

师："节省石料"和"不容易被大水冲垮"都指的是什么？

生：坚固。

生：赵州桥的历史十分悠久。

师：很好。课文中有这个词吗？

生：没有。

师：你怎么知道赵州桥历史悠久的？

生：请大家看第一自然段，这里写"到现在已经有一千四百多年了"。

师：这个同学很会读书，在读书的过程中有自己的思考，并且会用词语去概括。（掌声）

师：刚才有同学说"赵州桥非常雄伟"，请把这个词语写在黑板上。（生板书：雄伟）

师：这是我们初读课文留下的印象。作为四年级学生，预习课文时只有这些是不够的，知道我还要检查什么吗？

生：朗读。

师：我不查。

生：综合练习。

师：我不查。

生：预习单。

师：对，预习单中有一个表格，谁来汇报。

（出示表格）

位　置		建造年代	
别　名		主要特点	
设计者		历史地位	

生：赵州桥的位置是河北赵县。它的建造年代是一千四百多年前。它的别名

是安济桥。主要特点是坚固、美观。它的设计者是李春。它的历史地位是宝贵的历史遗产。

师：好，有不同意见吗？

生：赵州桥建造年代大约是公元581—618年。

师：你怎么知道这些的？

生：我是在网上查的。

师：我有没有布置过查资料的作业？

生：没有。

师：你为什么去查资料了？

生：因为我想把整个赵州桥的历史都了解一下。（掌声）

师：老师没有布置，他主动去查了相关的资料，有助于他读懂课文。这是非常好的预习习惯。这里我们还是填文中的词"一千四百多年"。

生：我认为它的历史地位是"在建桥史上是一个创举"。

师：你认为填"它是建桥史上的一个创举"。你呢？

生：我认为位置应该是河北省赵县的洨河上。

师："洨"是个生字，（板书：洨河）说得非常准。（齐读"洨河"）

师：位置非常准确。

生：我觉得它的建造年代是隋朝。

师："隋"是生字，也读得那么准。（掌声）（板书：隋朝）

（齐读"隋朝"）

生：历史地位应该是"中国宝贵的历史遗产"。

师：同意你的说法。填哪个词比较简洁？

生：历史遗产。

师：赞成。如果你填得还不够简洁或者有错误，请改过来。

（生修改表格）

师：表格填好了，对于四年级学生来说这还是简单的。能不能借助这些信息，介绍一下赵州桥？自由练习。

生：（生交流）赵州桥建在河北省赵县的洨河上，它是由隋朝的石匠李春建造的。它的别名是安济桥。它既雄伟又美观，是一件宝贵的历史遗产。

师：你用上了"既……又……"，课文中是什么？

生：不但……而且……

（板书：不但……而且……）

生：河北省赵县的洨河上有一座桥，叫作赵州桥。它是由隋朝石匠李春设计和参加建造的。它的建造年代是中国一千四百多年前的隋朝。它的别名叫作安济桥。它坚固又美观，是建桥史上的一个创举。

生：赵州桥又叫安济桥，今日横跨在河北省赵县的洨河上。它是由隋朝的李春设计的。它不但坚固，而且美观，是我国的历史遗产。

师：全面，说得最连贯。（掌声）

师：预习得不错。字音读得准，表格也填得非常好。

板块二：认识过渡句，体会其作用，学习抓过渡句归纳课文主要内容的方法

师：这是一篇状物文，和第三单元的叙事文有所不同。备课时，我发现这篇文章中有一句话很重要，哪一句话？

生："这座桥不但坚固，而且美观"这句话比较重要。

师：你和我的意见一样。为什么选这句话呢？

生：因为它是过渡句。前面说坚固，后面说美观。而且后文真的是在写它美观。

（掌声）

师：说这句话重要，还有一个原因。

生：是整篇文章的中心。

师：对，过渡句就是中心句。还有一个道理，我提示一下，看看课后习题。

生：我觉得这句话概括了全文。

生：它还有一个递进关系。它不但坚固，而且美观。做到坚固已经很好了，它还做到了美观。（掌声）

师：课后"阅读芳草地"提示：预习的时候不仅要读文章，还要关注一下课后题目。课后的题目已经告诉我们这句话非常重要。一起读读这句话。（齐读）

师：把它画下来。预习时，要做学习的主人，主动去发现、去思考。谁愿意读一读这部分内容。

（指名读）

师：你刚才读"这么长的桥"，你知道"这么长"是多长吗？

生：37 米。

师：联系上文看一看。有多长？

生：50 多米。

师：50 多米有多长？

生：不知道，但是知道肯定很长很长。

生：一个小朋友把双臂张开是 1 米长。50 个小朋友把双手张开就是 50 米长。

师：我特意问了总务主任，这个教室长 10 米，宽 12 米。50 米有多长？

生：5个教室那么长。

师：你想说什么？

生：赵州桥非常长。

生：赵州桥很长很长。

生：赵州桥也挺宽的。

师：厉害吧！还是请你读。

（生第二次朗读）

师：比刚才长多了，不过我觉得只有40多米。再读。

（生第三次朗读）

师：真长啊！这么长还没有桥墩。再读。

（生第四次朗读）

师："横跨"，不是软绵绵地趴在上面。

（生第五次朗读）

师：读得越来越好了，把自己的体会通过朗读表现出来了。（掌声）

生：（继续朗读）大桥洞顶上的左右两边，还各有两个拱形的小桥洞。

师："各"可以换一个词吗？

生：换成"分别"。

师：可以的。把"各"去掉可以吗？

生：不可以。"各"说明两边都有，如果去掉的话可能只有一边有。

生：如果去掉了"各"的话，就变成了一共有两个小桥洞。

师：实际上有几个？

生：4个。

师：作者用词非常准确，把"各"圈出来。（板书：还各有）

（生继续朗读）

师：赵州桥出现之前，洨河上也出现过很多桥。这些桥有桥墩，也有桥洞，不过后来都被大水冲垮了。为什么？

生：桥墩被冲垮了，桥没有支撑所以往下塌。

师：是桥墩的原因吗？

生：因为大桥洞的左右两边还各有两个小桥洞。其他的桥如果发大水的话只能从桥的中间流出来。但如果是赵州桥的话，可以从四个小桥洞和大桥洞里流出来，这样可以减少冲击力。

师：你读懂了赵州桥为什么被称为建桥史上的一个——

生：创举。

师：（板书：创举 没有 只有）为什么赵州桥被称为建桥史上的一个创举？

（生小组讨论）

生：赵州桥没有桥墩，只有一个拱形的大桥洞，两边还各有两个拱形的小桥洞。这样一来，发大水的时候，河水还可以从四个小桥洞流过。

生：赵州桥没有桥墩，只有一个拱形的大桥洞，两边还各有两个拱形的小桥洞。发大水的时候，它就可以分散水的冲击力，这样就不容易被冲垮。

师：所以——

生：所以赵州桥是建桥史上的一个创举。

师：读得好，说得精彩。

板块三：学习列数字的说明方法，体会其表达效果

师：（师生配合读）赵州桥非常雄伟——

生：（齐读）桥长五十多米，有九米多宽，中间行车马，两旁走人。这么长的桥，全部用石头砌成，下面没有桥墩，只有一个拱形的大桥洞，横跨在三十七米多宽的河面上。

师："桥长五十多米，有九米多宽"改为"桥很长，很宽"可不可以？

生：数字去掉的话，如果你说很长，也不知道有多长。

师：用上数字的话，就显得——

生：显得更加具体，知道具体有多长。

生："很长很长"还是不知道有多长。

师：这样的状物类文章，讲究表达得清楚和准确。（生继续读）

师：刚才景老师为什么要安排这样朗读？

生：老师第一句读的是赵州桥非常雄伟，这是一个概括。后面我们读的是具体描写它有多么的雄伟。

师：这句话是什么句子？

生：概括句。

生：这句话是总起句，它采用先概括后具体的方式。这句话引起了第二小节，引起后面的内容。

师：这句话概括了这一小节的内容。这一小节就是在写赵州桥——

生：非常雄伟。

师：不是一般的雄伟。老师也带来了几座桥，这些大桥雄伟吗？

（出示三幅现代跨海大桥照片）

生：雄伟。

师：（出示赵州桥照片）再看这座桥，这座桥也雄伟，是了不起的桥。你们说实话，刚才给你们看的四幅图片，最美的是哪一幅图？

生 1：第二幅，杨浦大桥。

生 2：第一幅。

生 3：第三幅。

师：我也赞成。要论雄伟和好看，赵州桥都比不上今天的桥，茅以升先生为什么要写赵州桥？

生：因为赵州桥体现了古代劳动人民的智慧和才干。

师：很好，用课文中的话来回答的。

生：因为赵州桥是古代隋朝的时候建造的，它能造到这么雄伟已经很厉害了。而那些桥都是有科技含量的。

师：它们造的时候可以——

生：它们造的时候可以用起重机什么的，而赵州桥是人工砌成的。

师：她读懂了，还讲出来了。（掌声）

生：因为现在造桥都可以用机器画图案，但是赵州桥是人工爬上去刻的。

生：人造要比机器造得辛苦。

生：现在科技比较发达，所以那些桥都是用那些比较好的机器造的。以前科技不发达，都是人们搬石头去刻，再造起来的。

师：赞成。课文第 1 自然段"是由隋朝石匠李春设计和参加建造的"，这个李春了不起吗？

生：了不起。

师：难怪你们一开始就把他记住了，把茅以升说成了李春。（众笑）

（齐读第 1 自然段）

（师出示材料）

赵州桥还经历过 10 次火灾，8 次地震，墙倒房塌，它却安然无恙。公元 14 世纪时，法国才出现类似的敞肩型的塞雷桥，比赵州桥晚了 700 多年，而且早在 1809 年这座桥就毁坏了。

师：你想说什么？

生：赵州桥比法国的塞雷桥建得早，到现在还没有毁坏，法国的塞雷桥早就毁坏了。赵州桥既节省石料，而且它的质量非常好。

生：虽然赵州桥不比法国的塞雷桥漂亮。

师：你怎么知道塞雷桥漂亮，你见过？我没见过。

生：因为那是法国的桥。

师：不能崇洋媚外。

生：赵州桥很坚固。它经历了 10 次火灾，8 次地震，墙倒房塌，它却安然无恙。

师：作为中华民族的后代，你们都为此感到——

生：骄傲。

师：这不愧是咱们国家的——

生：历史文化遗产。

（齐读课文最后一个自然段）

板块四：说清赵州桥被称为"创举"的原因，感受古代劳动人民的智慧和才干

师：我们读懂了课文，也知道了过渡句是中心句。请借助预习时的表格，再借助这句中心句，说说课文主要内容。

（同桌讨论）

生：在隋朝的时候，河北省赵县的洨河上就矗立了一座桥，这座桥的名字叫赵州桥，又叫安济桥。它又坚固、雄伟，还美观。

师："坚固""雄伟"和"美观"这三个词怎么说？

生：不但雄伟、坚固，而且美观。

师：把"雄伟"放到前面去。"赵州桥非常雄伟，不但坚固，而且美观。"

生：赵州桥非常雄伟，它不但坚固，而且美观。它是隋朝的石匠李春设计的，是我国的历史遗产，在建桥史上是一个创举。

师：基本信息都说清楚了，满意吗？

生：赵州桥位于河北省赵县的洨河上，别名安济桥，是由隋朝的石匠李春设计的。赵州桥非常雄伟，不但坚固，而且美观。桥面两侧有石栏，栏板上雕刻着精美的图案。它是我国宝贵的历史遗产，体现了古代劳动人民的智慧和才干。

师：有没有建议？

生：把屏幕上出现的数据也说进去。

师：他说概括的时候要把具体数据说进去，你们赞成吗？

生：不赞成。

生："桥面两侧有石栏，栏板上雕刻着精美的图案"这句话不要放进去。

师：为什么？

生：因为前面已经说了美观了。

（生自由练习）

生：赵州桥建在河北省赵县的洨河上，它的别名是安济桥，它是由隋朝的石匠李春设计和参加建造的。它非常雄伟，不但坚固，而且美观，是我国宝贵的历史遗产。（掌声）

师：《赵州桥》虽然只有300多字，但是写得非常清楚，是我们学习状物类文章的范文。《赵州桥》是从茅以升的《中国石拱桥》中节选来的，你们到了初中也会学习这篇文章。

（布置作业）

① 借助表格信息和过渡句写出文章的主要内容。

② 阅读茅以升《中国石拱桥》。

"老课文"教出新境界

——评景洪春老师执教《赵州桥》

陈　涛

听景洪春老师上过不少课，每次都是执教一些经典的"老"课文，如《火烧云》《中彩那天》等，但她总能进行有益的探索，于扎实中上出盎然的春日新意。此次景老师执教《赵州桥》，更是自出机杼，遇水搭桥，让孩子自始至终都进行着语言文字的训练和感悟，拥有着丰富有趣的语文学习经历。

一、搭"阅读之桥"走近文本——连续文本与非连续文本互换

上课伊始，景老师从预习反馈入手，引导学生先用一两个词语概括赵州桥给自己留下的初步印象，再结合预习单上的表格填写信息介绍赵州桥。两个环节推进，均指向阅读与表达，助力学生走近文本。其中表格的运用可谓是为课堂教学注入了活力。

赵州桥

位　　置		建造年代	
别　　名		主要特点	
设计者		历史地位	

此类表格属"非连续性文本"范畴，其直观醒目，概括性强，有助于引导学生提取信息，了解文本内容。自2011年颁布的《义务教育语文课程标准》引入"非连续性文本"之后，"非连续性文本"在语文课堂教学中时有呈现。完成此类表格，对于四年级的学生来说，难度不大。多数教师在运用此类表格时，多

停留在简单交流层面，于学生表达能力提升作用不明显。

本课教学时，景老师用好并用活了这一"非连续性文本"，在学生反馈的基础上，组织学生借助表格信息用连贯的语句介绍赵州桥，开展了一次表达训练。评价既关注学生信息的完整，更关注学生语句的连贯性。如一位学生如此表述："赵州桥建在河北省赵县的洨河上，它是由隋朝的石匠李春建造的。它的别名叫安济桥。它既雄伟又美观，是一件宝贵的历史遗产。"景老师及时捕捉资源，提醒学生关注文中的关联词"不但……而且……"，将句子说清楚。此举点燃了其他学生的思想，学生开始思考句与句之间的关系，表述起来也更顺畅了。

如此设计，注重文本间的相互转化和渗透，关注文本内容和语言形式的融合，在学生与文本之间架起了一座阅读与表达的桥梁，让学生于"连续性文本"和"非连续性文本"转换间，扎扎实实地在课文中走了个来回。

二、搭"能力之桥"走进文本——抓关键词句深入理解文本

《赵州桥》行文质朴，结构严谨，特点明晰，收录在沪教版《语文》第七册第四单元，本单元的训练重点是"归纳课文的主要内容"。第二板块中景老师有效落实单元训练重点，充分考虑文体特点，在教学中紧紧扣住文中过渡句"这座桥不但坚固，而且美观"，引导学生阅读、体会、表述赵州桥的独特设计和精美图案。此处不一一赘述。

推进过程中，有两点值得一提：一是引导学生关注文本语言的妙处。景老师让学生通过反复朗读、增删比较等方式，揣摩"没有""只有""各有"这几个极为普通、朴实的词语传递的信息，体会说明性语言的准确、简洁之特点，也让学生进一步明白赵州桥被称为"创举"的具体体现，即独具匠心的设计。二是引导学生体会文本说明方法的准确。在理解赵州桥的长度时，学生一开始还停留在抽象概念的理解上。景老师将上课教室作为参照物，点拨学生通过比较、直观感受，活化了"50多米"这个干瘪的数据。

三、搭"思维之桥"走出文本——在情境中体会文本表达效果

语文学习不能仅仅停留在发展学生的语文能力上，更应引领学生智慧地思考。本课教学，多数教者对于"创举"一词的阅读教学，多是采用文中的过渡句，再整合文章中的信息。如此，学生的感悟只停留在文本，未必能真正懂得。

理解文本内容之后，景老师设计了两个环节，在思考上进行挖掘和突破，激发学生进行有价值的思考，将学生的思考由浅引向深入。

一是引导学生思考茅以升先生写赵州桥的原因。景老师先是呈现了上海多座桥梁照片，和学生一起欣赏，再启发学生进行哲学式追问：赵州桥这么一般，

茅以升先生为何要写它？究竟是什么原因让全世界都知道赵州桥？还有比赵州桥更古老的桥，1500 年的，2000 年的，为什么单写赵州桥？她的妙问，浅中寓学。学生在老师的引领下，结合第一自然段的内容去深化、去比较、去发现，洞开了思维的空间，对赵州桥有了更深刻的认识。

二是在引导学生思考赵州桥的设计被称为"创举"的原因。为了帮助学生深入剖析"创举"这个相当抽象的词，景老师提供了一些拓展阅读资料，尽可能地让思维可视化：就是这么一个石拱桥，经历过 10 次水灾，8 次地震，墙倒房塌，它却安然无恙。在欧洲，公元 14 世纪时，法国泰克河上才出现类似的敞肩形的塞雷桥，比赵州桥晚了 700 多年，而且早在 1809 年这座桥就毁坏了……至此，学生有了新的认识高度与情感体验，在尽情抒发内心想法的同时，升腾了文本中蕴含的民族精神与民族睿智。

此外，景老师还通过机智而不乏睿智的教学语言架起了一座"平等"之桥，这桥直达学生的心里。如鼓励性的话语"你是我的知音啊"；磋商式的话语"还想不想学"；启发性话语"这篇文章里有一句话很重要，对我们写作、读书很有帮助，猜猜是哪句话"……就在这样一种民主、平等、宽松的对话情境中，景老师引领着学生放飞思维，与文本碰撞，如潺潺流水与赵州桥亲密接触，深深攫获着每一个学生的心。一课终了，当景老师说要下课时，学生还意犹未尽。

读过景洪春老师的不少文字，有一句话令我记忆尤为深刻："顺学而导、开放灵动、言意兼得是评判一节好课的重要标准。"景老师执教《赵州桥》时的课堂，就是对这句话做出的最好解答。

（陈涛　上海市闵行区实验小学　特级教师）

我是助教（外四篇）
——我这样当语文老师

我写了多年博客，常常会记录我与学生之间点点滴滴的故事，从这些故事中，您也许能读懂一个老教师的教育理念。

我是助教

今天讲评学生的测验卷，我成功地做了回助教。

讲到第一篇阅读题时，我问道："这篇阅读全对的同学请举手。"

大约三四个同学举手，都是平时语文成绩拔尖的，说实话，这几个同学的语文成绩也不是我教出来的。

咦，嘉颖同学也全对啊，可真不容易。嘉颖是一个颇为认真的中等成绩的小女孩。

我来了劲儿，请了腼腆的嘉颖上台。她很自信地走上讲台，用实物展台开始像模像样地讲了起来。

还挺好，她不仅讲答案，更讲自己答题时是怎么思考的，孩子们就缺这个。

我注意到下面有几个小男生并不买账，嘴里嘀咕着。

"我是助教，你们要认真听嘉颖教授讲课。"

"助教？"那几个男生一脸的诧异。

"对，就是协助老师上课的人。"

"那何老师就是您的助教。"小郑口无遮拦。

嘿，反应好快，我笑了起来，坐在后面的实习老师小何也"扑哧"一笑。

"对，现在我这个助教就要看看哪些同学最守纪律，专心听林教授分析考卷。"

下面的同学顿时哄堂大笑，随即鸦雀无声，我忽然发现，原本腼腆的嘉颖变得自信多了，看得出，她很珍惜"林教授"这个称呼。

接着，我请了第二位同学讲了第二篇阅读题。第二篇阅读题偏难，他只扣了两分，真不容易，让他讲讲又何妨！不要担心学生讲不清楚，其实，单凭教师的"满堂灌"未必也能讲清楚，不如请同学做个示范。

其实，给学生一些机会，老师示弱一下又怎样呢！

教育也许就是成全

我没想到，《作文月报》竟然能激起孩子们这么高涨的兴趣。

家禾，一个调皮的小男生，语文成绩在班中算中等，但是，班级中男生的习作数他的最有童趣，仍保持着男孩特有的顽劣。究其原因，他的课余生活是丰富多彩的。不像其他的大城市孩子，习作里除了打游戏，就是考证，全然失掉了童年生活的斑斓。

一次，看到家禾写的关于打狗的习作，眼睛一亮，在班级里朗读了一遍，并大大表扬了一番。

学期结束时，见到家禾的妈妈，她告诉我，自从那次表扬之后，家禾渐渐对作文有了兴趣。是啊，不经意的表扬就能给孩子成长的力量。

新学期开学三周了，家禾始终保持着对习作浓厚的兴趣，从他在班级日记中的表现就可见一斑。他写的每一篇班级日记都备受同学欢迎。

名师工作室决定在这学期试办《作文月报》，每月一期，十位学员轮流编辑。这是个好消息，第一期我便选了四篇习作，其中就有家禾的那篇打狗的文章。我把这个好消息在班级公布之后，大家对家禾更加刮目相看了。

过了两天，家禾凑过来问：

"景老师，那篇文章什么时候登《作文月报》呀？"

"怎么，急了？"

"嗯，"他狡黠地说，"后天我爸过生日，我想送给他一个生日礼物。"

"就是这份《作文月报》？"

"对。"

"好，给爸爸一个意外的惊喜。"

当晚，助理把编辑好的《作文月报》发给我审，由于是第一次编辑，经验不足，版面不够，有一部分习作只能排在第二期上。我心中一紧，可别没有家禾的。

我把报纸上上下下地看了几遍，真是没有家禾的文章。不凑巧！怎么办？

我立刻打电话给助理，一定要换上家禾的习作。教育，有时就是一种成全。

教室里，大家捧着散发着油墨香的《作文月报》，我看到了家禾眼中的欣喜，也看到了同学们的羡慕，更享受着成全孩子后的那份满足。

课堂需要"托儿"

"托儿"，《现代汉语词典》解释为"诱人受骗上当的人"。卖的是什么东西，就叫什么托儿。各行各业都有形形色色的"托儿"一族，看病时会遇上"医托儿"，求学有"学托儿"，坐车有"车托儿"，上酒吧有"吧托儿"，就连吃饭都会遇上"饭托儿"。其实，课堂上也需要"托儿"，不是为了促销，而是为了让更多的学生都能积极参与思考。

以我的经验，几乎每个班级都有这样的"托儿"。他们大多是男生，反应敏锐，爱举手，爱插嘴，老师一提出问题，立马举手的总归是这些孩子。更重要的是，他们身上都有一种探究知识的热情。当然，他们也常常会犯这样那样的小错误。

一次，上《鲁迅与时间》，文中有这样一句话："鲁迅一生只活了55岁，可是他却给我们留下了640万字的宝贵文化遗产。"

"640万字"是多少？学生没有概念，正当我准备解释时，子涵马上脱口而出："老师，《新语文读本》有20万字。"

《新语文读本》是全班同学都爱看的一本课外书。

"那640万字相当于多少本《新语文读本》？"

"30多本。"

"鲁迅太厉害了。"

还是有"托儿"好，一下子找到办法了。

我又顺势问下去："鲁迅一生只活了55岁，就算他从25岁开始写作，到55岁去世时，每年写几本书？"

"一本。"

"而且这一本书还不是普通的书，都是经典。"思仪插话道。

"哇……"一阵唏嘘声。

"是的，都是经典，鲁迅的很多作品都被选入中学语文教材，大学里还会专门开设研究鲁迅的课。"

"哇……"又一阵惊叹。

都是"托儿"引发的讨论与思考，尽管有时这些"托儿"会违反课堂纪律，但是，他们功不可没！

课堂需要"托儿"。

等着你慢慢长大

小茅，一个有着明星范儿的小男生，说实话，他那张脸上，鼻子眼睛都会说话，每次带到办公室补课，老师们都夸他长得帅气。

今天，我目睹了他的"不作为"。

开学至今，他已经落下了一堆作业，可他视而不见。早自修时，我请他到讲台前来写，边批作业边偷窥他。我发现他做作业不外乎"五部曲"：先是弄不清要补的作业是什么，接着拿出笔写了一个字，又问"是不是括号里的字用铅笔写"之类关于作业格式的问题，没写几个字，又说要上厕所，好容易回来了，写了两个字，旁边一个男生来捣乱一下，他又开始魂不守舍了。最后，当我把一切能干扰的因素都阻挡在外时，他又开始咬着笔发呆，一脸的虔诚，似乎走入一个可以不写作业的乌托邦。

午休时，我看到他在和同学疯玩，便走过去，反应极快的他马上冲回到座位上，边跑边对我行了一个礼，我懂得敬礼背后的意思，忍俊不禁，回敬了一个礼给他：

"敬礼也没用啊，作业还是要补呦！"

惹得一旁的小戴也笑了起来："景老师给小茅敬礼了！"

他坐定后，又开始补作业了，依然是那"五部曲"。

快放学了，我知道他放学后要去参加篮球训练，那是他极喜爱的运动，不忍心把他留下来，只好假装信任地说：

"我相信你回去能把作业补完，你能做到吗？"

"能。"他眼里掠过一丝欣喜，还有对信任的渴望。

我脑子里突然跳出一句话："教育，不能一次填满。"

等着你慢慢长大。

涵泳语言兴味长

《火烧云》教学实录与反思

教学内容：沪教版《语文》2015 年版
教学年级：五年级
教学时间：60 分钟
执教日期：2014 年 11 月

教学过程

板块一：初读，整体感知火烧云之色彩美、变化美

    师：（齐读课题）课文的作者是萧红（师板书），这是一篇写景的文章，学习这类文章就是要学习作者是用怎样的语言把火烧云的美丽写出来的，还要体会作者字里行间表达的情感。

    师：预习过课文了吗？能不能用两三个词语概括火烧云给你留下了怎样的印象？

    生：火烧云是变化多端的。

    生：美妙神奇。

    师："变化多端"这个词用得好，请你把词写到黑板上。火烧云的什么变化多端？

    生：火烧云的形态变化多端。

    师：还有吗？

    生：火烧云是色彩斑斓、瞬息万变的。

    师：太好了，不光能积累词语，还能把它运用得很灵活。来，把这两个词写上去。

师：两位同学都能用几个词把读文后的感受概括出来。"变化多端"说的是火烧云的形状，"色彩斑斓"说的是火烧云的颜色。这节课我们就来看看萧红是用怎样的语言把火烧云的变化多端、色彩斑斓和瞬息万变写出来的。

板块二：仿写，感受作者用词之准确，火烧云色之绚烂

师：接下来检查预习生字词的情况，准备开始听写了。请两位同学到黑板上去写，谁愿意？（指名二生上台写，其他在座位上写）

（听写内容：红彤彤　半紫半黄　葡萄灰）

师：接下去我报的词语，要想想该放在哪个位置？（听写内容：金灿灿　梨黄　茄子紫　半灰半百合色）下面的同学看看，他们都写对了吗？词语的位置写对了吗？

生：他们都写对了。

师：（问台上二生）为什么这样写呢？

生：因为"红彤彤""金灿灿"是ＡＢＢ式的，"半紫半黄""半灰半百合色"是ＡＢＡＣ式的，而"葡萄紫""梨黄""茄子紫"是具体事物加颜色。

师：太厉害了，他不光写正确了，还懂得分类。到了五年级，遇到这样的词语就应该有规律地去识记。现在请你们对这三类词各仿写一个，最好你写的词语也能够形容火烧云。

（二生在黑板前写，其他学生在座位上写）

师：他们分别写了"黄澄澄""半黑半白""玫瑰红"。有不同意见吗？

生：我写的是"绿油油""半蓝半绿""火红"。

生："绿油油"不能形容火烧云。

师：对，一起看"半黑半白"，能形容火烧云吗？

生：我觉得可以，火烧云有的时候就是有点黑白的。

生：我觉得有点怪，黑和白的颜色差别有点大，应该是颜色相近的两个词。

师：在萧红的笔下，火烧云大部分是什么颜色呀？

生：红的、黄的、紫的、橙的、金的。

师：所以，火烧云大致是这类色系的，我们把"半黑半白"改一改，改成"半灰半红"，就更符合实际了。现在请同学们把书打开，把你们写的这些词放入文中，谁来读一读？

（出示：这地方的火烧云变化极多，一会儿红彤彤的，一会儿金灿灿的，一会儿半紫半黄，一会儿半灰半百合色。葡萄灰，梨黄，茄子紫，这些颜色天空都有，还有些说也说不出来、见也没见过的颜色。）

（指名学生把仿写的词放入文中读）

板块三：朗读，体会作者对火烧云的喜爱与赞美

师：同学们预习得非常充分。以后在阅读的时候遇到这种类似的词，要有意识地归类识记。接着，老师还要检查你们朗读的情况。谁愿意读读课文第1、2自然段？

（指名读第1、2自然段，生声音略小，也未读出感情）

师：晚饭过后，火烧云上来了，你想不想看？

生：想看。

师：小伙伴们都窝在家里，那时候没有电视机，也没有iPad，你第一个发现火烧云上来了，你想不想把小伙伴们都喊到场子里，一起看？

生：想。

（生继续读，声音略小）

师：这样读，只喊了两三个小伙伴出来。（众笑）

（生继续读，声音响亮了些，重读"上来了"）

师：小伙伴们都被你叫出来喽！（众笑）你见过大红狗吗？见过金公鸡吗？

生：没见过。

师：该怎么读，让人感觉你没见过？

（生继续读，略重读"的了"）

师：你见过金胡子的老头儿吗？

（生继续读，读"您老是金胡子了"语调上扬）（掌声）

师：进步真大！听他这么一读，你们感受到萧红怎样的情感？

生：我体会到萧红对火烧云的喜爱。

生：我体会到萧红的兴奋。

生：惊讶。

师：听你们读，我也很想读，如果我读得还可以，给我点掌声，好吗？

（师范读）（掌声）

师：就这么读着读着，作者蕴含在文字里的情感就被我们读出来了。

师：你读得越来越好了，老师奖励你再读一个小节。

（指名读：天空的云从西边一直烧到东边，红彤彤的，好像是天空着了火。）

师：你为什么要重读"天空的云从西边一直烧到东边"？

生：因为这样读就体现出火烧云持续的时间很长。

师：是时间长吗？一直——

生：是火烧云的范围大。

师：是啊，火烧云的范围真大，还突出了什么？

生：火烧云的颜色很红。

师：把"烧"字改成"红"行吗？

生：不行，因为"烧"的话表示范围很广，颜色很红，很生动。

师：谁来补充？"烧"字除了写出火烧云的颜色"红"外，还写出什么？

生：气势大。

生：火是越烧越大的，火烧云也是越烧越灿烂、越烧越绚丽。

（师边做动作边引导生）

生：速度快，颜色鲜艳，亮，还在动。

师：是啊，"烧"能体现火烧云的这些特点，而"红"不能。改成"燃"行不行呢？

生：不行，因为火烧云的面积很大，用"燃"的话面积太小了。

师：说得太好了，老师请你来读读这句话，体会一下火烧云不仅在动，而且动的速度快，色彩也十分绚丽。

（指名读：天空的云从西边一直烧到东边，红彤彤的，好像是天空着了火。）

师：我觉得你说的比你读的要好。谁也想来读一读？

（指名读，齐读）

板块四：品读，学习作者如何有序地写出火烧云的形状变化

师：我们边读边体会到了萧红字里行间的情感。你们读得这么好，老师想和你们一起配合读读第4自然段。

师：看，火烧云出来了。

生：（齐读）一会儿，天空中出现一匹马，马头向南，马尾向西。

师：马是怎样的？

生：（齐读）马是跪着的，像是在等人骑到它背上，它才站起来似的。

师：火烧云怎么变的？

生：（齐读）过了两三秒钟，那匹马大起来了。马腿伸开了，马脖子也长了，一条马尾巴可不见了。

师：咦？火烧云消失了。

生：（齐读）看的人正在寻找马尾巴，那匹马就变模糊了。

师：刚才我们读的这一部分是按什么顺序写的？

生：是按照火烧云的出现、变化、消失的顺序写的。

（板书：出现——变化——消失）

师：再来看，第5、6自然段和第4自然段有什么相似的地方？

生：都是按照火烧云出现、变化、消失的顺序写的。

师：好，真善于发现。但也有不同，哪些内容不同？

生：火烧云变化成的动物不一样。

师：对，这是作者看到火烧云变化之后的想象，但是，在写法上都是一样的，都是先写了出现，再写了变化，再写了消失。那语言一样吗？我们再一起来读一读吧，男生和老师一起读。写马出现的句子是——（男生读：一会儿，天空中出现一匹马，马头向南，马尾向西。）写大狗出现的句子是——（男生读：忽然又来了一条大狗。）写大狮子怎么出现的？（男生读：接着又来了一头大狮子，跟庙门前的大石头狮子一模一样，也是那么大，也是那么蹲着，很威武很镇静地蹲着。）

师：看，写三种动物的出现一样吗？写法一样，但语言不一样。女生一起来读读消失的句子。马是怎么消失的？（女生读：看的人正在寻找马尾巴，那匹马就变模糊了。）大狗怎么消失的？（女生读：跑着跑着，小狗不知跑到哪里去了，大狗也不见了。）大狮子怎么消失的？（女生读：可是一转眼就变了，想要看到那头大狮子，怎么也看不到了。）

师：作者写马、大狗、大狮子的消失，你从中体会到作者怎样的情感？

生：作者很遗憾。

师：每一次消失都很失望，每一次出现都很惊喜。作者就是这样在惊喜、遗憾、惊喜、遗憾和陶醉中看火烧云的，这种情感你是通过朗读体会到的。火烧云还有可能像哪些动物？会怎么出现，怎么消失呢？你能不能选择一种，说一说？（学生练说）

生：突然有一只调皮的猴子，翻了个筋斗来到了天空中，他在天空中做着鬼脸，我们也向空中做着鬼脸，做着做着，猴子就消失了……

生：有只小白兔蹦蹦跳跳地来到天空中，不一会儿，它就跳进森林不见了。

师：我们不仅要学习作者萧红非常美的文字，还要学习她的不同写法，她的语言是非常生动、非常灵动的。

师：孩子们，第二天，火烧云又上来了，你和你的小伙伴一起来到院子里，看着，说着……

（出示：看，火烧云又上来了，真是_____）

师：请你以此为开头，用"先概括后具体"的方法说一段话，你可以选择一个方面，比如颜色，或者是形状变化。

生：看，火烧云又上来了，真是瞬息万变。突然，天空中驶来一辆急速行驶的火车，可是不一会儿，又变成了一个正在骑马征战的骑士，多么威武！可是当我们正在被骑士的威武所折服时，那位骑士就变模糊了，真是变化莫测。

师：嗯，真好。老师给你提个建议，如果在里面再加几个变化，会更好。

生：看，火烧云又上来了，真是瞬息万变。刚才还是一只正在奋力追赶老鼠的小猫，这时又来了一只鸭妈妈，身后跟着一群可爱的小鸭。看，又来了一只蹦蹦跳跳的小白兔，大概这儿有一群萝卜等着它去发现呢！

生：看，火烧云又上来了，真是色彩斑斓。一会儿红艳艳的，一会儿黄澄澄的，一会儿半红半紫，有些颜色连我的24色画盘都没有呢！我们正看得起劲，火烧云就下去了……

师：真厉害！同学们，萧红的语言是丰富的，情感是快乐的，我们从她这么美的文字中读出了她的童年生活是快乐的，后来她把这段童年生活写成了一部作品叫《呼兰河传》，有兴趣可以回去读一读。下课！

教学反思

我备课时有一个习惯，对自己有三问：第一问，我要教会学生什么？这里我指的是教会，而不是教什么。什么叫"会"？就是他掌握了，他会用了，他把学习内容变成自己的东西了，这才是"会"的层面，而不是他只是读过了。第二问，我通过怎样的方法来教会他？叶圣陶先生说过，小学语文姓"小"。"小"是什么？儿童。儿童是感性的、诗性的，这堂课我没有说太多的概念，比如"ABB"，概念反而都是学生说的，学生不缺概念，因为概念好教，难教的是什么？难教的是教学生用概念解决问题。第三问就是不断追问自己，通过这样的设计，学生到底学会了没有。本课的四个板块都有让孩子"学会"的教学设计。比如"听写词语"，其实暗含着学习策略的习得。写完了要想一想怎么去分类。这节课在其他地方也上过，经常有孩子掉进我的"陷阱"，有的是不熟悉听写的方式，有的是没有意识到要去归类。归类就是一种运用，是一种学习策略。第二种运用就是学生能够正确仿写，这一点是很难的。有一次，我上课时，有个学生说到"土豪金"，当时我们就讨论"土豪金"到底是不是"葡萄灰"一类的。从构词方式上看是的，但是，"土豪"是不是代表某一种水果或某一类植物？不是，它是某一类人的统称，所以它的归类是错的。当时还有个学生说到"柚木棕"，我听到这个颜色觉得特别有意思，问他怎么知道这个颜色的，他说："我妈的车就是柚木棕。"学生的生活经验是丰富的，教学要和学生的经验联结起来。他说"柚木棕"时，我马上就反应过来说："景老师去买车时，在4S店发现同样的一款车有很多种颜色。"这样，又激活了其他学生的生活经验，"珍珠白""樱桃红""雏菊黄""苹果绿"等都说出来了，这就是学语文。仅仅关注特殊结构的词语还不够，还缺第二步，还要引导学生思考：这些词语在表达作用上有什么不一样？作者为什么要这样表达？这是我设计的第二个运用的环节。光有语言的运用还不够，还要给学生成功的体验，所以我让学生把自己写的词语放入原文中，做一次"小萧红"。这些有坡度的设计，其实是基于对学生认知规律的把握。所以我又提醒学生预习时，要分类积累词语，这就是一种学习策略。

　　还有一点是学生容易忽略的地方。比如，"火烧云上来了"中的"上来"，"大白狗变成红的了"中的"的了"，"红公鸡变成金的了"中的"的了"。萧红的文字是口语化的，但是她的口语化又不同于老舍先生的口语化，带有"京味儿"。萧红的文字带有浓厚的生活气息，学生在阅读的时候是感受不到的，直接告诉学生是没有用的，一定要让学生自己去体验。我就创设情境，拉近学生与文本的距离，反复追问学生"这样读，能把小伙伴们从屋子里叫到院子里来吗"。语文教学有两个逻辑：一个是文本逻辑，一个是儿童逻辑。教学时，要有效地实现文本逻辑和儿童逻辑之间的统一。

　　其实，在板书中，有一条线我没有板书，我觉得再板书出来就有点刻意了，就是文章的情感线索。由开始火烧云上来时的兴奋、欣喜到下去时的有点不舍、有点遗憾，包括学生们说的有点失落。这种情感作者是杂糅在课文中的，因此这种情感不能直白地告诉学生，要通过朗读来体验。语文老师一定要善于帮助学生积累语言学习的经验，要让学生思考为什么用这样的语言来表达这样的情感，或者说这样的情感为什么要用这样的语言来表达。这一点，无论教哪一类文章，都不能忽视。这一课，我采用的主要是比较和体验。

　　很多语文课缺少给孩子学习的过程，语文学习是由一个"不懂"到"懂"、由"似懂非懂"到"清清楚楚"、由"知之甚少"到"知之甚多"、由"不会"到"会"的过程。语文学习必须要有这个过程，而语言学习就是载体。张志公先生说过，语文课要带学生在课文里走一个来回。"来"是什么？进去的时候从语言文字进去，从思想内容、情感出来。"回"呢？就是从思想情感再回到语言文字。这节课好几个地方都是这样一种循环。先谈一谈初读文章感受，到思想内容了，怎么样传递思想内容呢？进到语言里面去，到语言里面之后再回过来，我要通过朗读把这种情感表现出来，这就回到了语言文字，包括让孩子仿写。在这一过程中，要充分给孩子展示、交流、分享的机会。比如，有学生写错别字了，有学生写不出来了，没关系，给他机会展示分享，让他去说，但一定要回到语言上，所以要适时给学生语言的支架。课尾，我创设了一个新情境："第二天，火烧云又上来了……"前面的词语仿写迁移，都是为后面的表达练习做铺垫的。我在设计这个练习时，自己试写，写了六七种形式，可以写一种，也可以写好多种；可以写它的变化，也可以写颜色，还可以把颜色和变化揉在一起写。只要学生能够运用课文语言，重组课文语言，就是"学会"。更优秀的学生用自己的语言来表达，也是可以的。

语文教师的立场

薛 峰

听特级教师的课我们要关注什么？我认为主要是关注他们对语文学科规律的认识以及对当下语文教学的反思，这是很重要的。

语文教学应该关注语言，就小学生而言，需要特别关注他们的语言积累。这里的语言积累包括三方面的内容：语言知识的积累、语言材料的积累和语感的积累。如何指导学生进行有效、高效的语言积累呢？景老师的课应该可以给我们很多启发。

其一，语言知识的积累重在"实际的获得"，即语言知识的教学不是简单的机械的概念讲解，而是指导学生结合语境以及作者表达需求真正体会的。景老师对那些特殊结构的词，如"红彤彤""金灿灿""半灰半百合色""半紫半黄"等，不仅引导学生发现它们的结构，同时引导学生发现它们在表达上的不同作用。"红彤彤""金灿灿"，表现出火烧云颜色的艳丽；"葡萄灰""梨黄""茄子紫"，表现出颜色的"新鲜"；"半灰半百合色""半紫半黄"，表现出颜色的丰富，是一种杂糅在一起的感觉。结合作者此时看到火烧云"上来了"时的心情，再指导学生读好这些词语，学生的体会也就更为深入了。这样的语言知识的学习是生动的，也是有生命力的。

其二，语言材料的积累基于学生的"深入理解"，即不是简单的记忆，不是目的不清的朗读指导，而是贯穿于文字理解、思路梳理、作者情感把握的过程中。如景老师在教学"火烧云的变化"时，不仅引导学生关注作者的叙述顺序，即"火烧云上来了""火烧云的变化极多极快""火烧云下去了"，更是指导学生发现作者的情感变化——欣喜的、兴奋的、些许遗憾的、期待的。教师在帮助学生梳理外显的叙述顺序，探究内隐的情感变化过程中，引导学生积极地去积累语言材料。

其三，语感积累的重实效。语感，很多时候给人一种不可触摸的感觉，颇为玄乎。如何让语感的积累有效，这堂课做了很好的尝试。如对"烧"的理解，景老师通过"比较""朗读""联系"，引导学生体会到火烧云蔓延的范围广、速度快等。

又如，景老师请学生比一比"写火烧云变化的几个自然段有什么相同的地方"，学生在教师的引导下发现了语段结构上的相似，发现了作者情感上的细微变化。"比较""联系"等教学策略的运用，使得语感的积累变得更为有效。

（薛峰　上海市教委教研室语文教研员　上海市小学语文教学专业委员会秘书长）

积累语用经验，提升语感品质

北京师范大学的王宁教授在《谈谈语言建构与运用》（《语文学习》2018 年第 1 期）中指出，"在普通高中课程标准修订稿中，归纳总结出的四项语文核心素养中，语言建构与运用是带动其他三项核心素养——思维发展与提升、审美鉴赏与创造、文化传承与理解——的第一要义。"对小学生来说，实现语言的建构与运用，需要打好两个基础：一是大量语言材料的积累；二是良好语感的培养。

一、语言材料的积累

低年级语文教材中选入了不少童话故事，不少童话故事在写法上有一个共同点，即同一篇文章中，有几个自然段的结构、语言相似，比如《风姑娘送信》《从现在开始》《小壁虎借尾巴》。《爱写诗的小螃蟹》（沪教版第四册）的第 4—6 自然段、第 7—9 自然段、第 10—12 自然段结构相似，三句话的语言表达也十分相似：

> 小螃蟹继续写他的诗。
> 小螃蟹还是坚持写他的诗。
> 小螃蟹流下了伤心的泪。

遇到这种情况该怎么教？有的教师在教学时喜欢早早地下定义，诸如心情怎样、什么特点、什么品质等，采用的手段是直接演绎，忽视了学生对不同语言材料的积累。如果教师能引导学生关注这几句话的不同之处，从"还是"入手，创设生活情境，如我们平常什么时候会说"还是"，引导学生用"还是"练习说话，体会小螃蟹的"继续"和"坚持"，这时再朗读体会"小螃蟹流下了伤心的泪"，情感体验就水到渠成了。正是为了表达思想，作者才会将词汇组成句子，将句子组成段落和篇章。教师应指导学生学习课文建构话语的过程，遇到表达方式相似的自然段，应关注其表达的不同点，从不同之处追溯背后的思想情感，这才是语言建构的应有之义。

如人教版第四册《画风》，也出现了结构相似的句子，有的教师采用一段一段的分析理解策略以及短平快的问答方法进行教学，只注重梳理他们画了些什么，还画了什么，又画了什么，导致课堂上问题细碎，学生学得无趣，忽视了作者在遣词造句时既得体又丰富的语言表达。如：

> 他们在洁白的纸上画了房子、太阳、大树，陈丹还在树上画了几只小鸟。

可以提问：为什么用"还"？

> 宋涛想了想，他把画上的太阳擦去，画了几片乌云，又画了几条斜斜的雨丝，说："下雨了，风把雨丝吹斜了。"

可以指导尝试换词：为什么用"又"而不用"还"？可以换成"还"吗？

> 陈丹说："我也会画风了。"说着，她在大树旁边画了几棵弯弯的小树。

为什么用"也"，可以换成"还""又"吗？

"他们画了什么"是学生一望而知的，这里简单梳理即可，语文教学更应指导学生学习自以为是"一望而知"的，其实是"一望不知"的东西。即使是面对小学低年级学生也应如此。引导学生初步把握语言运用的规律，包括语言的重组、补充、转换以及课文语言表达的清楚、准确、丰富等。

小学生积累语言材料，除了识字、学词之外，还应该包括各种句型的积累。因为语文能力不仅取决于人的词汇积累量，还包括句型积累的数量。

一次，听一位教师执教《小毛虫》（沪教版第四册）时，采用了多种方法指导理解词语：

第一种，换词法。教师通过问题"小毛虫怎样从茧子里挣脱出来"引出了课文的一句话："它灵巧地从茧子里挣脱出来。"接着，就问学生可以换上什么词语，学生小手举起，回答"灵活""轻巧""灵敏"……教师肯定了学生的答案。

第二种，图画法。在理解"上面布满色彩斑斓的花纹"一句时，出示美丽的蝴蝶图，通过提问"怎样的画面是'色彩斑斓'"，指名让学生说出，教师肯定后小结：这就是"色彩斑斓"。

第三种，词解法。在分析理解"笨拙"的时候，让学生找出文中的同义词：笨手笨脚。教师表示肯定后，总结解词方法——可以用同义词来理解词语。

我们进行的是母语教学，这种对概念释义的教学完全没有必要。因为，在母语环境中，学生对某个词语所表示的意思把握得不是十分精准，并不妨碍他理解句子的意思以及把握整篇课文的内容。成人阅读亦然。

如果教学的出发点是引导学生积累语言材料，《小毛虫》可以这样组织教学：

选词填空：

一条（　　　　　）的小毛虫变成了一只（　　　　　）的蝴蝶。

可怜　笨拙　笨手笨脚　　　　　　轻盈　灵巧　色彩斑斓

以上六个词语均为课文中的生词，在初读阶段，可让学生正确认读，区分这些词语在文中分别形容的对象，并简单归类；接着借助填空，引导学生整体把握文章的大体内容。学生的表达多样、丰富，体现了不同思维层次的学生对文本的把握：

生1：一条（笨拙）的小毛虫变成了一只（色彩斑斓）的蝴蝶。

生2：一条（可怜）的小毛虫变成了一只（色彩斑斓）的蝴蝶。

生3：一条（笨手笨脚）的小毛虫变成了一只（轻盈）的蝴蝶。

生4：一条（笨拙）的小毛虫变成了一只（灵巧）的蝴蝶。

生5：一条（可怜）的小毛虫变成了一只（灵巧）的蝴蝶。

生6：一条（又可怜又笨拙）的小毛虫变成了一只（又灵巧又色彩斑斓）的蝴蝶。

……

教师适时点评："你会用'又……又……'来说。""你注意到前后两组词语是意思相反的。""你还会用两组词语来说。"

这既是语言材料的积累，也是语言运用经验的积累，同时也有思维的训练。正如王宁教授所说："语文课程需要培养学生从言语作品中理解和归纳词义，从而丰富自己的词汇，提升自己运用和积累词汇的经验，而不是只会死记硬背字典中的条文。"（王宁《谈谈语言建构与运用》）

二、良好语感的培养

关于语感，夏丏尊先生有一段非常精辟的解释："在语感敏锐的人的心里，'赤'不但只解作红色，'夜'不但只解作昼的反面吧。'田园'不但只解作种菜的地方，'春雨'不但只解作春天的雨吧。见了'新绿'二字，就会感到造化之工、少年的气概等等说不尽的情趣。见了'落叶'二字，就会感到无常、寂寥等等说不尽的诗味吧。真的生活在此，真的文学也在此。"

有人说，语感是一种直觉，这话不完全正确，语感的培养需要长期的习得和语言经验的积累，作为教师，应时时处处具备这种意识，培养学生良好的语感。

培养语感最常见的方法就是朗读。朗读怎么指导，这是一门艺术。有的教师喜欢指导学生读出重音，读好停顿，注意语气词和标点符号，在朗读技巧上花了很多功夫，这是需要的，但并不是朗读的要义。朗读指导要与培养学生语感结合起来。

如萧红的《火烧云》（人教版课标本第7册）第1自然段是这样写的：

> 晚饭以后，火烧云上来了。霞光照得小孩子的脸红红的，大白狗变成红的了，红公鸡变成金的了，黑母鸡变成紫檀（tán）色的了。喂猪的老头儿在墙根站着，笑盈盈地看着他的两头小白猪变成小金猪了。他刚想说："你们也变了……"旁边走来个乘凉的人，对他说："您老人家必要高寿，您老是金胡子了。"

教学时，有的教师抓住表示颜色的词语指导朗读，学生刻意地重读"红红的""金的""紫檀色"等词，读得生硬而缺乏趣味。我在指导这一段时，着眼于小学生阅读时候容易忽略的地方，比如"火烧云上来了"的"上来"，"大白狗变成红的了，红公鸡变成金的了"中的"的了"。萧红是一位非常有才华的现代作家，在《呼兰河传》中，她以儿童的视角描写童年的记忆，让我们看到一个纯净、透明、真实的世界。她的文字口语化，但她的口语化又不同于老舍先生带有京味儿的口语，她的文字富有生活气息，充满童趣，但学生在阅读时是感受不到的，直接告诉学生是没有用的，一定要让学生去体验，所以，我在教学时设计了体验朗读。学生读"火烧云上来了"一句时，很容易读得平淡无味，我便反复追问学生："这样读可以吗？""这样读的话小朋友都不会到院子里来。""怎么读，才能读到把村里各家各户的孩子都喊到场子里，来看火烧云！"同样，三个"的了"也体现了孩子们的那种欢欣、奔走相告，火烧云真神奇啊！这样，有效地实现文本逻辑和儿童逻辑之间的统一，读出孩子们看到火烧云上来时候的那种欣喜，那种兴奋，以及到文章后面情感发生的变化，有点不舍、遗憾、失落等，这些情感作者杂糅在课文的字里行间，都需要通过朗读来体验，进而培养语感。

张平南老师是上海老一辈的著名特级教师，她在执教《井》一课时，分了三步：

第一步，从整体入手，让学生初步弄清文章写了井的哪三个方面。

第二步，引导学生品悟井水的"清、甜、凉"。品悟中，她重点抓了三句话：

> 在我家屋后菜园里，有一口古老的小小的水井。只有井口那些被井绳磨出的一道道深深的印痕。
>
> 我们趴在井圈上，痴痴地往井里看，一颗一颗地数映在井水里的闪亮的星星。
>
> 用它来浇菜，就更是极好的水了。

在教学这些句子时，张老师用了三种培养语感的方法：

品析语言："一颗一颗"和"一颗颗"相比较，"一道"和"一道道"比较，体会词语间的细微差别及表达效果。

精研语言：通过读、悟，让学生明白第二句主要写水清。

玩味语言：学习"痴痴"一词时，让学生说近义词是"呆呆"，并追问："呆呆"就是"痴痴"吗？学生通过读下文中"映在井水里的闪亮的星星"，悟出这是"入了迷"；再读别的句子，"啊！这些星星，离得多远？多远？这井水，它有多深？多深？"品读标点的作用。

第三步，复述第4自然段"井水很凉"的部分。她的要求是两个：说清楚这件事；复述中用词说句，对事情的表达一定要规范、合理、清楚。张老师对复述的要求不是仅仅停留在内容上，更落在语言文字的运用上，这恰恰是语文课的重要任务。

正如王宁教授所说："语感随着言语经验的丰富而增长，随着积累的深度和数量的增多而提升品质。"张老师采用熟读、精研、玩味、复述等方法，引导学生亲近语言，涵泳语言，让学生充分体会作者用词的准确、句子的特点，不断丰富学生的语言经验；在学生回答问题时，也要求用词说句要有理、有序、有情，能恰当运用课文语言，不断提升学生语感的品质。

朗朗书声，挽住如飞的"日子"

《匆匆》教学实录与评析

教学内容：人教版（课标版）《语文》2004 年版

教学年级：六年级

教学时间：60 分钟

执教日期：2015 年 4 月

评　　析：王林波

教学过程

板块一：发现——聚焦主旨与文眼

师：今天学习一篇关于时间的文章。（板书：匆匆）注意，"匆"字中间是一长点，请写一遍。

（齐读课题）

师：这篇文章是朱自清先生 24 岁那年写的，他是著名的诗人、散文家。预习过课文了，你们知道课文写的是什么匆匆？

生：时间。

生：人生。

生：日子。

师：很好。课文只有短短的六百多字，出现了很多"日子"，发现了吗？数一数，出现了多少个？（生打手势十个）

师：我们在读书的时候要关注这些反复出现的词语。再看，文章中还有些句子反复出现，有个句子反复出现了两次，找一找。

生："我们的日子为什么一去不复返呢？"

师：这句话是这篇文章的灵魂。

（生齐读：我们的日子为什么一去不复返呢？）

师：像这样反复出现、反复强调的语句值得我们关注、品味，有助于我们把握作者的情感。请大家打开书，自由朗读全文。这一遍读，注意读通顺、读正确，尤其注意生字的读音。遇到难读的地方，特别是长句子，就多读几遍，边读边注意自己的感受。

【评析：教是为了不教，阅读教学的最终目的是要让学生学会阅读，因此，在教学中教给学生阅读方法是非常有必要的。景老师深谙此道，一开课便引导学生关注反复出现的词语、句子，直奔重点内容，不仅能够让这一课的学习更高效，同时也教会了学生阅读的方法，值得称道。】

板块二：涵泳——体察着急与无奈

（指名读第 1 自然段，学生读得略快）

师：找一位好朋友给你提提建议吧。

生：稍微再有点感情就好了。

（提建议的学生读，语速还是略快）

师：想不想听听老师的建议？你如果再读得慢一点就好了。

（提建议的学生再读，语速适中）

师：这句话中有一个破折号，谁能把破折号后面的意思读得更近一层？

（指名读：——是有人偷了他们罢：那是谁？又藏在何处呢？是他们自己逃走了罢：现在又到了哪里呢？）

师：老师发现，如果把这些句子换成诗歌的形式，这些句子就变成了长句和短句。（出示 PPT）

> 燕子去了，
> 有再来的时候；
> 杨柳枯了，
> 有再青的时候；
> 桃花谢了，
> 有再开的时候。
> 但是，聪明的，
> 你告诉我，
> 我们的日子为什么一去不复返呢？
> ——是有人偷了他们罢：

那是谁？又藏在何处呢？
是他们自己逃走了罢：
现在又到了哪里呢？

（请男女生各一位代表合作朗读）

师：读得真好。这样读，节奏感就出来了。

（男女生合作齐读）

师：这么长的一段文字，有信心背下来吗？

（生自由背诵，指名背）

师：这么短的时间，你怎么背出来的？

生：先讲"燕子去了"，与"去"相反的就是"来"；再讲杨柳枯了，与"枯"相反的就是"青"；桃花谢了，与"谢"相反的就是"开"。"但是，聪明的，你告诉我"这句话反复出现，就很容易背。"是有人偷了他们罢"这是自己问、自己答，后面一句同样也是这样。

师：太厉害了，他已经读懂了文字内在的逻辑关系。他刚才还说了一个词"反复出现"，的确，反复出现的词语可以帮助我们背诵。

（全班齐背第 1 自然段）

师：这一部分也可以用诗的形式来呈现。（出示 PPT）

我不知道他们给了我多少日子；
但我的手确乎是渐渐空虚了。
在默默里算着，
八千多日子已经从我手中
溜去；
像针尖上一滴水滴在大海里，
我的日子滴在时间的流里，
没有声音，
也没有影子。
我不禁头涔（cén）涔
而泪潸（shān）潸了。

（指名读）

【评析：散文与诗歌原本就有着千丝万缕的联系，而朱自清先生的这篇《匆匆》更是如此，文中多处语段都有着诗一般的语言。景老师有一双慧眼，她不仅发现了这样的文字，并且通过呈现方式的变化，将散文诗化，让学生通过读感受其中的意蕴，这正体现了读在语文学习中的重要性。在反复的读中，学生必然会有所感受，有所感悟。】

师：刚才这个同学将生字的字音读得很准。

（板书：头涔涔而泪潸潸，相机指导写"涔、潸"）

师：课前预习过课文，"涔"和"潸"分别指什么？

（生交流：涔，积水。潸，流泪）

师：泪、汗等不断地流下，"潸潸"形容流泪不止。那"头涔涔""泪潸潸"又是什么意思？

生："头涔涔"意思是头上的汗水不断地流下。"泪潸潸"是流泪不止。

师：有一个成语也是讲泪潸潸的。

生：潸然泪下。

师：老师现在就是头涔涔，因为灯光照着，很热，而朱自清先生为什么头涔涔，并且是泪潸潸？

生：因为他感到恐惧。时间在渐渐流去。

生：为时间的逝去而悲伤、恐惧。

生：朱自清害怕他二十几年的日子已经过去，他不知道自己还剩下多少日子？

师：刚才这位同学说到二十几年的日子已经过去，课文中怎么说的？

生：八千多日子。

师：比较一下，为什么作者不用"24 年"，却要用"八千多"呢？

生：更显得数字多，逝去的年月多，更让人惋惜。

师：你说得这么好，我奖励你读这一句。（生朗读）

师：再读这一句。

（生再读：八千多日子已经从我手中溜去）

师：注意，在这儿已经换行了，这里就是一种停顿。

（生再读：八千多日子已经从我手中溜去）

师：这里的停顿是一种情绪，是把自己放进去的过程。

（齐读：八千多日子已经从我手中溜去）

师：往下读。

（指名读：我不禁头涔涔而泪潸潸了）

师：刚才我们通过朗读渐渐走进作者的内心世界，作者的感慨又通过我们的朗读表现出来了。

（齐读：我不禁头涔涔而泪潸潸了。）

【评析：语言是需要品味的，只有用心感受，我们才能领会到作者遣词造句之精妙。景老师敏锐地发现了值得品味的词语，更可贵的是，她引导学生品味语言的方式是灵活多样的，是非常有效的。"头涔涔"与"泪潸潸"相对生疏，于是景老师引导学生联系旧知，结合现场情境进行理解，化难为易，并顺学而导，将学生的思考引向深处：老师现在就是头涔涔，因为灯光照着，很热，而朱自清先生为什么头涔涔，并且是泪潸潸？】

板块三：运用——咀嚼惋惜与不甘

师：你们读得这么好，老师也想读了。

（师有感情地朗读第 3 自然段，生边听边做批注，掌声）

师：老师真的不敢独占这掌声，我知道，文字的魅力已经深深地把我们折服。叹息什么？作者没有具体写出来，说一说，作者叹息什么？

生：唉，又一天过去了，时间怎么过得这么快呀！

师：用上感叹词"唉"，很好。刚才我巡视时发现有同学写"作者"，这就不对了，应该是"我怎样"。

生：唉，一天又一天，一年又一年，八千多日子就这样从我手中溜去，我还剩多少天生命呢？我还剩些什么呢？

师：了不起，会运用课文中的语言来表达情感，学以致用。（板书：掩面叹息）

（指名读：我掩着面叹息。但是新来的日子的影儿又开始在叹息里闪过了。）

（该生儿化音未读准，再指名读，读错的学生再次朗读此句，掌声）

师：这句话有点长，我们要学会停顿，停顿的过程中就是把自己的情绪放进去的过程。

（生齐读：于是——洗手的时候，日子从水盆里过去；吃饭的时候，日子从饭碗里过去；默默时，便从凝然的双眼前过去。）

师：换成诗歌的形式，长长短短的句子，给人一种节奏感，是吧？我们要把这种节奏感读出来。

（出示去掉字的PPT，完型填空式齐读）

师：多美的语言呀，请大家联系自己的生活，看看还可能在什么情况下，日子也这样匆匆而去呢。四人小组讨论，A、B、C、D各有分工，B、C、D同学选最精彩的一句给A同学，A同学整理后填入空白处，由A同学代表小组汇报，B、C、D同学可以补充。（出示课件）

```
┌─────────┬─────────┐
│         │         │
│    A    │    B    │
│         │         │
├─────────┼─────────┤
│         │         │
│    D    │    C    │
│         │         │
└─────────┴─────────┘
```

（四人小组讨论）

生：散步的时候，日子从脚步中过去；

　　玩耍的时候，日子从欢笑声中过去；

　　写作时，便从鼻尖下过去。

师：觉得还可以吧？跟你们小组比呢？你们有没有更过人的地方？

生：差不多。

生：洗碗的时候，日子从碗边过去；

　　闲聊时，日子从我们的嘴边溜去；

　　跳舞时，便从优美的舞姿中过去。

师：他们小组怎么样？

生：我觉得我们组的更好。

师：多自信啊！

生：玩游戏的时候，日子从欢声笑语中过去；

　　睡觉的时候，日子从枕边过去；

　　看电视时，便从闪动的屏幕上过去。

师：日子从闪动的屏幕上过去。多好的语言呀！

生：思考的时候，日子从沉默里过去；

　　看书的时候，日子从书本里过去；

　　欢笑时，便从翘起的嘴角边过去。

师：不愧是男一号，你的语言有点"小朱自清"的味道了。

生：思索的时候，日子从脑海里过去；

　　睡觉的时候，日子从梦中过去；

　　打电子游戏时，便轻灵地从我们的鼠标上跨过。

师：刚才我们也是从日常琐碎的事情入手，和朱自清一样，写出了日子匆匆而去。平常，我们也积累了一些珍惜时间的名言，比如——

生：一寸光阴一寸金，寸金难买寸光阴。

生：少壮不努力，老大徒伤悲。

师：在朱自清先生的笔下，是不是也像这些诗句那样直接告诉我们要珍惜时间？吃饭、洗手、发呆、睡觉，这些都是什么样的事？

生：平平常常的事情。

师：是啊，都是日常琐事，那你更喜欢哪一种写法？

生：更喜欢朱自清的写法。

师：为什么？

生：因为这样写很贴近生活，给我们一种亲切感。

师：是的，朱自清先生善于从日常生活中选取一些平凡琐事，把这些平常的事反复写，反复强调，让我们感受到时间需要珍惜。他不是用枯燥无味的大道理讲述，也不是空洞地呼喊，而是通过对平平常常事情的反复吟咏，形成了一种诗的韵律，这是朱自清先生散文的一大特点。

【评析：语文是一门学习语言文字运用的综合性、实践性课程，这句话很多教师都铭记于心，但课堂教学中往往找不到实践点，特别是面对名家名篇时，更是习惯性地欣赏其表达的精妙，而不敢，甚至不曾想过可以学习名家的表达方法，引导学生进行语言的实践。景老师这一板块的教学非常精妙，她不仅引导学生发现了作者的表达方法，而且引导学生在合作学习的基础上进行语言实践，取得了非常好的教学效果。】

师：我们再重新回到课文，希望大家没有把原文中的句子忘掉，我们再来背一遍好吗？（生齐背）

师：真厉害，有的时候，我们写作需要一些格式，对吗？它就像一个篮子，在这个篮子里面，你可以装进去任何东西，所以记住这样的格式有助于写作。

师：朱自清善于将同一句式进行反复吟咏，在这一部分中，这一特点最为明显，我和大家配合着读。

师：在逃去如飞的日子里——

生：在千门万户的世界里的我能做些什么呢？

……

（重点指导：只有徘徊罢了，只有匆匆罢了；我留着些什么痕迹呢？我何曾留着像游丝样的痕迹呢？）

师：看，相同的句式作者反复地咏唱，反复地强调。

（男女生分别齐读）

师：读书是得咬文嚼字地去品、去悟的。看，又出现两个重复出现的词语，什么词？

生：赤裸裸。

师：意思一样么？

生：一样。

师：到底一样不一样？有没有自己的想法？

生：一样。我认为一样，因为他赤裸裸地来到这世界的时候，是什么东西都没带，而他回去的时候也是什么东西都没带，所以我认为是一样的。

生：我认为是不一样的。因为他赤裸裸地来到这世界，是他呱呱坠地的时刻；而他赤裸裸地回去，是他两袖清风地离去的时候。

师："我赤裸裸地来到这世界"，当时我是一个婴儿，不可能拥有什么；"我赤裸裸地回去"，是指自己对这个世界没有留下什么，没有做什么，这才是第二个"赤裸裸"的意思，就是这位同学说的"两袖清风"，也就是指自己对别人、对社会毫无贡献地离去。

【评析：一篇课文就像是一个人，个性鲜明，风格独特，朱自清先生的《匆匆》一文就是如此。这一课的表达很有特点，文中不少词句是反复出现的，我们要紧扣这些独特的语言现象去细细品味。"赤裸裸"这一词语两次出现，显然含义不同，景老师没有直接告诉学生，而是让学生经历思考交流的学习过程，然后再适时点拨、小结，这样一来，学生便真真切切地品到了"赤裸裸"的意味。】

师：朱自清是不是像他说的那样两袖清风？

生：不是。

师：你怎么知道的？

生：朱自清是大作家，有很多崇拜他的人，也写了很多散文。

师：有没有你喜欢的文章？（生摇头）

师：老师告诉你们，朱自清先生的确没有白走一遭，（板书：白白走一遭）他是著名的散文家、诗人，一生中创作了很多作品，共190万字，收入《朱自清全集》，他的作品《扬州茶馆》《匆匆》《背影》《荷塘月色》《春》《绿》等入选中小学语文教材，成为脍炙人口的名篇。那他为什么要说自己"白白地走这一遭"？（生摇头）

师：那时他才24岁，已经文采卓然，为什么还要这样说自己呢？

生：那时候，朱自清还不出名，他觉得自己的日子好像是白过了一样。

生：他想激励自己为这个世界多做一点贡献。

师：你用了一个词"激励"，真好。

生：也许是他想告诉世人，不要浪费时间。

（板书：不甘心）

师：朱自清先生自己也不甘心这样虚度年华，更想告诉世人，我们不要白白走这一遭，所以，他在文中反复地问——

生：（齐读）我们的日子为什么一去不复返呢？

师：所以作者发出这样的感慨——

生：但不能平的，为什么偏要白白走这么一遭呢？

师：读出了作者的不甘心。朱自清深感生命的匆匆、时间的可贵，正因如此，他对自己严格要求，苛求自己，所以在后来的人生道路上，他的生命价值得到了充分的体现。读出你对作者的敬佩之情吧！（齐读，音乐起）

【评析：散文是要表达作者的某种观点或者感受的，《匆匆》一文就是要告诉世人，不能浪费时间。这样的道理蕴含在字里行间，如何才能让学生领悟到呢？景老师没有贴标签式的灌输，而是通过介绍朱自清先生的成就，从而让学生形成认知冲突，向纵深处思考，明白作者的良苦用心。】

板块四：反思——理清文脉与情思

师：我们通过抓住文章中一些反复出现、反复强调的词语、句子，渐渐地走进了作者的内心世界，走进了"自我"，这也是我们读懂散文的一种重要的方法。这是一篇散文，散文姓"散"，自然、随意、潇洒。（指板书）这样的写作顺序可以颠倒吗？为什么？

（同桌交流）

生：不可以，这里是因果关系，因为他必须是先害怕，才能对时间惋惜，最后才会对失去时间不甘心。

师：纠正一下，这之间不是因果关系，是什么？

生：是有过程的，因为这里作者的情感有一个变化的过程，先是害怕，然后是惋惜，最后才是不甘心。

师：她太厉害了，用了一个词，"过程"。作者的情感变化是有一个过程的，这是层层推进的过程，所以，我们在学习散文的时候，就要善于抓住这一条看不见的情感线索，慢慢地走进作者的内心世界。这是学习散文非常重要的方法。同样，这样的经典文章是需要去背诵的，背诵也要这样，就像刚才那位男生说的，我们可以抓住反复强调的词句去记忆。

师：时光一去不复返，人生一去不复返。我们的日子留下了什么痕迹呢？我们的人生又该留下怎样的痕迹呢？我们怎样度过自己的一生？这，需要我们每一个人用自己的一生去回答。

（生齐读：聪明的，你告诉我，我们的日子为什么一去不复返呢？）

师：让我们用我们的一生来回答这个问题。下课。

【评析：散文行文看似零散，实则主题鲜明，所谓"形散而神不散"。其实朱自清先生的《匆匆》一文不仅神聚，形也不散，写作很有顺序，内容上有着很强的逻辑性，当很多老师都止步于引导学生领会到珍惜时间这一道理时，景老师却向前迈出了极有价值的一步，让学生发现内容上的前后联系，感情上的层层推进，这是很值得学习的。】

聚焦语用，还需凸显文体特点
——评景洪春老师执教《匆匆》
王林波

朱自清先生的《匆匆》是一篇经典的散文作品，文章语言表达脍炙人口，思想意蕴耐人回味，值得我们反复细读，不过，越是这样的名家名篇，教学起来就越不容易，对于一线教师来说，总有一种望而生畏的感觉。景洪春老师这一课的文本解读十分精准，教学设计相当精妙，她的教学既凸显出了散文这一类文体的特点，又展现出了《匆匆》这一课表达上独有的特点；同时，景老师紧扣重点词句引导学生品析其中意味，精心设计语用点帮助学生提升语文素养，整堂课散发着浓浓的语文味，并且是极具散文文体特点的语文味，值得我们细细品味。

一、聚焦字词，品析其中意味

学语文，必然得关注文中的重点字词句，可到底该关注哪些字词句，景老师给出了答案：文中那些反复出现的词句都是值得关注的，特别是那些反复出现，意思还不相同的词句，更需要我们细细品味。文中"我赤裸裸来到这世界，转眼间也将赤裸裸地回去罢"一句话中的"赤裸裸"两次出现，景老师不仅发现了这一语言现象，引导学生进行了思考，弄清楚了其含义的不同，更为可贵的是，她还顺学而导，将学生的思考引向深入，让学生思考朱自清是否是赤裸裸地回去，白白地走这一遭。这就在理解重点词句的过程中，让学生自然而然地明白了课文所蕴含的道理。可以说，景老师的语文课不仅关注语言的理解，也关注思维的训练、情感的体验。

二、落实语用，习得表达方法

《义务教育语文课程标准（2011版）》明确指出：语文是一门学习语言文字运用的综合性、实践性课程。可见，落实语用，提升学生语言文字表达能力是语文教学的重要目标，无论教学哪一类文体的课文，我们都应该牢固树立语用意识。要落实语用，先得发现作者语言表达的特点，景老师在这一课的教学过程中，首先引导学生发现作者借用日常生活的平凡琐事反复写来，从而表达出珍惜时间这一主旨的写作特点，然后引导学生在对比中发现这一写法的好处，接着请学生回顾生活，合作交流，整理表达的素材，最后进行语言表达的实践。如此层层推进，就让语言运用落到了实处，切切实实地提升了学生的语言表达能力。这里还需要特别提出的是，景老师组织学生合作学习并没有流于形式，不是为了合作而合作，她的分工非常明确：B、C、D 同学选最精彩的一句给 A 同学，A 同学整理后填入空白处，由 A 同学代表小组汇报，B、C、D 同学可以补充。合理的分工让合作学习变得更加有效，让语用的内容变得更加丰富。

三、识体而教，凸显散文特点

文体不同，语言风格就不同；作者不同，作品的特点就不同。要想让语文教学更具实效性，我们必须学会关注文体特点，识体而教，凸显出这一类文体独有的特点来。《匆匆》是散文名篇，自然，这一课的教学要突出散文的特点来。景老师的教学可以说是识体而教的典范，这一课的教学，不仅散发着浓浓的语文味，也彰显出了鲜明的散文特征。与小说、戏剧相比，散文与诗歌有着更为紧密的关系，《匆匆》语言优美而凝练，很多语段就像是散文诗，于是景老师将这些表达极有特点的语言变换成诗行，让学生读出节奏，感受诗一般的语言，体会这一篇散文的特点。提到散文，我们脑海中一定会出现一句话：形散而神不散。的确如此，散文选材看似零散，行文看似随意，其实并非散乱无章。《匆匆》一文，字里行间流露出来的都是关于珍惜时间的意味，这是其作为散文神聚的体现，其实，看似零散随意的段落间还有着缜密的逻辑关系，足见作者布局谋篇之匠心独具。景老师引导学生思考写作顺序是否可以颠倒，在思辨中让学生感受到了作者层层推进的表达特点，实在难能可贵。

是的，每一类文体的教学都应该指向语言的积累与运用，这样的语文课才能真正提升学生的语文素养；每一类文体的教学都应该凸显出不同文体的特征来，这样的语文教学才会避免趋同，彰显特色；即便是同一类文体的教学，也应该因为作者写作特色的不同，体现出不同的风格来，这样的语文教学才会更有效。

（王林波　陕西师范大学附属小学　特级教师）

一切皆"着我之色"

——《匆匆》教学手记

以我观物，则物皆着我之色。

——王国维《人间词话》

读出语言的味儿

《匆匆》是经典作品，该怎样读出语言的味儿？按叶圣陶、夏丏尊二老《文心》中的观点，语言的味儿应该有三层意思：语感、语调和神韵。

先谈语感。每个词语于意义之外还有情味，这需要从字面的推敲、声音的吟味中去细心领略，以磨炼自己对于词语敏锐的感知力。试读这个句子："天黑时，我躺在床上，他便伶伶俐俐地从我身上跨过，从我脚边飞去了。"试把"伶伶俐俐"换成"伶俐"重读一遍，意思一点没有变，但直观感觉中却似乎少了点神韵。琢磨其中的道理："伶伶俐俐"用两个叠声词组成，就造成了一种跳跃感，用以表现时间流逝得非常快是很合适的。相比之下，"伶俐"就多了几分懒散劲儿。

再谈语调。按照《文心》的分析，所谓语调主要是音节、词序、句式的选择问题。在《匆匆》一文里，用得最多的是叠音词。试读这一句："早上我起来的时候，小屋里射进两三方斜斜的太阳。太阳他有脚啊，轻轻悄悄地挪移了；我也茫茫然跟着旋转。"用"轻轻悄悄"似乎重复用词，但如果与前面的"斜斜"和后面的"茫茫然"连起来读，自然形成欢快的、有规律的调子。再读读这句："过去的日子如轻烟，被微风吹散了，如薄雾，被初阳蒸融了；我留着些什么痕迹呢？"按常规句式的词序应该是："过去的日子被微风吹散了，如轻烟，被初阳蒸融了，如薄雾；我留着些什么痕迹呢？"比喻句的前置，改变了观察视点，原先只是一种客观的叙述，现在一切都是作者的感受与发现：先感觉日子如"轻烟"，再感受到"被微风吹散了"，先感觉日子如"薄雾"，再感受到"被初阳蒸融了"，最后是没有留下一丝痕迹。作者描述了一个过程，形成一种动态。有时候把长句化为短句，以诗歌的形式呈现出来，长短句交错起来说，会形成一种错落有致的节奏，产生抑扬顿挫的音乐美。文章一开始便以这样的语言形式吸引着读者。朱自清先生追求的就是这种"谈话风"，语言"既能悦目，又可赏心，兼耳底、心底音乐而有之"。

最后谈神韵。陶渊明先生在《五柳先生传》中说："好读书，不求甚解；每有会意，便欣然忘食。"说的就是欣赏一篇散文，靠的就是反复吟诵。不难发现，第1、4、5自然段以问句居多，在第4自然段中，为了强调自己的失去时间后的怅然若失，作者用了两组连续的设问进行渲染、烘托，且设问中还有排比，极尽铺陈。接着又用了连续四个反问句，前三个反问句是对自己虚度光阴的追问，最后一句"但不能平的，为什么偏要白白走这么一遭呢"，语势急转，感情更炽烈，充满了表现力与感染力，激起了人们进一步的回味和思考。语句的层次和铺陈在这里尽显章法，将文章推向高潮。

走进独特的"我"

对于六年级学生来讲，作者怎样真挚细腻、形象逼真地表现当时复杂的内心感受，是《匆匆》一文的教学难点。

文中，朱自清通过对同一事物的反复吟咏、同一句式的反复回旋，形成了一种诗的韵律，并在诗的韵律中蕴含感情。这样的例子课文中俯拾皆是。诗意的语言，留给学生的本身就是一种美的享受、诗意的享受。那么，如何使学生内化这样的语言，提升这样的享受呢？我选择的教学策略是朗读，在朗读中体味作者的表达形式，在朗读中品味作者的情感。散文"贵在有'我'"，对于作者独特的情感体验，切忌标签化的概括，重在把握作者情思的独特与深刻。在第一板块中，我先引导学生由课题找到文中多次出现的词语——"日子"，学生很快就发现，短短六百多字的文章，出现了十个"日子"，"我们的日子为什么一去不复返呢"一句出现了两次。课伊始，就聚焦到文章的灵魂，引起学生的关注，由全景到特写，学生体会的不仅仅是时间的无情逝去，更是作者的言语表达形式，也为后面的教学做了铺垫。

所谓"教学千法读为本""三分文章七分读"，我先紧扣"头涔涔而泪潸潸"，运用比较、揣摩等方法来领悟时间之无情，生命之短暂。我又接着追问"为什么作者不用'二十四年'，却用'八千多日子'呢"，并借助诗的形式带着学生朗读"八千多日子已经从我手中溜去"，可以看到，学生的语速渐渐放慢，对"溜去"的理解也渐渐深入，作者的悲恐之情不断和学生产生共鸣。我也不失时机地告诉学生，"这里的停顿是一种情绪，是把自己放进去的过程。"确实，朗读不能重在字面，应和体验结合起来，感之心，发之声，效果会更好。

复沓的运用，是散文诗维持其音乐特点常用的手段。但仅仅告诉概念是不够的，怎么体会？还是朗读。《匆匆》是散文诗，这种文体在小学阶段很少见，朗读指导过度，容易僵化；不加指导，学生又很难与作者对话。我以诗的形式呈现，通过问题"换成诗歌的形式，长长短短的句子，给人一种节奏感，是吧"据词会意，诵读悟情，既符合散文诗的特点，又创设了合宜的教学情境，也解决了学生朗读中的困难。

朱自清先生说："书面语言的学习则应强调对经典文本的背诵与感悟。"我设计了两次当堂背诵：第一次背诵指导，将背诵方法与反复写法相结合，学生积累了语言；第二次背诵指导，将仿写表达和学习选材相结合，学生运用了语言。作品，是作者安放心灵的所在。在积累语言、运用语言的过程中，带着学生品味"着我之色"。

刘锡庆先生指出：散文姓"散"（散行成体）名"文"（文学），字"自我"（具有独特个性的真实作者）。这个概括实在巧妙，因为从"姓"到"名"再到"字"，正是一个人的身份由外到内逐渐凸显的过程。"文脉"是统领散文内容的，也是进行整体把握、领会作者情思的一个好途径。最好的线索不是事物，而是人的感情变化。在作者反复追问、反问、责问中，《匆匆》流露出由害怕到无奈，再到不甘心的情绪，隐含在作品里的是一种不甘虚掷光阴、力求向上的精神。在课即将结束时，我不忘引导学生反思："这样的写作顺序可以颠倒吗？为什么？"也许，六年级学生只能意会不能言传，但是，作者一步紧似一步展示自己心绪的过程，正体现了《匆匆》一文不落常套的艺术构思，经典作品的言语内容与言语形式联系得如此紧密，难道不值得学生学习吗？

一切皆"着我之色"，通过形式多样的言语实践活动，营造一个利于学生阅读体验的"场"，使他们读得透彻、读得亲切，走进那个"具有独特个性的'我'"，是语文教学应有之义。

故事里藏着智与理

《狐狸分奶酪》教学实录

教学内容：统编版《语文》2018 年版
教学年级：二年级
教学时间：80 分钟
执教日期：2019 年 1 月

教学过程

板块一：认读词串，积累语言

师：老师给你们带来一个朋友，（出示狐狸图）跟它打个招呼。

生：（挥手打招呼）狐狸好。

师：你们打招呼的时候都读得很好，"狸"轻声，再来。

（生齐声打招呼，师贴狐狸图片，板书：狐狸）

师：还有两个小动物也来了。

生：熊哥哥和熊弟弟——

师：谁是熊哥哥？谁是熊弟弟？

生：（手指示意）熊哥哥。

师：为什么？说说你的理由。

生：个子高。

师：个子高的就是哥哥。有没有不同的意见？

生：颜色深的是哥哥，颜色浅的是弟弟。

师：你是根据颜色来判断的。只要言之有理，都是可以的。

（师把两只小熊的板贴贴在一起）

师：如果它们俩在一起，可以叫它们什么？

生：小哥儿俩。

师：大声说一遍。

生：（提高音量）小哥儿俩。

师：太厉害了！你来做小老师，话筒交给你了，我做你的助教，知道什么是助教吗？

生：帮她的人，助手。

师：对！她是老师，我就是她的助手。

生：像服务员一样。（众笑）

师：对，我做好服务员，你来领读。

（生领读：小哥儿俩。全班跟读）

师：把两只小熊也放进去，说一句话，你会吗？

生：熊哥哥和熊弟弟……

（台下一位男生接上）

生：是一对小哥儿俩。

师：他也是老师，掌声给他。请你来做小老师。

（生领读：熊哥哥和熊弟弟是一对小哥儿俩。全班跟读）

师：换个顺序会说吗？

生：小哥儿俩是熊哥哥和熊弟弟。

师：掌声！这个老师棒不棒？（棒）我就愿意当这样的老师的服务员。

（师贴板贴"小哥儿俩"）

师：熊哥哥和熊弟弟在一起就叫小哥儿俩，那你爸爸和妈妈在一起叫什么？

生：父亲俩。（众笑）

师：你爸爸是丈夫，你妈妈是你爸爸的什么？他们是——

生：夫妻。

师：夫妻什么？

生：夫妻俩。

师：请你当小老师，我又当你的服务员了，给你话筒，你跟你爷爷在一起是什么俩？

生：嗯……

师：你是爷爷的什么？

生：孙子。

师：那是什么俩？

生：孙爷俩。（众笑）

师：应该把长辈放在前头。

生：爷孙俩。（掌声）

师：景老师跟景老师的姐姐在一起是什么俩？

生：姐妹俩。（掌声）

师：你们两个好同桌在一块儿——

生：同桌俩。（掌声）

师：（指板书）这是什么俩？

生：小哥儿俩。

师：这篇《狐狸分奶酪》，主人公是谁啊？

生：狐狸和小哥儿俩。

师：它们之间为了什么发生了一件事呢？

（出示词卡：奶酪。生开火车读）

师：你吃过奶酪吗？香不香？

生：香。

师：还有谁吃过奶酪？好吃不好吃？

生：好吃。

师：怎么好吃？

生：里面有奶油。

师：很香，特别是夹在面包里，一烤热，那个香啊。有没有人口水流出来了？今晚就去超市里买奶酪。

（师贴板贴"奶酪"，补全板书：狐狸分奶酪）

师：一起读课题。

（生齐读课题，声音震耳欲聋）

师：声音不要太响，这样对你们的嗓子也不太好。怎么读呢？

（师以手势带着学生婉转地读课题）

师：会读了吗？像我这样，声音适中，一起读课题。

（生齐读课题，声音适中）

板块二：借助词串，了解课文大意

师：课前都读过课文了吧，我想看看你们读得怎么样。

（出示：一块奶酪　两半块奶酪　整块奶酪）

（先齐读，第三个词组指名读，指导"整"的后鼻音）

师：一块、整块奶酪知道吗？什么叫两半块呢？

生：分开来的。

师：把什么分开来？

生：把一块奶酪分成两半。

师：就成了——

生：两半块奶酪。

师：谁再说，两半块奶酪是什么？

（生说完整）

师：再把这三个词语读一遍，声音不要太响，记住了？

（生齐读）

师：狐狸和小哥儿俩之间发生了一件什么事？就是分奶酪吗？光用课题来说，好像还说不清楚，请你自由读课文，读准字音，读通句子，借助课题、板书和老师给的词组说一两句话。

（生同桌练说）

生：小哥儿俩从地上捡到了一块奶酪。

师：课文就讲了这件事情？课题没用上哦。开头很好，谁在他的基础上继续说？

生：小哥儿俩在地上捡到了一块奶酪，它们不知道怎么分，狐狸跑了过来。

师：然后它们俩就干什么了？

生：它们俩把奶酪给了狐狸。

师：是它们俩把奶酪给了狐狸，还是狐狸跑过来的？

生：狐狸跑过来问它们在干吗。

师：实际上狐狸过来帮它们干什么？

生：分奶酪。

师：这里有一个字，看老师写。

（师在田字格里板书：帮）

师：你帮过谁？

生：同桌。

师：那别人帮过你吗？

生：帮过。

师：这篇课文谁帮谁啊？

生：（齐声）狐狸帮小哥儿俩分奶酪。

师：原因是什么？

生：它们不知道怎么分。

师：然后它们俩就——

生：吵了起来。

生：请狐狸帮它们分。

师：有同学说，它们吵了起来，嚷了起来，换一个词也就是——

（出示词卡：拌嘴）

（生齐读，然后开火车读）

师：你拌过嘴吗？

生：没有。（众笑）

师：你够文明的，你爸爸妈妈拌过嘴吗？

生：我爸爸妈妈拌过五次嘴。（众笑）

师：为什么拌嘴的？

生：爸爸回来很晚，妈妈就跟爸爸吵起来。（众笑）

师：对，这就是拌嘴。两只小熊为了什么拌嘴？

生：为了一块奶酪。

师：那接下去呢？

（师手指板书引导学生说）

生：小哥儿俩捡到一块奶酪，为了奶酪拌嘴，这时候狐狸帮它们分奶酪。

师：结果——

生：谁也没吃到，狐狸把奶酪吃掉了。

（板书：结果）

师：现在你能不能借助老师给的词语，说说狐狸怎么样，结果怎么样，小哥儿俩怎么样。同桌俩再练习说一说。

（生同桌练习）

生：小哥儿俩从地上捡到一块奶酪，它们不知道怎么分，就拌起嘴来，狐狸跑过来帮它们分奶酪。

师：你已经说对了百分之九十五了。

生：（接着说）结果小哥儿俩一点也没有吃到奶酪。

师：奶酪——

生：奶酪却被狐狸吃完了。

师：（生鼓掌）你们看，他第一次发言的时候，只会说一句话，经过努力，经过同学们的帮助，他能说三四句话，把这个故事的主要内容说清楚了，是不是应该给他掌声！（鼓掌声）谁再来？

生：狐狸帮小哥儿俩分奶酪，可是小哥儿俩不知道该怎么分，就拌起嘴来，结果谁也没多吃一口，谁也没少吃一口。

师：老师要帮你稍微调整一下顺序，不是狐狸先帮它们分的，而是因为它们——

生：不知道怎么分。

板块三：学习词串，尝试根据词串讲故事

师：《狐狸分奶酪》是匈牙利的民间故事。学习民间故事时，首先得知道故事的主人公是谁，还得知道故事大概讲了一件什么事，光知道这些还不够，我们还得学会把这个故事讲给别人听。要是你能把这个故事讲给别人听，别人爱听你讲的故事，那这个故事就学好了。老师在备课的时候发现，这篇故事有这么几个词，你们发现了吗？

（出示 PPT：开始　高兴　结果　生气）

生：开始对结果，高兴对生气。

师：我今天就要当你的服务员，你把我想说的都说了。你们看，他一下子就发现了——（众笑）

生：反义词。

师：小哥儿俩一开始捡到奶酪非常——

生：高兴。

师：拌嘴的时候很——

生：生气。

师：狐狸把奶酪吃光了——

生：更生气。

师：你有没有生气的时候？

生：妹妹好烦的时候。

生：太久，忘记了。（众笑）

师：这样的人比较好，气过就忘记了是吧。

生：哥哥打我妈妈的时候。（众笑）

师：你哥哥敢打你妈妈，所以你就生气是吧。你呢？

生：我奶奶没事说我的时候。（众笑）

师：你生了气还得改过来对吧。你呢？

生：我弟弟哭的时候我就很生气。（众笑）

师：那两只小熊为什么很生气？

生：因为狐狸把小熊的奶酪吃光了。

生：狐狸把两只小熊的奶酪吃光了。

师：能不能完成老师给的填空？

（出示 PPT：

开始   结果

熊哥哥和熊弟弟在路上捡到了一块奶酪，_____极了。

_____，十分生气。）

生：熊哥哥和熊弟弟在路上捡到了一块奶酪，高兴极了……

生：熊哥哥和熊弟弟在路上捡到了一块奶酪，高兴极了。狐狸把小熊的奶酪吃光了，十分生气。

师：谁十分生气？

生：小熊。

师：再挑战一下，把"开始"和"结果"放进去，你会说吗？

生：熊哥哥和熊弟弟在路上捡到了一块奶酪，高兴极了。开始，它们很高兴；结果，狐狸把奶酪吃光了，小哥儿俩十分生气。

师：你这个"开始"再放在前面一点就好了。谁再来？

生：熊哥哥和熊弟弟在路上捡到了一块奶酪，开始，它俩高兴极了；结果，狐狸把奶酪吃光了，十分生气。

师：谁十分生气？

生：小哥儿俩十分生气。

师：二（5）班的小朋友太厉害了，一下子都说清楚了。再挑战一下，来不来？

生：来——

（出示PPT：

熊哥哥和熊弟弟在路上捡到了一块奶酪，_____极了。

狐狸_____，小哥儿俩_____。

小哥儿俩_____，狐狸_____。

_____，十分生气，狐狸_____。）

（同桌练习）

生：熊哥哥和熊弟弟在路上捡到了一块奶酪，高兴极了。狐狸帮熊哥哥和熊弟弟分奶酪，小哥儿俩把奶酪给了狐狸。

生：小哥儿俩把狐狸……

生：熊哥哥和熊弟弟在路上捡到了一块奶酪，高兴极了。狐狸帮熊哥哥和熊弟弟分奶酪，小哥儿俩把奶酪给了狐狸。小哥儿俩等狐狸分奶酪，狐狸把它们的奶酪吃光了，小哥儿俩十分生气，狐狸得意地笑了笑。（掌声）

师：他还加了自己的感受。

生：狐狸说它分奶酪很公平。

师：对！狐狸说，它分得很公平，你同意它的说法吗？如果你是小熊，你会怎么做？

（四人小组讨论）

生：同意，因为两只小熊都没多吃一口。

生：不同意。狐狸自己把奶酪吃光了，两只小熊谁也没吃到。

生：是狐狸假装帮忙分奶酪。

生：如果我是小熊，开始就不该相信狐狸。

师：说得都对。想不想把这个故事续编下去？

（出示 PPT：

续编故事（三选一）。

熊哥哥对熊弟弟说："_____。"

熊弟弟对熊哥哥说："_____。"

小哥儿俩对狐狸说："_____。"）

（同桌讨论）

生：熊哥哥对熊弟弟说："狐狸真狡猾。"

生：熊弟弟对熊哥哥说："要是我们一开始就互相谦让，奶酪就不会被吃掉。"

师："谦让"这个词用得好。

生：小哥儿俩对狐狸说："狐狸的办法表面上很公平，实际上它独吞了奶酪，下次可不能再上它的当了。"

师：对，既有表面上怎样，又有实际上怎样，说得又合理又清楚。掌声！

师：二年级的小朋友能够挑战这么难的内容，你们很厉害了！掌声送给自己！景老师在上海上这一课时，上海的很多小朋友还说不好呢，你们真厉害！

（生边鼓掌边说："棒——"）

板块四：情境体验，角色朗读

（选取狐狸吃掉奶酪前和小哥儿俩的对话作为范例，教"角色体验"，体会小熊的"斤斤计较"与狐狸的"故作平静"。）

师：想不想把这个民间故事讲给同桌，或者讲给弟弟妹妹听？要学会讲故事，第一步是什么呢？对，了解课文内容。还有一件事情很重要，就是要把课文读熟。读熟了你才能把它讲出来，你还要把它读得好。先读课文的第一部分，就是第 1 自然段到第 8 自然段。

师：景老师读课文喜欢你们读得多一点，所以我现在开始计时，3 分钟以内，看谁读 1 到 8 自然段的遍数最多，不止一遍，开始！

师：还有半分钟，现在已经有同学读了 4 遍了。还有 10 秒钟……停！

师：用手势指出你刚才读了几遍，要实事求是，跳着读不算的。

（生纷纷出示手指）

师：这么多，你3分钟读了10遍？想请一个同学读一读第一部分，第一部分有几个角色？

生：3个。

师：哪3个？

生：熊哥哥、熊弟弟和狐狸。

师：不止，你们少看了一个。

生：奶酪——

师：奶酪也是角色？第1自然段和第2自然段是谁在说？看来你们还不知道，我告诉你们，第1自然段和第2自然段既不是熊哥哥和熊弟弟说的话，也不是狐狸的话，而是作者的话，知道作者是谁？就是写这篇文章的人。

生：刘星灿——

师：刘星灿是译者。现在谁来读好作者的话？小时候有没有听过《狼来了》的故事？

生：听过。

师：怎么讲的你们知道吗？闭上眼睛，我就是那个讲故事的老外婆，（众笑）怎么讲呢？

（老师模仿老外婆讲故事的语气语调给学生做示范）

师：谁来像老师这样，讲第1自然段和第2自然段？

（生读第1自然段）

师：现在景老师要提醒一下你，刚刚你读得挺好的，但是味道还不太够。

生：他多了一个字。

师：对，首先要读正确，然后呢，要把听故事的人给吸引住，要怎么读？

生：优美地读。

生：温柔地读。

师：稍微慢一点。

（生再读第1自然段，速度减慢）

师：有进步。读作者的话时，特别是开头，读得慢一点，把听众慢慢地带进故事里，这很重要。我们一起读第1自然段和第2自然段，体会作者的话该怎么读。

（师生齐读）

师：停，稍微卖一下关子，知道"卖关子"吗？我教你们。

生："关子"是什么？（众笑）

师："卖关子"就是先吊一下听众的胃口。

（生继续读）

师：就这么读。会不会读作者说的话了？

生：会了。

师：接下来我们读这三个角色的话。重点请你们读狐狸的话，准备——

（生齐读：小家伙儿们，你们在吵什么呢？）

师：有没有同学被人家叫"小家伙儿"的？

生：不记得那个人了。

生：我才三岁的时候。

师：谁叫你"小家伙儿"？

生：PAPA。（众笑）

师：PAPA 是谁？

生：我外婆。

师：是江西方言。长辈喊晚辈的时候，有时候会喊"小家伙儿"。

（师示范读）

师：小家伙儿们，你们在吵什么呀？是不是这么读的呀？读好狐狸这句话。

（生齐读）

师："这事好办，我来帮你们分吧"，我想请 4 个同学读这句话。

（4 个学生轮流读）

师：这句话谁读得最好？

生：最后一个。

师：你为什么读得比他们三个都好？

生：我有感情地读。

师：你太保守了，不想把自己的经验分享出来。（众笑）

生：我慢慢地读，美美地读。

师：你把读的感觉说出来了。他读得这么好，是因为他把自己放入狐狸那个角色里去了。

（师再次示范读：这事好办，我来帮你们分吧。）

师：怎么读的？强调的是谁？

生：狐狸。

师：重读的是哪个字？

生：我。

师："我"下面打一个小点儿。

师：全班齐读，像这个同学一样美美地读。

（生美美地读）

师：最后一句狐狸的话，请一个人读，你读一遍，我读一遍。

（生先读）

师：他刚刚有一点很好，他又重读了"我"。听景老师读，读得好鼓掌，读得不好，举手告诉我哪里读得不好。

（师示范读）

（生纷纷举手）

师：（尴尬）我就读得这么糟糕啊？（众笑）

生：你漏了一个字。

师：哪个字？

生：是。

师："是"为什么不能漏？

生：就不能漏。

师：为什么不能漏？你把"是"加进去，再去掉读一读，想想为什么不能漏。

生：没"是"不好听。

师：联系下文，下文也有一个"大一点"。第几自然段？

生：第8自然段。

师：说明什么？狐狸是借着两只小熊说的话，说"是大一点儿"。我想问，刚刚有小朋友给我鼓掌吗？总算找到知音了。（众笑）

生："我"重读了。

师：看，他就一分为二地评价我的朗读，"看我的"重读了，"我"打上点。"是"不能漏、"我"要重读。再来读。

（生齐读，师加上动作及时指导）

师："真的"，你们看，我读的时候脚尖都踮起来了，你们试试。

（生加上动作读）

师：这么读，就把狐狸当时为了能够把奶酪一口一口吃下去，找了合情合理的理由那种感觉读出来了，理由是什么？

生：这半块是大一点儿。

师：所以，分角色朗读要想一想：这时候，角色到底在想什么？把角色的内心想法通过你的朗读表现出来。

（PPT出示课文）

师：最后一次挑战，没有拼音的课文，谁能流利地读？

（指名读课文）

（一生读作者的话）

师：读作者的话要——

生：慢一点，把大家拉进来。

（生读："你分得不匀，那半块是大一点儿。"）

师：一起嚷起来。

（生逐一读下去，师示范及指导）

师：很好！掌声给他们三位。回去可以把这个故事的前半部分讲给你的弟弟妹妹听。

（练习朗读狐狸吃光奶酪后与小哥儿俩的对话，辨识"角色体验"，体会"生气"与"狡猾"。）

师：下面听我读第10—11自然段。

（师朗读两遍第10—11自然段，先用"角色不明显"的方式朗读，再用"角色体验"的方式朗读）

师：比较一下，你觉得哪一种更符合小熊和狐狸当时的心情？

生：第二种。

师：为什么？

生：听出小熊很生气，"整块"读得重。

生：还有"真会分"。

生：听出狐狸得意极了，"可公平了"的"可"重读了。

师：对，狐狸这样说话的目的是什么？

生：让小熊觉得它分得很公平，其实狐狸是故意这么分的。

生：我觉得狐狸真狡猾。

师：对，这就是狐狸说话的目的。

（生同桌练读第10—11自然段，指名3—4对同桌朗读并评议）

师：（小结）角色体验时，适当注意重音与语调，还要考虑到说话人的说话目的，才能练好分角色朗读。

师：再挑战一次自己，看能不能一个人扮演三个角色朗读全文，并读出三个不同角色的语气。

（生自由练习读全文，指名朗读，师生评议）

师：要读出不同的语气语调，让听众能区分出小哥儿俩和狐狸三个角色，还要将它们的内心变化读出来。如果你能纠正别人读得不太好的地方，就更棒了。

板块五：指导写字

（PPT出示四个生字：奶、始、吵、咬）

师：这节课我们学了这么几个生字，看景老师为什么这么摆？上面两个下面两个。

生：上面两个"女字旁"，下面两个"口字旁"。

师：你们只是发现了它们部首相同，还有什么相同的？在田字格里的位置呢？

生：一模一样。

师：一模一样吗？"女字旁"和"口字旁"在田字格里的位置一样吗？

（师带着学生说）

师：上面两个字左右各占一半，下面两个字左窄右宽，口字旁写在横中线的上面。我们重点写"奶"。这个字不好写。一起读右半部分提醒大家的话。

（生边读，老师边示范写，生练写）

（PPT 出示三个生字：急、第、公）

师：再看这几个字，你又发现了什么？

生：都是上下结构。

师：不同地方呢？

生：心字底写得扁，"第"的下半部分要注意笔顺。

师：请你带着大家写"第"。

（生领写"第"）

师：我补充，"急"上收下放，心字底写扁些，尽可能舒展。"第"上面是竹字头，撇是斜撇。"公"写好撇捺则整个字自然舒展。

（生练写）

师：下课。

板书：

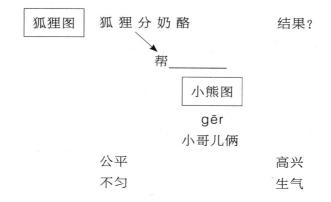

"链"之教学艺术

张敏华

多年前，与景洪春老师同台上课，匆匆的一次教学交流，竟成了多年的朋友。在我印象中，景老师以执教中高年级教学为长，她精湛的教学艺术被全国众多青年教师学习和效仿。这是我第一次听景老师执教低年级语文课，同样带给我视听享受。

景老师执教《狐狸分奶酪》，充分落实了语文核心素养的四大要素：语言、思维、文化、审美，且四大要素在教学过程中并不独立存在，而是水乳交融，浑然一体。这样的教学艺术，我将其称为"链"的艺术。"链"即链接，将几个或多个要落实的语文素养要点，链接成一个多维的立体，成为稳定的结构。这样的教学所带来的效果往往是一箭多雕，成就高效的课堂。

一、字词教学之"链"

低年级语文教学要以字词教学为重点，这是众所周知的。但在教学中如何提高字词教学的效率呢？景老师为我们做出了示范：

1. 将词语形成"词串"链

例如：将"奶酪、一块奶酪、两半块奶酪、整块奶酪"组成词串；将"开始、高兴、结果、生气"组成词串。这样整合的目的是多重的：

一是复现生字。"酪"是本课要求识记的生字，而由"奶""酪"两字组成的词语"奶酪"，在读音上是个难点，景老师通过这样"链"，让学生多次与"酪"字见面，反复认读词语，达到识记与巩固的目的。

二是使词语之间产生意义链接。孤立的词语教学，词语与词语之间，字与字之间是没有内在联系的。这样的教学，对于学生的语言学习来说，是消极的，学习的效果必然也是低效的。景老师将词语进行组合，根据故事情节将其链接，如同一颗颗"石子"，通过这一"链"，就成了闪耀的项链，熠熠发光。

2. 将词语教学与生活体验、语言运用相链接

词义教学是词语教学中不可或缺的一个内容。低年级词语学习该达成怎样的目标呢？《义务教育语文课程标准（2011年版）》明确提出："结合上下文和生活实际了解课文中词句的意思。"这与第二学段"理解词语意思"的要求相比要

宽容一些，只要求大致把握词语意思，不要求准确。教学中切忌采用读词语解释这样"简单粗暴"的教学方法。景老师很好地采用"与生活链接"，帮助学生了解词语的意思。如"小哥儿俩"的落实，从故事中"小熊哥儿俩"，到生活中的"夫妻俩、爷孙俩、姐妹俩、同桌俩"，学生很容易就理解"俩"的意思；又如"拌嘴""生气"两个词语意思的落实，也采用联系生活帮助学生了解词语的意思。在落实词语意思的同时，教师悄然地引导学生将词语运用于表达中，将消极词汇转化为积极词汇。

3. 将词语教学与了解故事内容相链接

在景老师的课堂上，似乎没有孤立的教学板块。每个教学环节，都具有多重目标，呈现精彩的教学片段。例如：借助词串"一块奶酪、两半块奶酪、整块奶酪"说说故事的主要内容；借助词串"开始、高兴、结果、生气"尝试讲故事等。

二、能力训练之"链"

在景老师的课堂上，对学生语文能力的培养相互交融，形成链接，如阅读能力与朗读能力的整合。景老师在指导学生朗读狐狸的语言"这事好办，我来帮你们分吧"时，让学生说说为什么"我"要重读；在范读"真的，这半块是大一点儿"时，故意漏了"是"，让学生在辨析中明白"是"在句子中表达情感的重要性；在指导练习朗读狐狸吃光奶酪后与小哥儿俩的对话时，采用对比朗读帮助学生辨识"角色体验"，体会小熊的"生气"与狐狸的"狡猾"。这些教学策略，都很好地促进学生阅读理解能力和朗读能力的共同提高。

三、语言与思维、文化之"链"

在语文核心素养的四大要素中，我以为"思维"与"文化"是小学语文教学的两块洼地。一直以来，我们在小学语文教学中强调听、说、读、写，但在课堂上，我们看到的是听、说、读、写训练过程中思维的缺位，导致语文学习成了枯燥的机械识记。同时，在文本解读时，我们经常忽略教材中一篇篇经典文章中所蕴含的文化内涵，也导致语文课"文化味"不够。统编教材中收录了大量含有传统文化元素以及哲理的文章，需要语文教师予以关注，并借助阅读引导学生接受文化的熏染。景老师无疑做到了这一点，如在课堂中她提出一个问题："狐狸说，它分得很公平，你同意它的说法吗？如果你是小熊，你会怎么做？"这个问题很有思维含量，激发了学生的思辨，从学生的应答中可以明显感受到这一点：

生1：同意，因为两只小熊都没多吃一口。

生 2：不同意。狐狸自己把奶酪吃光了，两只小熊谁也没吃到。

生 3：是狐狸假装帮忙分奶酪。

生 4：如果我是小熊，开始就不该相信狐狸。

显然，生 1 的理解，与故事所要表达的人文主题有所偏离。但景老师并没有对学生的回答马上做出对与错的判断，而是让学生续编故事，学生的表现更为精彩：

生：熊哥哥对熊弟弟说："狐狸真狡猾。"

生：熊弟弟对熊哥哥说："要是我们一开始就互相谦让，奶酪就不会被吃掉。"

……

生：小哥儿俩对狐狸说："狐狸的办法表面上很公平，实际上它独吞了奶酪，下次可不能再上它的当了。"

学生续编故事，实际上是揭示了文本所要表达的人文主题。我们从学生的反馈可见，学生对于主题内涵的理解由偏到正，由浅入深。这一富有哲思的人文主题，对于低年级的学生来说，是理解的难点。教师没有说教，而是通过巧妙的教学艺术，循学而导，悄然化解了难点。

我常思考，优秀教师与成长中的教师的课堂教学区别是什么？可能有很多。但我认为最重要的一个区别在于对文本的解读。普通教师看到的是一篇篇课文，而优秀教师看到的不仅是课文本身，还是文本背后的文化。

语文核心素养的落实，需要我们付诸行动，落实于教学中。相信，从景洪春老师的课堂上，我们可以学到很多。

（张敏华　浙江省宁波市海曙区教育局教研室　特级教师）

低段教师要善于搭建"言语桥梁"

语文课中的任何教学环节都有学习语文的任务。语文教师在课堂上必须树立"无时不语文"的思想，时时处处都在引导学生学习语文，低段教学也不例外。

《找骆驼》是沪教版第四册第六单元的一篇课文（人教版第五册）。从内容上看，二年级学生读懂这篇课文并不难，如何借助教材这个例子，找准学生语言发展的生长点，设计语言实践活动是关键。进入二年级下学期的学生，识字量增多，虽有一定的词汇量，但年龄小，阅历浅，语言保有量仍不多，需要教师循序渐进地引导学生练习语言表达，扎扎实实地打好语言表达的基础。低年级学生口头语言中普遍存在的问题包括：一是语言不完整、不连贯，常凭自己的天真想法和直观感觉来说话；二是用词不当，夹带口头语，如"嗯""啊"等；三是啰唆、重复。本片段从学情出发，引导学生说清骆驼的三个特点，当学生暴露出表达上的问题时，教师及时搭建"语言脚手架"，并适时总结学习策略，使教学有效推进。

如教学片段：

（师指名分角色读老人与商人的问话）

师：根据老人的问话，我们可以看出这只骆驼有三个特点，你能说说吗？

生1：这只骆驼左脚有点跛。（师板书：左脚跛）

生2：这只骆驼缺了一颗牙齿。（师板书：缺一颗牙）

生3：这只骆驼左边驮着蜜，右边驮着米。

师：你能再简化一点吗？这只骆驼驮着——

生3：蜜和米。（师板书：驮着蜜和米）

师：小朋友将骆驼的特点都找出来了，真不错。

（出示三句话：左脚有点跛；左边驮着蜜，右边驮着米；缺了一颗牙齿。）

师：现在，你能试着将这三句话并成一句话吗？

生4：这只骆驼左脚有点跛，这只骆驼驮着蜜和米，缺了一颗牙齿。

师：我们可以把三句话中重复的词语去掉，所以第二个"这只骆驼"可以省略，你能再试试吗？

生4：这只骆驼左脚有点跛，驮着蜜和米，缺了一颗牙齿。

师：好的。老师提醒你，如果在第三个特点前能加上一个"还"，那么句子就更通顺了。（板书：还）谁来试试？

生5：这只骆驼左脚有点跛，驮着蜜和米，还缺了一颗牙齿。

师：（出示句子）瞧，合并句子的时候，我们可以加上适当的连词使句子更通顺，同时，也要注意标点符号的改变。让我们读好这句话。

（生齐读）

师：看，老人知道这么多情况，这就叫"详细"。（生齐读"详细"）

……

师：今天的作业是抄写句子。（这只骆驼左脚有点跛，驮着蜜和米，还缺了一颗牙齿。)

　　众所周知，词语仅仅识记而无运用，就会变成消极词汇，极易遗忘，而唯有在生活中广泛运用才能最终内化为个体的言语能力。由交流读懂的内容创生出的这三个说话练习，是对"和""还"等连词的运用性练习。设计中合并句子训练要求明确，层次清晰，训练扎实。从用"和"合并两个句子，到提取显性信息，再到去掉重复的主语，最后用上"还"合并三个分句，整个过程遵循了学生语言学习的规律，在不知不觉中，学生习得了用"和""还"等适当的连词合并句子的言语能力，体验到了"言语桥梁"的成功感，增强了学习的热情和信心。

　　很多低年级教师的课堂上师生对话交流多，学生与课本对话少；口语训练多，而动笔训练少。上述片段安排了两次写句子，一次抄写句子，一次听写句子。句中的"骆驼"和"驮"是要求会写的生字，通过抄写句子的练习，既让学生在具体语境中巩固了生字，又复习了合并句子的连词，不断形成句子的概念。第二课时一开始，就安排听写句子，目的是促使学生养成复习的习惯，训练学生听读句子的能力，进一步夯实了句子教学。语文是一门实践性很强的学科，要提高学生理解和运用祖国语言文字的能力，非得在听、说、读、写几个方面反复地历练；同时，还要做到人人参与，不以集体讨论代替个体学习，不以个别优秀学生代替大部分学生学习。

我的作文课堂

欣赏　实践　内化

《作文月报》讲评课教学实录与反思

教学内容：自办《作文月报》

教学年级：五年级

教学时间：40 分钟

执教日期：2014 年 1 月

　　《作文月报》是我和我的团队办的一张报纸，迄今已坚持七年，每月两期，共一百多期报纸。该报借鉴了江苏省特级教师管建刚老师的《班级作文周报》，为区内十余所学校搭建了一个交流平台，既给学生提供发表习作的机会，激发他们的写作兴趣，又架起沟通学校之间、班级之间、教师之间的桥梁，也初步构建了基于学情的作文技巧训练系统。《作文月报》选文凸显"童真、童趣、童心、童言"，兼顾所执教班级各个层面的学生，即便是病文，若文中有一二处闪光点，也刊发出来。

　　由于《作文月报》的选稿兼顾到不同层次的学生，且这些文章均以原生态呈现，刊发前只需对错别字进行修改，恰好为教师讲评提供了广阔的空间，语文课程的资源得到了最大限度的拓展。每期报纸下发后，我会请学生完成相应的"《作文月报》点评作业"，并上一堂《作文月报》讲评课，指导学生通过讲评他人习作，获得相应的习作策略。以下便是第 15 期《作文月报》讲评课（五年级）实录。

教学过程

一、欣赏学习：有意思的题目

　　师：每次读完报纸，总要先交流"三最"：最有意思的题目，最有意思的材料，最精彩的句段。开始交流。

生：最精彩的题目是《疯狂美食夜》《糊涂的多啦Ａ梦》和《我们爱吃炒面》。（众笑）

师：嗯，《疯狂美食夜》，都是吃货，的确，我也喜欢这篇文章和题目，可惜等我想去吃的时候，它已经关门了。（众笑）

师：第二个题目是——

生：《糊涂的多啦Ａ梦》。

师：觉得这个题目有意思的同学请举手。（部分学生举手）为什么觉得这个题目有意思？

生：因为多啦Ａ梦本来就很糊涂。

师：这个题目为什么会有意思？

生：动画片里的多啦Ａ梦不算糊涂，但是作者写得很糊涂。（众笑）

师：跟原型不一样，这样就吸引读者了。非常好。

师：同样喜欢《我们爱吃炒面》这个题目的举手。（部分学生举手）

生：一般北方人喜欢吃炒面，我们大部分是南方人，应该喜欢吃米饭的。

师：我们班哪些同学爱吃炒面？（大部分学生举手）

师：还有谁也喜欢这个题目？这好像和北方人、南方人没太大关系，和什么有关系？

生：我看到这个题目就饿了。

师："吃"和我们每个人都是息息相关的，今天选的三个有意思的题目，有两个都和"吃"有关。要选择与生活关系密切的、每个人都有感受的材料来写，再以此材料来拟题，也是一种拟题的方法。

师：除了刚才卫同学交流的题目外，你们觉得还有什么题目也有意思？

生１：《假如我是急速蜗牛》很新颖，因为《急速蜗牛》是一部电影。

生２：《浴缸惊魂》很有意思，一看就感觉很恐怖。

师：看了这个题目，觉得好像看恐怖片吧，有这种感觉的举手？

师：看来，拟一个有意思的题目方法还不少，同学们以后给自己习作拟题目时，要学一学《作文月报》上面的小作者是怎么拟题的。

【评析：《作文月报》有一个刊文原则，一般不刊发课内命题作文，多刊发学生随笔、日记等，还有一些习作是通过"征题活动"征来的。所谓"征题活动"，就是广泛征集题目，学生自选喜欢的题目写。关于命题，早在七十多年前，蒋伯潜先生在《中国国文教学法》中就提出了四点须知："（一）顾到学生的能力。程度不可太高，致学生不能下笔；也不可太低，致学生毫不用心，最好出三个不同的题目，使优等生、中等生、劣等生各有他们恰如其分的题目。

（二）顾到学生的生活经验。生活经验，随年龄和环境而异。中年老年人的生活经验，教孩子们去写述，如何写得出来？古人的生活经验，叫现代青年去议论说明，如何得要领？我们出的题目，不是我们自己做的，是预备叫学生做的；所以这一点必须顾到。（三）顾到学生的心理与兴趣。教师出的题目，不合学生心理，致使他们兴趣索然，如何能引出他们的文思？学生所以认为作文为苦事者，未始非教师命题不当之故。（四）顾到学生的需要。作文的目的，原在学习生活必需的技能；为达这目的起见，命题时当然须顾到他们的需要，令学生多习作合于实用的文章。总之，命题当以学生为中心，使学生能作、易作、喜欢作、需要作。如果能如此，则学生将以习作为乐了。"顾到能力，顾到经验，顾到兴趣，顾到需要，说得多精辟！看看今天的小学生作文题，仍然沿袭很多老旧陈题，诸如《我眼中的秋天》《菊花》《我的理想》等，过分追求意义、价值，孩子们一次又一次地写着和自己关系不大或者不感兴趣的题材。因此，在《作文月报》讲评课上，引导学生点评"最有意思的题目"，旨在让学生悟到"题好文一半"的真谛。俗话说，看书看皮，看报看题。标题是文章的眼睛，读者打开报纸，要看什么，先看什么，取决于题目。好的标题生动形象，情文并茂，读完使人激动振奋，甚至惊叹，过目不忘。郭沫若先生曾考证过，"题"的本义是"额头"，"目"为象形字，本义是"眼睛"。人身上最能传神的部位应是"目"了。所以，一篇文章的眼睛就是题目，题目拟得好，文章就传神了。每期报纸下发后，学生都会选出三个最有意思的题目，在点评过程中，要相机告诉学生好的标题不仅要有意思，还应做到与生活相关，人人都有切身感受，才能引起读者共鸣。】

二、梳理点评：有意思的选材与句段

师：这期报纸上，哪些习作的选材特别有意思？

生：《成长的故事》《我们爱吃炒面》《疯狂美食夜》。

师：和她一样的举手。有两个都是刚才有意思的题目，还有一个是《成长的故事》，这是一位四年级学生写的。你们写过这个题目吗？

生：写过。

师：你觉得这个材料好在哪儿？

生：把他自己的感受和做小队长时的感受写得很真实，有的事情在我们身边也发生过。

师：他的材料和你的切身感受相似。还有喜欢《成长的故事》吗？

生：《成长的故事》不仅写得很具体，还把作者从一个"菜鸟级队长"到后来成功地组织活动的过程写出来了。

师：你很善于提炼，从一个"菜鸟级队长"到后来成为一个有经验的队长，这个材料是不是能够体现成长？

生：是。

师：人的成长总是要犯错误的，犯错误的过程就是成长的过程。

生：《假如我是暴风雨中的小雨滴》选材也不错，讲述了人们大量污染环境，呼吁大家要保护环境，不是空喊要保护环境，而是从一个小雨滴的视角写所见所闻。

师：这期《作文月报》上有意思的句段有哪些呢？

生：《我们爱吃炒面》中的一段：

> 回到教室，张张课桌上，蹲立着一座座大大小小的面山：近看，酱色的面条，粗细均匀，油油的，碧绿的小菜点缀其中，炒面的香味扑面而来，叫人馋涎欲滴；远视，一座座金字塔似的面山，好壮观啊！

师：和她一样都摘抄这句话的举手？（生举手）你和她一样，这句话好在哪儿？

生：这句话写得很具体，把面条的样子写出来了。

师：纠正一下，面条不叫"样子"，叫"形状"。"近看，酱色的面条，粗细均匀，油油的，碧绿的小菜点缀其中，炒面的香味扑面而来，叫人馋涎欲滴"，这一句写的是什么？

生：面条的颜色。

师：还有吗？

生："远视，一座座金字塔似的面山，好壮观啊！"

师：这是写什么？

生：远看。

师：作者写炒面的角度一样吗？

生：不一样，既写了近看，也写了远看。

师：你写美食的时候，有没有想到"近看""远看"，并且细致地去描写？写美食也可以从不同角度来写，中国美食讲究色香味俱全。还有哪一段你觉得非常精彩？

生：《浴缸惊魂》第二节："在奶奶的再三催促下，我才走进卫生间，全身发抖地进入卫生间，再用被冷汗浸湿的手扭开了水龙头，开始洗澡。"把那种害怕写得十分具体。

师：同样也喜欢这段话的请举手。景老师也觉得这段文字写得不错。

【评析："有意思"不仅仅是有趣的、好玩的，还可以是令人意想不到的、让人吃了一惊的……引导学生关注有意思的选材与有意思的句段，一要求新——"别人写，我不写；别人不写，我写""人无我有，人有我优"，像《成长的故事》小作者这样的体验，不是每个儿童都有机会的，能把自己第一次的独特经历写下来，这就是"新"。二要求趣，成人永远无法理解儿童眼中的趣，但要学会欣赏儿童的趣。三要求小，只有真实的、源自儿童自身生活的"微故事"才能打动儿童，也容易写。教师及时的点拨能帮助学生梳理相应的习作策略，"写美食也可以从不同角度写""犯错误就是体现成长"等，学生易学易迁移。理解儿童，尊重儿童，就是要给学生切切实实的帮助。无论是有意思的题目，有意思的材料，还是有意思的句段，都是引导学生欣赏他人习作。这种欣赏作文的方式会成为学生的一种作文自觉。学会欣赏，就是学会习作，只不过变换了一种方式而已。若使欣赏与点评不流于泛泛而谈，教师应学会智慧地梳理与总结，要言不烦。】

三、讨论甄别：谋篇布局很重要

师：刚才我们交流了《作文月报》上的三个"有意思"，接下来我们就选择其中一篇《疯狂美食夜》，大家都喜欢这一篇，看看有没有需要改进之处。请把《作文月报》点评本"拿出来，今天我发现很多同学对这篇文章还是有自己的看法的，现在我们交流一下。

生：我也很喜欢吃，但是它的第4自然段费了很多笔墨写人多，与主题"疯狂美食"不一致。

师：第4自然段用了几句话写人多？

生：五句话。"没想到，这家店在彭浦夜市中，马路上都是车，很堵。终于到了目的地，却发现人行道上全是人，一个车位都很难找到。好不容易停好车，我们还要挤到夜市的人堆里找座位。于是我们几个人分头行动寻找位子，大约等了一小时，大家才全部坐定。这时我们都已经筋疲力尽了，可是'任务'还没完成，我们还要派一个人去买鸡腿呢。"

生：我觉得写"人多"只要一笔带过就可以了。

师：为什么写"人多"只要一笔带过？

生：因为主题是介绍美食的。

师：也就是说，看一篇文章，首先要从内容上看这篇文章在组织材料上是不是突出主题了，和主题关系密切的详细写，和主题无关的略写或不写。"疯狂美食夜"的主题是什么？

生：美食。

师：还有什么建议？

生：文章写的食物不够丰富。

师：写了几种食物？

生：三种：榴莲甜品、石榴汁、炸鸡腿。

生：文章中写到"当然啦，主角还是炸鸡腿"，既然是主角，笔墨要相对多一点。

师：何同学有一双慧眼，既然写作目的是突出"疯狂美食"，那么所选择的材料要突出主题，所选择的美食在这里显得太单薄了。

生：我和他们一样，觉得作者对美食的介绍太少了，让我看得不够过瘾。

师：是啊，题目把我们的胃口都吊起来了，但真正的内容却让我们看得不够过瘾。小作者其实是想告诉我们，彭浦的小吃店美食实在是太多了，他在写这篇文章时在想什么？

生：要让你们看过瘾，看完后让你们都想去吃一吃。所以，当我们在写一篇文章时要考虑自己的写作目的。

生：我觉得可以加一句"榴莲的美味已经盖过了它的臭味"，还有，不必要写停车困难。

师：请你把大家的建议收集一下，发表在下期的"回音壁"栏目上，让这个小读者进一步修改。

师：文章不厌百回改。首先，要从写作目的出发，突出主题，进行修改。

师：再看第二篇。很多同学说到《成长的故事》，这一篇有没有值得修改的地方？

生：准备工作写得太多，当天的活动写得少了。

师：当天的活动从第四节开始的，前面都是写准备活动，这不能体现出成长，"怎么问路人"是最能体现成长的材料。

生：前面的要简洁，后面的怎么问路人要具体写。

师：这篇文章的主题是"成长"，作者的表达需要是什么？表现作者是怎样成长的，但作者在这方面花的笔墨太少了。这两篇文章都有谋篇布局的问题。

生：《成长的故事》这篇文章不错，我认为很好。但这篇文章有些头重脚轻，把小队长不用做事，但是要组织小队活动这件事写得太多了，小队活动准备过程也写得太多了。如果同学没来，心里是不是很焦急；当队员们乱成一团时有没有想法，后来有没有想过办法这些增加进来会更好。

师：刚才林同学的点评中有一个词"头重脚轻"，归纳得真好。景老师也发现很多同学的作文都不由自主地会犯这样的毛病，我把它称为"头重脚轻病"。特别是在考试时，梁同学就犯过这样的毛病，小梁，你当时是怎么回事？

（众笑）

生：那次考试时，前面写了很多内容，后面就觉得时间来不及了，就草草收场了。

师：是啊，这是我们高年级同学容易犯的毛病，该怎么去改呢？

【评析：特级教师贾志敏老师在指导学生修改习作时，有非常敏锐的语感，虽近似于严苛，但学生从中受益颇多。《作文月报》上的文章来自十校，虽经挑选，但尽可能保持原貌，这为作文讲评课提供了广阔的空间，让学生通过修改他人习作，学习字斟句酌，帮助学生养成不断"打磨"自己文字的习惯。因此，指导学生修改时，要放慢速度，做到"一字未宜忽，语语悟其神"（叶圣陶语）。对于小学高年级学生来讲，除了字词，还应该关注谋篇布局，比如，报纸小作者与班级小梁同学的"头重脚轻病"，就是高年级学生的常见"病症"。既是常见，就应引起重视，用"某某病"的方式，学生易于接受，也乐意改进。当然，这源自教师对学生作文问题的细心与敏感。】

四、修改清单：研习谋篇布局的章法

师：为了帮助大家改掉这个毛病，景老师给大家提供了一个"修改清单"。

（指名读）

修改清单：

1. 是不是把印象最深的部分写具体了？

2. 是不是根据表达需要，把与美食相关的人物、事物或景物写具体了？

3. 是不是初步写出对这件事的独特感受了？

师：下面请大家改一改《疯狂美食夜》。

师：这篇文章印象最深的是什么？

生：疯狂。（众笑）

师：既然用了"疯狂"一词，说明不是一般的美食，你可以选择一小节来改，如果你认为美味写得不够，也可以选择一两种你喜欢的美食放进去，正好《疯狂美食夜》小作者班上的语文老师今天也到现场来听课了，我们就请他把大家的意见带回去。

（生各自修改后交流）

师：你要添加什么？

生：小笼包，加在鸡腿后面。

生：小笼包的味道美极了。蘸一点醋和辣酱，咬一口皮，汁水从小笼包里流出来，鲜极了。我最喜欢把肉放在辣酱里浸一浸，一口吃下去，那种辣辣的感觉非常舒服。

师：其实吃小笼包还有一个口诀，"先开窗"之类的，如果把这个口诀加进去，一步一步写，会更清楚。

师：现在文章已经写了三种美食了，再加一种，就有四种美食了，会不会产生另外一种错误，什么错误？

生：啰唆。（众笑）

师：又要突出美食疯狂，又要表现出美食多，又不能花太多笔墨写堵车等，那该怎么办？

生：用排比句再简要概括一些美食，比如还吃了小笼包等。

师：非常好，可以在后面写一段文字，用排比句或其他句式，把其他美食也罗列出来，这一段话不一定要具体地写。

师：再看第一条。齐读第一条：是不是把印象最深的部分写具体了？已经出现的三种美食要写具体，哪一种美食特别要写具体？

生：鸡腿。（众笑）

师：为什么？谁来说说你是怎么改的？

生：我在"爸爸买了好多个"后面加了一句话："只见那些鸡腿被炸得金黄金黄的，一股令人馋涎欲滴的肉香扑鼻而来。"

师：可以，但我觉得好像缺了点什么？你怎么改的？

生：我这样改的，把"没想到，这家店在彭浦夜市中，马路上都是车，很堵。终于到了目的地，却发现人行道上全是人，一个车位都很难找到。好不容易停好车，我们还要挤到夜市的人堆里找座位"改成"没想到，这家店在彭浦夜市中，我们费了好大劲儿才找到座位"。

师：这样改就清楚多了。还有谁改的"炸鸡腿"啊？

生：这些鸡腿在灯光下，显得油光光的，一股香味扑鼻而来，给人一种视觉享受。

师：很多商家为了诱惑顾客，的确是把食品放在灯光下，这样看上去很诱人。还有谁修改"鸡腿"这段话的？

生：我是加的。加在"石榴汁"后面："最爽口的还是西瓜汁，西瓜汁是夏日解暑的佳品。"

师：还有吗？景老师觉得还不够疯狂。

生：我修改的是"榴莲"这一段："可是只有我和妈妈想尝榴莲的好味道，爸爸和他的朋友似乎没有尝到榴莲的美味。"

师：但我觉得他的原句比你加的更好，"爸爸和他的朋友却是在痛苦中煎熬"，有时候，简洁也是一种美。

生：我和妈妈不知不觉点了好几种榴莲甜品，榴莲就像冰激凌一样，哇，那浓郁的香味让我大快朵颐，我一口气吃了三种。

师："我和妈妈不知不觉点了好几种榴莲甜品"，其实这句还可以扩写，如有什么味道的，把它加进去其实就是"根据表达需要，把与美食相关的人物、事物或景物写具体"。

（生齐读"根据表达需要，把与美食相关的人物、事物或景物写具体"。）

师：这里的"表达需要"是什么？

生：把疯狂写清楚、写具体。

师：既然写了我和妈妈一口气吃了三种榴莲甜品，就应该具体写有哪些甜品。这就是"表达需要"，和美食相关的要多花一点笔墨。

生：可以在这句话后面加一个"'榴莲'忘返"。

师：太精彩了！（掌声）

师：这节课我们点评了第15期《作文月报》，并借助修改清单修改了《疯狂美食夜》一文，也明确了要根据表达需要把与主题关系密切的内容写具体。下课！

【评析：这一环节使用了"修改清单"来修改《作文月报》上的习作。"修改清单"是国外习作教学经验的一种本土化实践，可以贯穿作文的全过程，包括"习作准备清单""作后自我修改清单""伙伴修改清单""改后校对清单"等。本案例属于"伙伴修改清单"。指导学生利用"修改清单"来修改他人的习作，不仅能培养学生养成修改的习惯，也在培养学生的读者意识和良好的读文习惯。清单的制作要突出重点，如"是不是根据表达需要，把与美食相关的人物、事物或景物写具体了"这一条就是针对本课教学重点拟的。一篇习作的清单不能面面俱到，重点过多等于没有重点。目标集中些，一次突破一点，这样一文一得，对小学生来讲，收获会更大些。

此外，还可以根据不同文体拟清单，如写人、记事类文章的清单与书信的清单侧重不同。关键是基于学情，针对学生习作实际存在的问题有针对性地拟定。比如学写书信，学生容易忽略"在适当的语境，对适当的人说适当的话"，分不清书信类与叙事类的文章在语言表达形式上的不同，因此，针对文体拟定了《写一封信》自我修改清单：

1. 划掉不需要的句子。

2. 增加一些口语，让读信人好像看到写信人一样，在和写信人说话一样。

3. 校对格式上的错误。

4. 校对错别字、标点符号等，并补充合理内容。

其中，"增加一些口语，让读信人好像看到写信人一样，在和写信人说话一样"就是针对文体拟定的。

另外，修改清单的语言要具体可感，避免概念化，让学生一读就能明白他需要具体做什么。学生写作的心理过程是一种内隐的活动，若学生自己不用语言描述，整个过程则了无痕迹。教师如何引导学生个体的心理活动？"修改清单"就是一种教学手段。学生在这一过程中，不仅能进一步明确习作要求，学会评论他人习作，也能学会修改自己的习作，从而习得习作策略。】

教学反思

上好一节作文讲评课，应做到"二要二忌"：

一要充分准备，目标明确。讲评前须做足准备：认真阅读《作文月报》，批阅《作文月报》讲评本，整体了解，记录典型案例，确定符合学生实际的讲评目标和重点，拟定启发引导学生思考和讨论的问题。一节作文讲评课不可能解决习作中的全部问题，一课一得即可，"最有意思的题目""最有意思的材料""最有意思的句段"是对《作文月报》的整体评价，而第三、四板块则是重点，引导学生明确根据表达目的来写，并尝试修改，确保了讲评的有效性。

二要实践操作，历练内化。本课例让学生点评并修改他人习作，并讨论哪一种改法最好，通过修改来落实讲评成果。作文是一门实践性很强的课程，写作能力既不是教师讲出来、阅出来、评出来的，更不是学生听出来的，而是在教师指导下，一次次、一点点地练出来、改出来的，是学生在一次次动手过程中体验、领悟、内化、积累、提升而来的。作文能力的培养应通过学生的历练和内化完成，习作讲评课上要安排充分的时间让学生实践。

一忌概念堆砌。指导讲评要淡化概念术语，用儿童亲近可感、通俗易懂的语言引导修改，让每个学生都明白写得好不好，具体该怎么修改，改到什么程度合适。教师的点拨要适时适度，让学生有醍醐灌顶、豁然开朗之感。

二忌要求过高。张志公先生曾经说过："与其每次换一个题目，不如让学生反复修改。"这足以说明修改习作的重要性，但往往也容易造成教师要求过高。习作讲评应以鼓励为主，坚持"渐进"原则，不提过高要求，不让学生畏难而退，要让学生看到进步；要注意顺其自然，即使多次修改，也尽可能保持文章的基本意思，不追求"脱胎换骨"。当学生不愿再改时，不必强求。只有在轻松自由的状态下，学生才能进行正常的修改练习。

附1:《疯狂美食夜》原文

疯狂美食夜

五年级　张妍灵

昨晚，爸爸的朋友们来我家聚餐。晚餐后时间尚早，爸爸的朋友突发奇想，建议大家去彭浦的一家知名甜品店坐坐，据说去吃过的食客都赞不绝口。爸妈跟我讨论了一下后，当即决定前往一探究竟。

到了那家甜品店里，一股榴莲的香味扑鼻而来。实在是太香了，我和妈妈不知不觉地点了好几个品种的榴莲甜品。榴莲就像奶油一样，入口即化，那浓郁的味道使我大快朵颐，一口气吃了三种带榴莲的甜品。可是只有我和妈妈能享受榴莲的好味道，爸爸和他的朋友却是在痛苦中煎熬，"这榴莲真臭，就像臭气弹一样，快把人熏死了！"他们不约而同地喊道。

吃好甜品，刚出店门，爸爸的朋友又不满意了，"真没劲，这里不对我胃口，我现在又饿了，附近还有家号称全上海最好吃的炸鸡腿，怎么样，要不要去啊？"爸妈和我这次不经讨论，爽快地答应了。

没想到，这家店在彭浦夜市中，马路上都是车，很堵。终于到了目的地，却发现人行道上全是人，一个车位都很难找到。好不容易停好车，我们还要挤到夜市的人堆里找座位。于是我们几个人分头行动寻找位子，大约等了一小时，大家才全部坐定。这时我们都已经筋疲力尽了，可是"任务"还没完成，我们还要派一个人去买鸡腿呢。这时，爸爸说："你们坐着别动，我去排队！"我们连说话的力气都没了，只好点了点头。半小时后，爸爸回来了，他两手各拎了两只马甲袋，左手的袋子里有四杯玫红色的饮料。"这是不兑水、没有任何添加剂的石榴汁，可健康了！大家尝尝！"我们迫不及待地喝了几口，虽然有点酸，但我觉得无比爽口。

当然啦，"主角"还是炸鸡腿，爸爸买了好多个，我拿起一只鸡腿，咬下一口，脆脆的鸡皮再加上香嫩的鸡肉，真是好吃。我突然感觉我太幸福了……

我还想再去一次彭浦夜市，那地方的美食使我流连忘返、意犹未尽！这一晚真是一个疯狂的美食夜啊！

附2：《成长的故事》原文

成长的故事
四年级　王小菁

我的成长，记录在一本无形的档案中，翻开一看，里面记录着我成长过程中的酸甜苦辣。令我印象最深的还是那一次……

三年级时，我又一次参加小队长竞选，并成功地保住了位置。我心里窃喜：不错，小队长用不着像中队主席那么忙，却依然是个"官"，多拉风呀！嘿嘿……

可谁知，麻烦事儿一下子就来了。寒假里，小队长要组织小队活动，实际操作起来相当麻烦。首先，要安排一个大家都有空的时间和一个不远不近的活动地点，活动地点还要能契合活动主题要求。其次，根据活动要求，需要制作多份宣传卡和数十道问答题。一大堆事情放在我面前，对于我这个"菜鸟级小队长"来说，思绪很乱，心里不免有点抱怨。但我知道抱怨是解决不了问题的。于是，我理了一下思路，开始忙乎起来：我先打电话给队里的"经验者"——曾经的大队长，向她讨教，她很乐意向我传授组织经验。通过一番交流，我整理好思路开始行动：我先制作宣传单，并请了小队辅导员——我妈妈帮忙修改，打印好问答卡和宣传单。根据活动要求，我们把地点定为徐家汇美罗城，时间为周六上午九点半，主题是"少开私家车，请绿色出行"。一切安排就绪，我通知小队队员参加活动。令我非常欣喜的是，队员们都非常积极地响应我这个"菜鸟级小队长"的号召。

活动当天，囧事发生了：柳传铭始终没出现，而我又忘记带联系册了，无法联系到他，但我们还是坚信他会来参加活动，左等右等，他终于出现了。

小队活动终于开始了，我们的活动形式是向商厦里的客人宣传我们的活动主题内容。可是一眼望去，商厦里的客人都显得很匆忙，似乎没有人愿意接受我们的宣传问答。我想征求队员们的意见，他们却异口同声地说："队长，你定！"看着队员们笑嘻嘻地看着我，我有些尴尬。我还是指示他们找准目标，上前提问。开始时，有点乱，找到一个愿意被访的人，队员们会一拥而上，抢着提问，被访者有时会失去耐心。

慢慢地，我有了经验，在匆忙的人群中，我会仔细观察悠闲的人，并及时"捕捉"对象。在同学们争论时，我会让他们按顺序一个一个讲。我们渐渐地达成了默契，合作意识也增强了。

通过这个活动，大大地锻炼了我的组织能力。我知道该怎么做了！同样，也因为有我们小队队员的群策群力和共同努力，才使这次活动圆满成功！

我们每个人心中都揣着一份成功的喜悦！

由"悦纳"开启的作文教学

周益民

阅读了景洪春老师的《作文月报》相关材料，有很多感慨。

一是"原生态"的可贵

《作文月报》是作为区教育学院教研员的景老师为本区十余所学校搭建的一个交流平台。景老师说:"《作文月报》选文凸显'童真、童趣、童心、童言',兼顾所执教班级各个层面的学生,即便是病文,若文中有一二处闪光点,也刊发出来。刊发文章均以'原生态'呈现,教师只对错别字进行修改。"

说句实话,现在提供给学生发表习作的各类平台着实不少,然而,很多平台所发表的学生作文,其实都经过了成人的挑选与修饰,即便是几乎没有"门槛"的微信"朋友圈",家长们在发布时,也多要斟酌、筛选一番。不少习作的发表稿与学生的原初稿差异甚大。这一现象的实质,是儿童文化与成人文化的冲突。在这一冲突中,作为学生的儿童先天地处于弱势地位。于是,我们所看到的,往往是被成人文化改造后的儿童文化,以期获得成人的点赞,同时,令真正的儿童读者生畏。

景老师们可贵的是,能够用心包容学生的不完美(其实,这种"不完美"很多情况下也是成人视角的),给"不完美"合理合法存在的空间,让这些似乎不够完美的习作能够以自己真实的面貌呈现,让各个层面的学生,即便是病文(其实,这儿的"各个层面""病文"可能很大程度上也是成人的视角),也能够获得展示的机会,我以为,这是观念上的一个突破。

二是策略背后的人格尊重

《作文月报》很大的价值在于使用过程中意义的不断加持。

景老师说:"每期报纸下发后,我会请学生完成相应的'《作文月报》点评作业',并上一堂《作文月报》讲评课,指导学生通过讲评他人习作,获得相应的习作策略。"

通过景老师的教学实录,我们发现,每次读完报纸,她总会组织学生先交流"三最":最有意思的题目,最有意思的材料,最精彩的句段。

每次都如此要求与组织,就成了一种学习习惯,进而成为一种习作的学习策略。面对一篇习作,从哪些方面着眼评价,需要一个清晰的抓手。这三点,首先着眼于一篇习作的三个角度,形式与内容兼备。尤其一二两点,聚焦"有意思",而抛弃一贯的"意义",体现出儿童的心态与趣味。其次,这种"意思"何尝不是一种"意义"?学生推选出《疯狂美食夜》《糊涂的多啦A梦》《我们爱吃炒面》等题目,可以看出,他们的兴趣点在生活的气息与想象的张扬。再者,这三点颇具操作性,又具普遍性,学生根据要求,完全能够自主研读、评价,使他们成为真正的课堂主体有了更多可能。

我最受启发的，是这些作为"抓手""策略"背后的人格尊重。前面已经介绍，《作文月报》所发习作均为原生态，各种层次甚或"病文"都有，这样，有些习作难免会表现出不尽如人意的一面，可以挑出一大堆问题。可以设想，一不小心，作文讲评课就成了作文批评课。不管习作的作者是否在场，他们的劳动成果都应该获得尊重，他们的人格应该得到尊重。这是一对矛盾。如何破解？景老师开出了"赏析开课"的招数。上课第一件事，就是欣赏，这给学生如何评价他人习作形成了一种心理暗示。前辈作文教学专家一直呼吁要格外重视"作文与做人"的关系问题，景老师的做法无疑值得我们肯定和学习。

三是工具的运用

在组织学生借助有关习作讨论大家目前普遍存在的问题之后，景老师出示了一则修改清单：

1. 是不是把印象最深的部分写具体了？
2. 是不是根据表达需要，把与美食相关的人物、事物或景物写具体了？
3. 是不是初步写出对这件事的独特感受了？

有"单"可依，学生的思考与修改就目标明确、路径清晰了。可见，这样的清单，教给学生的是思考的方向，这就解决了学生修改习作时茫无头绪、无从下手的问题，也使学生明确了该次习作的评价标准，强化了努力的方向。可以说，这是一种很有效果的习作教学工具。

景老师还介绍了他们对习作《写一封信》所拟的"自我修改清单"：

1. 划掉不需要的句子。
2. 增加一些口语，让读信人好像看到写信人一样，在和写信人说话一样。
3. 校对格式上的错误。
4. 校对错别字、标点符号等，并补充合理内容。

显然，第2、3两点是针对书信这一特定文体设定的反思、修改内容，与本次习作的目标完全呼应，具有"这一类"的独特性。

阅读两份清单，可以看出，其内容与表述都追求具体化、儿童化，没有抽象的概念，确实起到了作为手段的"工具"之用，一定程度上缓解了作文教学乃至语文教学目标模糊、手段单一的问题。很期待看到景老师团队对习作教学清单开发与研究的系列材料。

（周益民　江苏省南京市琅琊路小学　特级教师）

《作文月报》的校际联动实验

小　引

一直以为，做教师不能只脚踏实地，更需仰望星空。2012年9月，上海市徐汇区教育局为我成立了名师工作室，使我开始思考怎样引领区内骨干教师提升专业水平。组织了面试之后，我才发现，校与校之间存在着差异，名师工作室的学员既有来自大型公办重点小学，又有来自小型私立子弟小学，虽同在徐汇区工作，但面对面的交流并不多，有些老师只顾埋头工作，甚至连管建刚都不知道……我忽然发现，校际联动可能是比较适合工作室的研修途径。

管建刚，一个如雷贯耳的名字，凭着他的"班级作文周报"闯出了一条作文教学的康庄大道。在工作室成立之初，我们便来到了管建刚执教的学校，亲临管老师的课堂，直面管老师的风采，大家感受到了前所未有的震撼：管建刚的成功经历不就是那堂《滴水穿石的启示》的真实写照吗？向管建刚老师学什么？怎么走出工作室自己的专业研修之路？

我们来自十所学校，校际差异恰恰是不可多得的资源，以此建立一个交流平台，既能给学生提供发表习作的机会，激发他们的写作兴趣，又能架起沟通学校之间、班级之间、教师之间的桥梁，也能构建属于我们自己的作文技巧的训练系统。就这样，属于十所学校的《作文月报》应运而生了。

《作文月报》 从此启航

虽然我们没办过报纸，但我们知道，凡事预则立，不预则废。首先要把规矩定下来，事情才能做好。于是，我们草拟了《〈作文月报〉办报章程》，以下摘录其中的"操作细则"：

1. 每月一期，A3纸大小，正反面印刷，不加中缝。

2. 交稿时间：工作室各位老师每月10日前提供4篇学生习作，上传工作室公共邮箱。每位学员轮流做责编，每月一次，负责编辑排版。

3. 选稿要求：选文凸显"童真、童趣、童心、童言"，兼顾所执教班级各个层面的学生，即便是病文，若文中有一二处闪光点，也可上传。

4. 改稿要求：所上传文章以"原生态"呈现为佳，教师只对错别字进行修改，其他不必修改，以供各位老师使用《作文月报》进行讲评。

5. 编辑要求：每月责编老师应及时将文章进行编辑排版，查缺补漏，编辑完成后以"《作文月报》2013年某月"的文件名在每月15日前上传公共邮箱。

6. 印制要求：工作室各位老师在每月15日后下载打印，再复印相应的份数发给本班学生。

7. 每月《作文月报》下发后，结合学生使用情况并根据工作室的活动安排召开一次编委会，以便查漏补缺。

8. 每期印刷份数以各位老师执教学生数为准。

章程确定下来后，大家分头忙碌起来。酷爱书法的丁慈矿老师特意从书法字库中选取了"作文月报"四字报头，使得这份报纸散发着浓浓的书卷气，马上就像模像样了；创刊号的责编汤敏老师找来了各类报纸的彩色模板，以便选用；钱滢老师精心设计了"稿件录用证明"，准备用来"诱惑"孩子们……

每编辑好一期报纸，我们总会聚在一起讨论：哪里办得好？哪里还须改进？尽可能地查漏补缺。记得有一期报纸上刊登了一篇五年级同学的微型小说《蔷薇盛开的季节》，一个特调皮的二年级小男生一口气将微型小说认真地抄写在自己的本子上，还做了精心的美化。他说，这个故事太感人了。还有的学校高年级同学自发地续写了这篇微型小说。学生的阅读兴奋点在哪里，哪里就是我们的办报方向。再者，学生既是读者，也应该是编者，让学生也参与到选稿、编辑的工作中来，报纸应该会更受学生欢迎。于是，我们又对《〈作文月报〉办报章程》进行了修改，增补了相关细则：

9. 每班组成一个编委会，负责本班稿件的审核，并根据本期稿件要求删选来稿。编委会学生名单公布在报纸上。

10. 每期所选文章力求文体多样化，含寓言、调查报告、小说、读后感等。

11. 责编所在班级推荐上期最受欢迎的一篇文章，并附上50字左右的评语。同时让学生评选本期最受欢迎的文章。

别小看每月 40 篇的稿源，事先要做大量的工作：首先是文章的来源。课堂作文大都是命题作文，中规中矩，很难达到"原创、鲜活"的标准，且每班 4 篇中必须有一篇是后进生的文章，这对教师的耐心也是一次考量。有时为了发现后进生文中的闪光之处，教师们戴着"反光镜"觅宝，这一过程是艰难的，结果却是令人欣喜的。

也许正是因为《作文月报》的选稿兼顾到不同层次的学生，且这些文章均以原生态呈现，刊发前只对错别字进行修改，恰好为各校教师的讲评提供了广阔的空间，语文课程的资源得到了最大限度的拓展。

切磋琢磨　语言更"靓"

每期报纸出炉，学员们都会在各自班级评选出最受欢迎的习作、最精彩的一句话以及用得最恰当的一个词或标点。学生们还在报上圈出精彩的文题，如《牛油果变成了"三文鱼"》《剪出来的舞蹈》《卫生间奇遇》《我班的"乌鸦嘴"》《泳池囧事》等。根据投票，学生们郑重选出当期报纸的前三名。他们也会认真地在报上留下修改痕迹。工作室每两周组织一次活动，大家便交流学生们的评选结果和修改意见，学员们再回校反馈评选结果和修改意见。获得前三名的学生自然欢天喜地，洋溢着成就感，因为这是近 400 个同学选出来的。得到修改意见的同学也忙不迭地继续打磨自己的习作。

一个学员在博客中这样写道：

"其实，登上报纸的文章也不是十全十美的，老师想和大家一起找一找这篇文章中，还有哪一篇可以重新修改，使它也变得意犹未尽。好不好？"

孩子们的积极性被我调动起来了，他们发现刚刚还十分喜欢的《难熬的高速之旅》，忽然显得那样啰唆。

"拿出笔，用修改符号在报纸上直接改吧！"

"注意！你们再细致些，说不定会发现一些疏漏之处，比如'的地得'用法不准确之处，再如象声词缺少引号……"

"老师，您这是让我们修改病句嘛！"一个声音冒出来。

呵呵，竟然被他们察觉了，这群聪明的小鬼。不过，尽管如此，相比平时试卷的改病句练习，他们更加主动，充满快意。

又挑出一句：

"呦，是小仓鼠宝宝！ 1、2、3、4、5、6、7，居然有 7 个小宝宝！"

"这句话的标点是不是可以改得更好些，使作者的情感表达得更准确？"

"1234567 中间都要加上逗号，因为作者要数小仓鼠宝宝有几只，所以应该加逗号。"

"不对，应该加顿号。"

"还是逗号，数数时要一只一只地数。"

不巧的是，下课铃响了，我也意犹未尽："要不我们下节课不上课文了，再上《作文月报》吧！"

"耶——"，一阵欢呼声中夹杂着"老师真好"，真是令人欣喜。

也有时候，学生的发现令人激动——

"老师，《牛油果变成了'三文鱼'》这篇文章的提示语可以改成不带'说'字的，这样更好。"

呵呵，整整一个学期的习作指导已经深入人心了，边窃喜边装出不懂的样子，"哪里？你说说看。"

"它是水果吗？我怎么从没见过呀！"我疑惑地问道。"这是牛油果。"爸爸在一旁说道。

"说道"可以改为"解释道"。

我迫不及待地吃了一口，"呸，怎么这么难吃呀！"我说道，"真像是一块牛油，难吃，超难吃！"

"我说道"改为"我赶紧把牛油果吐出来"。

"太好吃了，别吃光了，给我留一点！"我说道。

"我说道"可以改为"我边往嘴里塞牛油果边叫道"。

"老师和同伴们刚刚学会办报，还有很多问题，欢迎大家多提意见！"

包括字体印得太小，创刊号不得不重印，我们都向孩子们致歉——因为真诚，是一切工作的基石。

讲评《月报》 校校联动

每次工作室活动，大家总会情不自禁地讨论起上期报纸发下后班级的种种轶事。智慧的火花不断闪现，学员们也在悄然成长。

朱亚莲老师任教四年级，她利用两期《作文月报》中的作文，引导学生找出具有浓厚生活气息、很有意思的作文内容读一读，并说说为什么这样的作文很有意思。通过交流，学生发现生活其实并不单调枯燥。要关注发生在身边容易忽视却很有意思的事，关注看似平常却有生活气息的事，这些都是绝好的作文材料。比如，《悲哀"三八线"》讲述的是"我"和童琳做同桌，以"三八线"为界，每天忍受她的语言"暴力"和行为"暴力"；《"德国兵"》讲述的是放学后，爸爸教"我"用蚕豆做一个"德国兵"的事。在朱老师的推动下，学生的习作面貌发生了变化，先后写出了《补牙记》《小狗乞棒冰》《长不大的"老男孩"》等佳作。《作文月报》的选稿标准是"有意思"而非"有意义"，在儿童睁大眼睛观察世界、动笔作文之时，有必要事事强调高大全的"意义"吗？只要孩子自己认为是有趣的，认为是有价值的，他就可以自由地去写。

卫珏老师做责编时，恰逢学生临近毕业，为了能有更多的学生文章刊发出来，她别出心裁地设计了"有意思的题目"栏目：

> "呆呆"综合征 ——袁嘉会
>
> 再见了，恐惧！ ——谢天行
>
> 小题大"作" ——张予思
>
> "撒由那拉"动漫 ——朱宸玥
>
> 一个小粗心，害了一暑假 ——丁俊荣
>
> 长不大的"老男孩" ——胡晓颖
>
> "吃货"吃水果 ——熊嘉琪

如果你把这些题目也用到课堂上去，相信你的学生一定会有所触动，这毕竟是来自他们生活的世界。

她还记录下孩子们的心声：

> "卫老师，七八月份有《作文月报》吗？"
>
> 我一愣，"暑假里没有的。"
>
> "那开学有的，对吗？"
>
> "你们马上要成为中学生了，这份月报可是'小学版'的。"
>
> 没想到我这话音刚落，班级又闹腾起来。"卫老师，你替我们留一些月报吧，我们回来看你的时候，你可以给我们。"
>
> "卫老师，我能继续投稿吗？"
>
> "卫老师，你接下来可能教的是一年级，他们没法写作文的，就用我的吧！"
>
> "《作文月报》上还有其他学校五年级的同学，我们可能进同一个中学，太好了，可以以'报'会友了。"

汤敏老师曾指导金童同学写过一篇有关小仓鼠的文章《温暖》，刊发后，浓浓的温情打动了很多孩子，该篇文章也荣登前三名榜单。金童同学得知后，兴奋不已，又写了续篇《小仓鼠越狱记》：

同学们，还记得我家的小仓鼠吗？又过去一段时间了，小仓鼠卡西在鼠妈妈梅西的照顾下长大了，浑圆浑圆的，可爱极了，但是也越来越淘气……

从这篇《小仓鼠越狱记》中，我们看到小作者已具备了读者意识，难能可贵。正如梁启超所说："为什么要作文章？为的是作给人看，若不能感动人，其价值也就减少了。"现实中很多学生的习作缺少目的明确的表达。你在对谁表达？表达要达成什么效果或结果？这都是必须考虑的事情。从写作角度看，就要培养学生的读者意识、文体意识。正因为金童同学在写作时关注到《作文月报》的读者群，他便努力使作品从整体构思到细节设计，从材料选择到语言表达都能为这未曾谋面的小读者们所认可和接受，不知不觉中，便建立和强化了读者意识。我常常跟孩子们讲："以往，你的文章最多只有40个人看，现在，翻了不止十倍，除了400个同学能读到以外，还有400个同学的爸爸妈妈、爷爷奶奶、外公外婆，嗨，两千多读者呢，可得好好写。"

在我的一堂《作文月报》讲评课上，一名学生举手："这篇《妈妈真辛苦》的题目不太新颖，结尾'妈妈，你真辛苦啊！我想告诉你，我以你为傲'不好，您不是告诉过我们，不要直接写妈妈真辛苦吗？这样太直白。还有，文章的对话没有分小节写。"这便是《作文月报》带来的意外惊喜：惊喜之一，学生得益。《××真辛苦》是教材上的作文，相关写作技巧及作文评价标准已深入人心，难怪他们一眼就看出兄弟学校同学作文的问题。惊喜之二，教师得益。《作文月报》就像一面镜子，可以照出各校教师不同的教学理念，从而及时调整自己的教学行为。惊喜之三，家长得益。在教育被过度关注的今天，这份《作文月报》倍受家长欢迎，他们认真阅读并比较已发表习作的优劣，再对照自己孩子的作文找差距，从而明确努力的方向。

在学员们的作文讲评课上，经常提的问题是："你认为哪些地方要修改？""这篇文章中有没有非常想让别人记住的句子？"如果学生能看出别人作文中的问题并修改，往往要比多写两篇有用。学生在表达上有了追求，才会有锤炼语句的动力。自从《章程》中增加了一条有关文体的编排要求后，还有一个问题也经常提："这一篇像不像调查报告？""是不是在写信？有没有考虑到收信人的感受？"用这样的方法帮助学生初步建立文体意识和读者意识。

文章的修改不可能一蹴而就，需要逐步积累经验。只要动笔写，就有修改，或修正错误，或精益求精，在这一过程中，"言之无文，行而不远"渐渐成为了师生共同的追求。

又一期《作文月报》新鲜出炉了，校际联动又要开始了……

作文课堂亦是"学堂"

《读古文编故事》教学实录

教学内容：《犬影》
教学年级：五年级
教学时间：70分钟
执教日期：2018年5月

[自选古文]

　　昔有犬过桥其口咬有肉一块忽见桥下有犬口咬肉不知其为影也遂舍口之肉而奔夺之几乎淹死其真肉已随流水去矣

——选自《意拾喻言》

教学过程

板块一：读通古文，标明句读，梳理故事大意

　　师：今天我们来上一节作文课，先写一个字，什么字？

　　生：古。

　　师：古代的人，我们称他为——

　　生：古人。

　　师：古代人写的文章我们就称它为——

　　生：古文。

　　师：古代人写文章有一些特点：第一，没标点；第二，没题目；第三，语言非常简练。这节课我们就根据古代人写的小故事——没有标点也没有题目的小故事，来编故事。我数了一共有四十九个字，四十九个字就讲了一个故事。

师：怎么编呢？首先要把古文读好，会读就会加标点。没标点的古文，怎么读？自己先练习一下。

师：你加标点之前，先给我们读一遍。

生：昔有犬过桥，其口咬有肉一块。忽见桥下有犬，口咬肉，不知其为影也，遂舍口之肉而奔夺之，几乎淹死。其真肉已随流水去矣。

师：这个字再读一遍。

生：遂。

师：他读得声音响亮，字字音准。非常好！请你把这个加上标点。会读了就会加标点了。

师：有不同意见吗？

生：我觉得可以在"而"的后面加一个逗号。

师：你再读一下。

生：不对，在"而"的前面加逗号。

师：他觉得在这里加个逗号，刚才那位同学，你们正好同桌，你同意他的观点吗？

生：同意。

师：非常好！敢于提出自己的建议。景老师觉得这个地方加可以，不加也可以。不过，这位同学的语感很好，他知道这里是要停顿的。第一位同学基本上都加对了。现在，能不能根据加的标点再来读一读？加上标点以后，你该断句的地方就不一样了，自己再练习一下。

（生自由读）

师：会读了我就不听你们读了。这个故事讲的是什么？老师发现，四十九个字出现了三个"其"。三个"其"意思一样吗？

生：不一样。

师：三个"其"指的是什么？同桌讨论。

生：第一个"其"指前面这只狗，第二个"不知其为影"的"其"指影子，第三个"其"指这块肉。

师：什么的影子？这块肉吗？

生：狗的影子，它的这块肉。

师：那么这个"其"指谁？

生：狗。

师：还是指这条狗，对吗？掌声送给她。

师：这则古文我们到初中才接触到，你们才五年级就读懂了，而且三个"其"的意思都知道了，厉害！再看其他几个字，"昔"是什么意思？

生：从前。

师："遂"呢？

生：于是。

师："矣"呢？

生：了。

师：很好。我们已经扫清障碍了，现在能不能说说意思？

生：从前有一只狗过桥，它的嘴里咬了一块肉。但它突然见到桥下有一只狗也咬了一块肉，它不知道这是它的影子，于是，舍掉自己口里的肉，而去夺那只影子的那块肉。

师：什么叫"奔夺"？哪位男生上来表演一下？

（生表演快速跑并抢夺，众笑）

师：非常好，掌声送给他。你继续起来说。

生：而奔夺着去抢那块肉。

师：奔夺着吗？刚刚表演得那么好。

生：而一边跑一边去抢那块肉，几乎淹死了。其实真肉已随流水漂走了。

师：这个"其"不是其实。

生：它的真肉已经随着流水漂走了。

师："其实"可以不加。它的真肉随着流水，"漂"走了，合适吗？

生：肉不是漂在水上，应该是随着流水流走了。

师：故事读懂了，很好。这个故事，读者最想看哪一部分？

生：淹死。

生：奔夺。

师：你们喜欢看"狗淹死"吗？（生笑）对，就像看电影时，两个人的枪都对着对方的太阳穴时，是不是你最想看的地方，我们把这样的内容称为"高潮"部分。这个故事的高潮部分就是——

生：遂舍口之肉而奔夺之几乎淹死。

师：对，结果就是——

生：其真肉已随流水去矣。

（师相机在文中标出"∥"）

生：剩下的内容就是故事的起因。

师：很厉害啊，就这样读读、讨论，我们把古文意思读懂了，段也分好了，还是挺有意思的！现在读给我听一听。现在再读一遍，跟刚开始不一样了吧？自己练习。

（生自由读）

师：谁愿意来读？

（一女生朗读）

师：有没有男生愿意超过女生？

（一男生朗读）

师：厉害。想不想听我读啊？

生：想！（掌声）

师：这则古文用普通话读，挺好玩的，如果用上海话读，会怎样？听我读。

（师用上海话读，生笑，掌声）

师：谁还会用上海话来读？用自己的家乡话读也可以。你家乡是哪里？

生：安徽。

师：用安徽话读一读？

生：不太会。

师：读一句也可以。你来吧。景老师都有勇气，你还没勇气吗？

生：昔有犬过桥。（生笑）

师：这是哪里的话？

生：铜陵。

师：回去问问爸爸妈妈，这段小古文用方言怎么读，读出来是什么感觉。

板块二：合理想象，增补内心活动，分组完成片段

师：光会读古文是不够的，还要会根据古文编故事，什么叫编故事？我们写故事是给他人看的，让看故事的人喜欢。他喜欢读你写的作品，目的就达到了。这个故事中，哪些地方可以展开想象？

生：我觉得狗要夺肉的时候，它会想一些事情。还有，它掉进河里以后，它挣扎的样子。

师：太好了，需要增加狗的内心活动、狗的动作。她给了我们很好的启发：关于内心活动。这篇古文关于狗的内心活动有没有具体写？

生：没有。

师：好几个地方都可以有内心活动的描写，哪几个地方？

生："昔有犬过桥，其口咬有肉一块"这里可以有内心活动的描写。

师：概括一下是什么？

生：可以写这只狗它有一块肉，它很高兴。

师：光是高兴吗？也许这只狗是饿了很久很久的。

生：兴奋、激动、警惕、贪婪、满足。

师：它嘴里咬着这块肉，旁边的狗看着……

生：显摆、炫耀、得意。

师：丰富吧？光一个"高兴"是不够的。

生：还可以增加那只狗准备抢肉时的表情。

师：除了内心活动，还有表情。

生：在"其真肉已随流水去矣"这里可以写一下狗上岸后的感想。

师：什么感想？用一个词。

生：后悔、尴尬、悔恨、懊悔。

生：我觉得在"而奔夺之"这里也要加上心理活动。

师：为什么？

生：因为它在奔跑的时候肯定会想一些事情，它会想怎么捉到它，或者是自己得到两块肉会怎么样。

师：这只狗在抢肉的时候，它的内心有没有纠结？讨论一下。

生：它会纠结：万一我打不过那只狗，它把我那块肉抢走了，怎么办？

师：这是一种，第二种呢？

生：万一它是其他狗的老大，我抢了它的肉，会不会被其他狗咬死？（生笑）

师：你的答案一般都很戏剧性的。（生笑）

生：这块肉不被我拿到的话，其他狗也会拿到的，不行，我一定要拿到这块肉。（掌声）

师：写作的目的是为了让读者感到这个故事有趣、精彩，我们的想象就是可以的。根据读者的需要，展开想象。

生：有可能水里的狗是它的弟弟，如果把弟弟的肉抢掉，弟弟会遭到妈妈的打骂。（生笑）

师：但是这只狗还是抢了，说明什么？

生：自己饿得慌。

师：仅仅是饿吗？嘴上已经有一块肉了。你这样的想象是为了突出这只狗的什么？

生：贪婪。

师："贪婪"用得好。当我们想表现这只狗的贪婪时，可以根据中心展开合理的想象，只要你的想象是为了表现它的贪婪，可以在"起因""经过""结果"等处写内心。分三个小组分别完成起因、经过和结果。再问一个问题：哪一组需要展开具体写？

生：第三组。

师：如果说我们把四十多个字变成四百多字，第一组就要一百字左右，第二组两百字左右，最后一组一百字左右，甚至更少。给你们 15 分钟时间。我看到有人在窃喜，不要以为写少容易，也不要边写边数字数。第一，你要让读者感觉到这个故事很有意思，好像真的看到了这个故事；第二，你想表现这只狗的什么，那你就要在这个上面花一些笔墨；第三，我们扩写的大部分是内心活动，就要把它内心的纠结写好。开始！

（生练笔，师巡视，15 分钟）

板块三：交流互评，聚焦心理活动，明确写作目的

师：（分别请各组四名同学上台读自己写的片段）三分文章，七分读，读自己的文章要声音响亮、自信。

生：从前有一只小狗到森林里找吃的，突然发现它旁边的树后面有一只老虎，小狗吓得破天荒，"嗖"地一声跑走了。它跑了一阵子，发现一只狐狸手上拿了一块肉。于是，它对狐狸说："狐狸兄，听说狼兄在开派对，里面有好多好吃的，你要不要去看看？"狐狸听了，扔下肉，一下子就跑到狼兄家。小狗咬起肉心想：这只狐狸真笨，白白给我一块肉。于是，小狗咬着肉去往回家的小桥。

师：你再把你写的那句原文读一下。

生：昔有犬过桥，其口咬有肉一块。

师：（问第一小组）他写的这段跟你写的有什么不一样？

生：他加了这块肉怎么来的。

师：有必要加吗？

生：可以加，也可以不加。

师：模棱两可，你加了吗？

生：我没加。

师：你为什么没加？

生：我觉得它可能就是从家里带出来的，拿出来炫耀而已，不一定是从外面收集到的。

师：这块肉是怎么来的跟这篇文章的主旨——贪婪，有关系吗？

生：没有关系。

师：跟主旨没有关系的内容需要吗？

生：不需要。

师：那听听你写的。

生：有一只狗，它十分贪婪。只要看见有什么东西，它都要想尽一切办法夺过来。今天，这只贪婪的狗咬了一块肉，心想：我有一块肉，拿去给朋友们炫耀一下，它们看到肉以后，一定馋得流口水。想完，它就去了。没过多久，它

迈着中国首富的步子走上了一座桥。（生笑）

师：（师插话）"想完"是你内心的一种活动，是看不见、摸不着、感觉不到的。所以，把"想完"换成"它这样想着"。（问第一小组）有没有人补充的？迈着中国首富的步子很形象！（掌声）

生：从前，有一只狗在路边捡到一块肉，心想：我正愁找不到吃的呢！上天就赐给我一块肉，我一定要向朋友们显摆显摆。它咬着这块肉走到它的朋友们面前，许多狗都求它分一点肉给自己，它们都遭到了拒绝，只能盯着肉流口水。捡到肉的这只狗享受着朋友们羡慕的目光，得意扬扬地离去了。

师：他和前面这位同学最大的区别在于，开头就把这只狗的贪婪写出来了，却没有用到"贪婪"这个词。你们觉得用到"贪婪"这个词高明，还是没有用到高明？

生：我觉得没有用上"贪婪"这个词更高明。

师：为什么？

生：因为如果有"贪婪"的话，读者一下子就感觉出这只狗很贪婪。如果隐藏在这些事情中的话，会让读者慢慢感悟出这只狗十分贪婪。（掌声）

师：她很会评！继续。

生：（继续读）走上了回家的小桥。

生：它沿着小桥往前走，准备把这块肉带回去美美地享受这份大餐。可就在这时，它猛然发现桥底下有一只狗也咬着一块肉。于是，它开始打起了小心思。

师：桥底下没有交代清楚。这里补充一句话，（指第二组）谁来补充？

生：应该补充的是桥底的水里。

生：桥底下清澈的河水上有一只狗。

师：为什么是清澈的河水，不是激流？

生：因为如果不是清澈的河水的话，它根本看不见有一只狗也咬着一块肉。（掌声）

师：这样的想象就是合理的。如果是激流湍急，照得见自己的影子吗？继续。

生：它猛然发现桥底下清澈的河里也有一只狗咬着一块肉，于是，它开始打起了小心思……

师：打起了什么？

生：小算盘。

生：这肉得来全不费功夫，今天晚上我可以好好饱餐一顿了。正好也可以借这次机会，向那些狗们炫耀炫耀。

师：向那些狗们？它心里想的应该是向我的——

生：我的伙伴们。

生：向我的伙伴们炫耀炫耀。肉肉等着我，我来了。它又一想：万一被那只狗发现我的动机怎么办？不行，我得想个办法，千万不能打草惊蛇。于是，它悄悄开展起了它的计划。（生笑）

师：她有一点很厉害，在这一部分她写了小狗的纠结。正过来想，还要反过来想。在这一段，把纠结写出来就是很高明的。只写了一种，就没有她写的这个高明。没写到的知道怎么修改吗？掌声送给她。（掌声）

生：于是，它悄悄开展起了它的计划。它得意扬扬地走下桥去，却把自己的肉遗忘在了桥上。天正晌午，太阳顶天而立，这只狗跳进河里，可怎么使劲都打不到它。这时，它才醒悟，原来是自己的影子啊！它"扑通扑通"地打着水，引起了很多人的注意。一位好心人拿起捞子，把它从水里捞了出来。

师：你的高潮就这么短啊？大家觉得高了吗？潮了吗？（生笑）你们这组谁来帮他？（问第二组）

生：看到别人的肉，这只狗心想：它的肉比我大，这可怎么办？不行，我要把它抢过来。后来又纠结了一下，想：万一它把我的肉抢走了怎么办？这不就赔了夫人又折兵了吗？不，我要对自己有信心！（掌声）

师：他说了一句很精彩的话——

生：赔了夫人又折兵。

师：用在这里太贴切了。但是他高潮部分，不高，也没有潮。谁来帮一下他？

生：于是它悄悄开展起了它的计划。狗把自己的肉放在桥的扶手上，快速地跳入河中，想要夺取肉，但身体接触到水的那一刹那，那只狗消失了。狗追悔莫及，可是已经来不及了，狗掉入了河里。在冰凉的河水中，狗疯狂地扑腾着、挣扎着，想为自己争取一线生机。可是，狗却依然慢慢地沉入水中，狗放弃了，它觉得自己太过贪婪，这个下场也罪有应得。但奇怪的是，狗却浮出了水面，得救了。

师：你们觉得哪一个地方不合情理？

生：浮出了水面。

师：对了，你想说它几乎淹死，它也许是抓了一根水草，而不是突然就浮出了水面。刚才我们讨论过，这里除了要写挣扎还要写什么？

生：差点淹死。

师：它的内心活动，这里写了吗？

生：（继续交流）可是奇怪的是，狗浮出了水面，得救了。

生：最终，那狗上了岸，左看看右看看，找不到肉，肉已经随流水去了。狗想：看来本汪还是失算了，太贪了，一失足成千古恨。

师：本汪？

生：汪星人。（生笑）

师：汪星人简称为本汪。（生笑）他也有一句很精彩——

生：一失足成千古恨。（掌声）

板块四：片段引路，二次修改，力求心中有读者

师：出乎我的意料，这么短的时间都写得这么精彩。回过头来看，刚才其实我们在起因、经过和结果这几个部分中，都适当地增加了内心活动。就这四百多字的文章，有必要在这四处都写心理活动吗？还是只在哪一两处展开写？

生：高潮。

师：为什么？

生：因为高潮是最精彩的部分，在纠结的这一部分展开写。

师：这篇文章比较难的地方就是怎么把纠结写好，至于起因、结果的内心活动一两笔带过即可。关于内心纠结，景老师也试着写了写，女人最大的爱好是什么？

生：爱美。（生笑）

师：对，我写的就是买衣服时的内心活动，想不想听？

生：想。

师：如果你们觉得我写得还行，也给我一点掌声。（生笑）

（师读下水片段）

咦，这条裙子我好像看见哪个明星穿过，是谁啊？想不起来了。我穿上一定也不逊色。得买下来，我夏天的衣服里还没有这种款式呢，还是今年流行的蕾丝元素呢。可是，我今天已经买了三件新衣服了，再买的话，家里的人一定会说我是购物狂，预算也超标了，要不等它打对折时再来买吧。哎，下周不是要去上公开课吗？正好穿这件。不管了，女人要对自己好点儿，买了！

（掌声）

师：我写的和你们写的哪里不一样？

生：景老师写的心理活动很具体。

生：把心动、担心、迟疑、决定的过程写出来了。

师：人的内心世界是丰富多彩的。五年级的孩子写心理活动不能只用简单的词语描述，如十分高兴、十分懊丧、十分后悔、十分难过。要学会不用这些词语，把复杂的内心世界写出来。

（生再次修改，把内心纠结部分的心理活动写具体）

板块五：自拟文题，修改归类，重在清楚明确

师：时间关系，课上不交流了，课后可以找四个同学串联起来，读一读。这个古文读完了，故事也编完了，还缺什么？

生：题目。

师：在自己的稿纸上写三个题目，其实刚刚有两个同学的金句就可以做题目。

（生写题目）

师：写好三个题目的同学，现在请划掉一个题目，再划掉一个题目，留一个。现在请同学上来说一说你的题目。

生：贪婪的狗。

（生上台板书）

生：悔恨的狗。

生：小贪婪大报应。（掌声）

师：这个好，请写在黑板上。（生上台板书）

生：贪婪之心不可有。

生：贪婪心害死狗。

生：影子。（生上台板书）

生：恶狗有恶报。

师：不够准确。

生：一失足成千古恨。（掌声）

生：偷鸡不成蚀把米。（掌声）

生：竹篮打水一场空。（掌声）

生：一块肉惹的祸。

师：你们拟的题目有几种类型？（什么样的狗；什么怎么样；什么和什么。）还有什么类型？

生：谚语类。

（师在黑板上分类标出）

师：题目字数不宜多，要紧扣中心，形式也没有规定。

师：我给你们一个提示：_____与_____。

生：影子与肉。

生：贪婪与欲望。

师：也可以是相反的一对词。

生：得与失。（掌声）

师：我们来看一下他们的字写对了吗？（师批改黑板上的字）题目拟得好，

字也写得好。一篇好文章要有一个好题目，才能吸引别人。

生：景老师，原来是什么题目？

师：《犬影》。你们知道这个故事选自哪里？有兴趣读这个故事吗？

生：《伊索寓言》。

师：是《伊索寓言》，晚清的时候，被人翻译到中国，改了一个名字叫《意拾喻言》，它是《伊索寓言》的第一个翻译本。我们耳熟能详的《狼来了》《龟兔赛跑》都是这本书里的。有兴趣可以找这本书读一读。谢谢五（3）班的孩子们。

生：谢谢景老师。

用"活"方法，教"活"古文
——评景洪春老师执教《读古文编故事》

张学伟

近年来，有一种课堂现象应该引起我们的警惕——很多教师（主要是男教师）的课堂上出现了过多的"包袱"和笑料，有的也许是教师故意"精心"制造的，有的甚至是低级的、庸俗的。这样的课堂，往往会转移学生学习的注意力，客观上喧宾夺主，干扰了教学目标的实施。这种"课堂杂耍"是要不得的。但同时，另一种相反的倾向也需要我们注意——有的教师矫枉过正，于是，课堂上唯恐出现"笑声"；于是，就以所谓的"扎实的训练"（实则是无趣的、枯燥的练习）代替互动的课堂对话。好像如此一来，课堂"安静"下来，就会显得"真实"。其实，这种把沉闷当作朴实、把枯燥当作扎实的课堂，对学生伤害更大，他们会渐渐对语文失去兴趣，进而对语言丧失感觉。

真正好的课堂，一定是充满情趣的。于永正老师的"五重教学法"，第一条不就是"重情趣"吗？真正好的课堂，也一定是鲜活生动的。吕叔湘先生说，成功的教师，一定是把课教活了。如果说一种教学法是一把钥匙，那么，在各种教学法之上还有一把总钥匙，它的名字叫作"活"。

景洪春老师的课堂，正是情趣和智慧共生的课堂。她的课堂，就是扎实与鲜活的融合。在她的课堂上，一切都是"活"的。因为她是在——用"活"方法，教"活"语文。

我们来看看，这节课上，景老师是怎样"盘活"课堂的。

一、朗读，悟古文之韵

　　古文应该怎么学？景老师用了最朴素的方法——读。

　　我们看到，景老师课堂的读是有层次的，也是完全基于学生实际情况的。上课伊始，景老师在揭示了古文"没标点"的特点后，就放手让学生"试读"。拿到一篇古文，就开始自己读，这是有一定难度也是有挑战性的。但实践证明，这类有故事情节的小古文，其实我们的学生是可以揣摩着读下来的，也是可以根据意思加上标点的。"试读"成功后，景老师请学生"通读"——先是联系文意和生活实际来解释三个"其"的不同含义，再来说说"遂""昔"的意思，这样，扫除了"障碍"，故事的轮廓就浮现在学生脑海中，文章的大意也一目了然。此时，景老师再进一步进行"理读"——理清故事脉络，弄清起因、发展、高潮、结果。这个环节，为下一步的想象补白做了很好的铺垫。在教学中，景老师一向是既注重学生情感兴趣等感性因素的培养，也注重学生理性思维品质的发展，这是极为难得，最为可贵的。第四步是"演读"——学生通过对"奔夺"一词的表演，通过各种不同版本（普通话、方言）的朗读，把这个近五十字的小古文渐渐熟读成诵，故事中的形象也呼之欲出了。

　　文言文的节奏、韵律，文言文语言的凝练，这些都绝不是靠教师的"说教"来让学生"知道"的。景老师聪明地活用"读的四部曲"，让学生感悟到古文的特点和节韵，达到了事半功倍的效果。在这个过程中，古文的韵味在朗读中被唤醒，在朗读中被"活化"、还原、再现……

二、想象，品古文之趣

　　读懂之后，最精彩的部分开场了，景老师拿这篇古文做起了文章——编故事，想象补白"狗"的内心活动和动作。这个"活"创意，一石激起千层浪，一下子"引爆"了学生思维。课堂交流的过程是生动而精彩的——

　　　　师：好几个地方都可以有内心活动的描写，哪几个地方？
　　　　生："昔有犬过桥，其口咬有肉一块"这里可以有内心活动的描写。
　　　　师：概括一下是什么？
　　　　生：可以写这只狗它有一块肉，它很高兴。
　　　　师：光是高兴吗？也许这只狗是饿了很久很久的。
　　　　生：兴奋、激动、警惕、贪婪、满足。
　　　　师：它嘴里咬着这块肉，旁边的狗看着……
　　　　生：显摆、炫耀、得意。

师：丰富吧？光一个"高兴"是不够的。

生：还可以增加那只狗准备抢肉时的表情。

师：除了内心活动，还有表情。

生：在"其真肉已随流水去矣"这里可以写一下狗上岸后的感想。

师：什么感想？用一个词。

生：后悔、尴尬、悔恨、懊悔。

生：我觉得在"而奔夺之"这里也要加上心理活动。

师：为什么？

生：因为它在奔跑的时候肯定会想一些事情，它会想怎么捉到它，或者是自己得到两块肉会怎么样。

师：这只狗在抢肉的时候，它的内心有没有纠结？讨论一下。

生：它会纠结：万一我打不过那只狗，它把我那块肉抢走了，怎么办？

师：这是一种，第二种呢？

生：万一它是其他狗的老大，我抢了它的肉，会不会被其他狗咬死？（生笑）

师：你的答案一般都很戏剧性的。（生笑）

生：这块肉不被我拿到的话，其他狗也会拿到的，不行，我一定要拿到这块肉。（掌声）

师：写作的目的是为了让读者感到这个故事有趣、精彩，我们的想象就是可以的。根据读者的需要，展开想象。

可以看到，在整个对话过程中，教师的评价及时又精当，评价是有引导作用的，对后面讨论的方向是有引领的。在这中间，教师也是讨论交流中的一员，平等中的首席，定位精准！更绝的是，在交流确定了"咬肉时的得意""看影子时的不服""抢肉时的急切""丢肉时的悔恨"等几个补白点之后，教师竟然把学生的思考又引向了深入——

师：这只狗嘴上已经有一块肉了，可它还要再去抢一块肉——你觉得这是一只怎样的狗？

生：贪婪。

师："贪婪"用得好。当我们想表现这只狗的贪婪时，可以根据中心展开合理的想象，只要你的想象是为了表现它的贪婪，可以在"起因""经过""结果"等处写内心。

这个"贪婪"，是高度的概括，更是学生编故事的核心！围绕这个核心，学生才有可能把故事的真正内涵深挖、展开和延伸！这之后，学生就开始了自由挥洒的想象和精彩纷呈的解说，景老师的评点也始终聚焦着狗的心理活动，评点过程多彩而又有趣，深刻不失鲜活……这则小古文就这样被重新演绎，被每个学生用自己的大脑重新"组装"，用自己的语言重新"灌注"。一切，都开始"活"在孩子们的心里，"活"在他们的口中，"活"在他们的语言里。

三、实践，得语言之智

　　课堂的精彩不止于此。景老师一直坚信，课堂上不只是给学生"鱼"，更重要的是带着学生一起"渔"。有几处看似不经意的"方法渗透"，随手一笔，韵味无穷——

1. 古文朗读有节奏

　　　　师：他读得声音响亮，字字音准。非常好！请你把这个加上标点。会读了就会加标点了。……现在，能不能根据加的标点再来读一读？加上标点以后，你该断句的地方就不一样了，自己再练习一下。

看看，这是在教学生以后自己读古文的方法啊，不着痕迹。

2. 纠结心理有冲突

　　　　师：这篇文章比较难的地方就是怎么把纠结写好，至于起因、结果的内心活动一两笔带过即可。关于内心纠结，景老师也试着写了写，……我写的是买衣服时的内心活动，想不想听？
　　　　生：想。
　　　　（师读下水片段，略）
　　　　师：我写的和你们写的哪里不一样？
　　　　生：景老师写的心理活动很具体。
　　　　生：把心动、担心、迟疑、决定的过程写出来了。
　　　　师：人的内心世界是丰富多彩的！五年级的孩子写心理活动不能只用简单的词语描述，如十分高兴、十分懊丧、十分后悔、十分难过。要学会不用这些词语，把丰富的内心世界具体写出来。
　　　　（生再次修改，把内心纠结部分的心理活动写具体）

　　教师用自己写的一段话来做示范，实际上对学生的描写做了引领。学生可以从中得到写纠结内心的策略，那就是反过来想，正过来想，把翻来覆去的都写清楚。如何把狗的"纠结心理"合理再现？如何把冲突写得详细生动？实际教学中，这都需要具体的指导。而对学生最直接最有效的指导，莫过于"范文引路"了。"学生最大的特点就是善于模仿"——景老师是深谙这句话的含义的。

3. 文章题目有讲究

最后，给文章加题目的环节也是点睛之笔——

师：你们拟的题目有几种类型？（什么样的狗；什么怎么样；什么和什么）还有什么类型？

生：谚语类。

师：题目字数不宜多，要紧扣中心，形式也没有规定。

师：我给你们一个提示：_____与_____。

生：影子与肉。

生：贪婪与欲望。

师：也可以是相反的一对词。

生：得与失。（掌声）

师：题目拟得好，字也写得好。一篇好文章要有一个好题目，才能吸引别人。

短短的一个过程，教师看似无意地指点了学生几种非常实用的"加题目"的方法，重要的是，景老师不是孤立枯燥地教方法，而是利用这篇小古文让学生实实在在地走了一遍"给文章加题目"的过程。方法，只有在运用实践中才有生命，才会变"知道"为"悟到"，变"悟到"为"得到"。

教学有法，教无定法。运用之妙，存乎一心。在景老师的课堂上，我们更多地感受到"活"的力量，语言的智慧、情趣、韵味、思考——都在学生朗读、想象、辨析等"灵活鲜活"的语言学习活动中完成、融合、共生。

大道至简——令人感佩。

（张学伟　江苏省丹阳市实验小学　特级教师）

顺学而教
——作文教学的最佳路径

《义务教育语文课程标准》（2011 版）将第二、三学段的"写作"定为"习作"，"是为了降低学生写作起始阶段的难度，重在培养学生的写作兴趣和自信心"。习作，意为"学习写作"，既然是学习，就应该给学生学习的过程。所以，在学习写作过程中所呈现出来的学情，无论优劣，都应成为作文教学的资源。作文课是在学生自由表达的前提下，教师做到有效地指导。教师要去协助孩子们完成自己的表达。从这个意义上讲，顺学而教是作文教学的最佳路径。

有研究表明，在小学阶段，增加作文训练的次数能有效提高写作能力，初中次之，而在高中，效果有限。叶圣陶先生说："写作的历练在乎多作。"有的作家还建议把写作当作日课，像练功一样做到"拳不离手，曲不离口"。《义务教育语文课程标准》（2011版）指出，"加强平时练笔指导，改进作文命题方式，提倡学生自主选题"。作文水平不仅是通过作文实践提高的，还必须是大量和持续的。现在，许多学校按每学期"六大六小"来确定作文训练量，显然是不够的。在小学中高年级，如何做到既增加作文训练的次数，又让学生保持持久的写作兴趣？经过实践，笔者认为有两种途径。

一、着眼于学情，进行单项仿写训练

1. 学习"提示语不带说"

众所周知，仿写训练可以让学生更好地积累美文佳句，做到厚积薄发。其实，利用仿写训练还能改变学生现有的语言面貌。刚升入四年级时，学生写人物对话时，尽管能注意到运用不同形式的提示语，但形式单一，多为"某某说""某某问"等，于是，我尝试着进行单项仿写训练——学习"提示语不带说"。

首先，我告诉一部分作文水平处于中下游的学生，"字不够，对话凑"。他们很乐意接受这种写作方式，将原来习作中的叙述改为对话描写，文章顿时活泼许多。接着，我又告诉部分作文水平处于中上游的学生，"提示语不带说"可以使文章从"一般"变得"精彩"。在此基础上，我又鼓励他们模仿课文中的对话描写。过了一段时间，课本中的对话描写已不能满足他们的需求，于是，我带着学生进行专项摘抄，一个阶段专门摘抄书中的提示语。以下是学生从《新语文读本》（7）中选取的：

回到办公室，男子仍然叫屈不迭："冤枉啊！你凭什么说我是小偷？你这人也太武断了！"（提示语写出了人物说话时的神态，"仍然"与后面的语言一致，给人一种画面感。）

"不！"胖子一边喊，一边靠近他。（人物动作与语言极为协调，给人身临其境之感！）

"牛奶？……等一等。"爸爸一下子变得严肃起来，"你的彩票又是从哪儿来的？"（提示语写出了人物说话时的神态变化。）

学生摘抄后，分类指导与讲评很重要。以上三句的指导画龙点睛，将习作技巧融入精到的点评中。每次单项训练后，我顺势将学生习作中的精彩对话拿出来讲评，组织学生互评互改，这样坚持了一个学期，绝大多数学生写人物对话时，都不爱用"说"，习作面貌大大改观。从《悲哀"三八线"》可窥见一斑。

悲哀"三八线"
四（3）班　李启萌

自从我和王宇飞换座位后，就与"神级暴力女"童琳做了同桌。从这天开始，我就掉进了深渊——她天天画"三八线"，我每天都要被她揍得半死不活的。

一天，我正认真订正作业，忽然，我被书桌下伸来的童琳式"夺魂脚"打了个正着。这记"夺魂脚"真够猛，连我这么厚的脂肪都挡不住。如果换成瘦子郑轶夫的话，没踢成骨折已经很好了。我忍着痛，轻声问：

"童琳，你怎么又踢我！又有什么事？"

"我说你是活得不耐烦了，老超线！"她怒目圆睁。

"童琳，"我怯怯地回答，"我没超线。"

"超了，就是超了！"她的声音提高了八度。

"我又没过你的地盘。"我也不甘示弱。

"超了。以桌角来画，中间谁也不能超！"

"汗……我服了你，这都行。"我无奈地答道。

"怎么着了，欠揍是吧？！"

"好吧。"我只得把椅子挪了回来。

我真命苦，竟和"神级暴力女"做了同桌。怪不得以前王宇飞老跟她吵。忍上忍哪，不忍不行呀！

后来，当学生拿到其他学校同学的作文时，第一眼就会发现提示语有"说"不精彩，迫不及待地要帮其改掉。"提示语不带说"已入耳入心！

2. 提倡简约平易的文风

王栋生先生指出，"在基础写作教学阶段，应当提倡简练的表达。教师在个人写作空间，喜爱什么样的表达风格，尽可以保持；但在写作教学过程中，尽可能不要以个人喜好影响学生的学习"。让学生学会简洁平易的表达，这个"底子"很重要。笔者发现不少小学生写作存在语言啰唆的问题，原因有二：一是思维不清，也就是对所描写的事物没有观察清楚和想清楚，没有想清楚自然就写不清楚；二是有些学生片面地认为具体就是要有许多华丽的词语，因而无端地堆砌辞藻。要解决这些问题，首先要明白习作是为了传递思想、交流感受、抒发感情，而不是堆砌辞藻。同时，还要学会观察和思考。在笔者与学生共读汪曾祺作品时，发现汪曾祺的句子强调一个"短"字，三个字能表达的绝不增加到五个字，一句话能说清的绝不拉成两句话。文中多处用口语来写，有精神，更有回味。例如，在汪曾祺的《咸菜茨菇汤》中，有一段是值得小学生模仿的，尤其是那些容易犯"啰唆病"的学生。

> 咸菜是青菜腌的。我们那里过去不种白菜，偶有卖的，叫做"黄芽菜"，是外地运去的，很名贵。一般黄芽菜炒肉丝，是上等菜。平常吃的，都是青菜，青菜似油菜，但高大得多。入秋，腌菜，这时青菜正肥。把青菜成担地买来，洗净，晾去水气，下缸。一层菜，一层盐，码实，即成。随吃随取，可以一直吃到第二年春天。
>
> ——汪曾祺《咸菜茨菇汤》

下面是学生仿写的作品：

> 入秋腌辣椒，这是青椒，不是很辣，把青椒成斤地买回来，洗净，切成一段一段，下缸。把青椒浸泡在由花椒、酱油、香油等制成的汤水里，盖上盖子，即成。两三天后就可以吃了，这种腌辣椒放很久都不会坏。
>
> ——韩森《腌辣椒》

> 我家的咸鱼指的是咸鳗干，汇联商厦就有卖，属于干货，贵不说，还很淡，没味儿，不太干，有色素。还是自家做的好吃，以前是用浓盐水涂，现在是买来海鳗，洗净，直接撒盐，吹干，更咸。
>
> ——周思仪《舌尖上的新年》

张祖庆老师说过，"一次又一次让学生写，但往往进步并不明显，关键是孩子们的语言和写法内存不足。内存要从优秀作家作品中汲取。一旦儿童有了语言的积淀，写文章就很轻松"。根据学情和实际需要，在一个阶段选择某位经典作家的作品，他的文字风格就会慢慢渗透到儿童的写作中，学生的语言面貌自然会发生变化。正如温儒敏先生所说，"作文教学实践性很强，不必讲许多理论，主要靠大量阅读、适当模仿和不断的练习。基本的写作技能训练还是要讲的，要有层级递进，每个层级或环节突出某一重点，但不必分得太细、太琐碎，也不要太技巧化"。

二、书写真实生活，培植"立诚"的基础

我们的作文教学内容，过分追求意义、价值，孩子们一次又一次写着和自己关系不大或者不感兴趣的题材。比如，三年级孩子写的是《我眼中的秋天》《菊花》……这些无趣的题材，只能逼着孩子们挖空心思去胡编乱造。笔者常常发现，学生写教材规定的命题作文不如写自由作文兴趣高，写出来的文章也不如自由作文鲜活。温儒敏先生指出，"教学中不一定照搬教材的作文教学体系，最好能依托自己的经验，并面对你们的学生，从实际出发，选择某一种体系作为基本框架，加以调整，形成自己的写作教学计划"。杭州的张祖庆老师设计了适合自己班级学生的读写计划，指导学生写了《那些年，我们一起恨的冻疮》《为小升初服务》等。每位教师都应该有属于自己的写作教学计划，笔者也有自己的写作教学计划：学校开展科技节种植活动，就写两三周的观察日记；班级学生偏爱美食，就写《我身边的吃货》；临近毕业，想用文字留住每一位师生，那就挑一位，写人物素描。曾有学生将班级三位老师比作不同口味的火锅，我便鼓励她连写三篇，她分别写出了《我班的麻辣小火锅》《我班的超级麻辣小火锅》《我班的原味小火锅》。此外，常常根据学情和教学实际增加单项训练，学生写得不亦乐乎，我读得亦快哉。

叶圣陶先生指出，"训练写作的人只须平心静气问问自己：（一）平时对于学生的训练是不是适应他们当前所有的积蓄，不但不阻遏他们，并且多方诱导他们，使他们尽量拿出来？（二）平时出给学生做的题目是不是切近他们的见闻、理解、情感、思想等？总而言之，是不是切近他们的生活，借此培植'立诚'的基础？（三）学生对于作文的反映是不是认为非常自然的不做不快的事，而不认为教师硬要他们去做的无谓之举？如果答案都是否定的，便可知道写作教学的成绩不好，其咎不尽在学生，训练者实该负大部分的责任"。

1. 班级日记：让读者意识"在场"

作者在写作过程中自觉地把读者的定位、阅读需要、阅读期待等因素纳入自己思维活动之中的心理过程，就是读者意识。这些年，我在班级里坚持让学生写班级日记，效果不错。班级里共 38 位同学，除去双休日，一学期每人可以轮两到三次，实际上，学生在我的"忽悠"下一学期又多写了两到三篇作文，并且是在很主动、很放松的状态下完成的。而且，这种"作业"是不需要我布置的，因为每天都有人按学号顺序将班级日记传给下一位同学。

为了激励孩子们，也为了让"读者意识"的效应达到最大化，笔者又设计

了"星级日记"。因为我发现，自从开始写班级日记后，每天早上教室里必有这样一道风景——争相传阅，品头论足，有的会心一笑，有的满脸嗔怪，有的跃跃欲试。既然这样，何不再给他们一个发表意见的平台呢？于是，我又宣布了一条规则，每位同学都有权利点评其他同学的班级日记。在你认为最有意思的、写得最真实的文章上面加"★"，谁的"★"多，就意味着谁的日记最受欢迎，得到的奖励就是我在全班面前宣读一遍。这样，对于写作者是一种莫大的鼓励，而对于听众来说，聆听他们熟悉的人写的身边的故事，自然是一件十分惬意的事情。

这一招真灵！通常孩子们完成习作之后，除了教师，几乎没有第二个读者。即使是教师，读完以后也很难通过几句评语反映出真实多样的感受；教师费尽心思写出的评语，又往往淡出了孩子们的视线，造成了"读者意识的缺场"。这种缺场会让孩子失去说话的对象，从而直接影响到孩子对于语境、语感的把握。正如接受美学的代表人物伊瑟尔所说，写作可以看作是作者与文本的潜在读者的对话。既然要对话，就要双方"在场"。班级日记恰恰提供了这种"场"。

2. 表达生活：信手拈来是作文

叶圣陶曾经指出，"生活就如源泉，文章犹如溪水，源泉丰盈而不枯竭，溪水自然活活泼泼地流个不停。"学生的写作应该观察生活、感受生活、思考生活、表达生活。生活处处皆作文，也包括平时很多家长、教师避讳的话题。顾亿一同学的《"谈恋爱"可不是随便说的》既抒写了真情，又表达了生活。

"谈恋爱"可不是随便说的

五（3）班　顾亿一

我最讨厌别人说某某某在和某某某谈恋爱了。

我很喜欢弹钢琴，经常在学校钢琴吧里弹琴，老师和同学都夸我弹得不错。五班有个女同学叫谢佳加，也常在钢琴吧里弹琴。

有一次，我去钢琴吧时，碰巧遇到了她。于是，我的伙伴们一见到她就回来喊我，常常弄得我很尴尬。

有一次，我正在钢琴吧里弹钢琴，突然，从身后传来一个声音：

"顾亿一，快来！谢佳加来了！快去对她表白！"

回头一看，原来是季涵君在叫我。我立刻火冒三丈，想起季涵君最怕别人痒痒，于是，我走到他面前，开始挠他。

"你们平时这么说我，我都忍了。我已经忍无可忍了！我不把你挠趴下，我是不会罢休的！"我大声吼着。

季涵君比我个子小，又没我长得壮，当然受不了。他连连求饶："顾亿一，饶命啊！对不起！我再也不说了！放过我吧！"

我见他这么说，便放过了他。

可没走几步，他又回过头来，喊道："顾亿一在和谢佳加谈恋爱！"

我又一个箭步冲到他面前，这次不管他怎么求饶，我也不会放过他了。

果然不出我所料，他又开始求饶了："饶了我吧！我再也不说了！对不起！对不起！对不起！"

我才不吃他这一套呢，任凭他怎么说，我就是不放过他！

后来，我想，还是放了他吧，只是给他个教训，不要太过火，过火的话出事了怎么办？

想到这儿，我把他放了，并警告他："以后你再说我和谢佳加谈恋爱的话，我决不放过你！"

季涵君承诺他再也不说了，说完，便和我一起去玩了。

后来，他再也没说过我和谢佳加的事了。

别看戈千叶是个女孩儿，她可是个地道的吃货，你看，在她的习作中，结合现实生活展开了想象：

记得有一次，陈老师穿了一件浅橘色和白色条纹的 T 恤衫。这件衣服真的很像三文鱼！颜色几乎一模一样，还有两种色彩的比例，加上陈老师有点胖胖的，真想咬一口！

——戈千叶《三文鱼》

汪曾祺先生在《咸菜茨菇汤》中，书写了对食物的真实体验：

我小时候对茨菇实在没有好感。这东西有一种苦味。民国二十年，我们家乡闹大水，各种作物减产，只有茨菇却丰收。那一年我吃了很多茨菇，而且是不去茨菇的嘴子的，真难吃。

梁可欣同学秉承了汪曾祺先生的文风，平淡质朴，不事雕琢。在她的《泡菜炒肉》中，是这样描摹真实感受的：

七岁以前，我对泡菜实在没什么好感，把它当毒药看待。七岁那年，我去韩国旅游，四天里只有泡菜，前两天我绝食，后来饿得不行，才勉强吃一点，再吃一点，再吃一点，慢慢地习惯了，也对那种很冲的味道不以为然了。久而食之，竟发现还挺好吃。有的很辣，有的很鲜，又有的很麻。鲜辣的要比麻辣的贵。

回到上海，再吃超市里的泡菜，觉得不正宗。

李海林先生提出"真实的作文"的三条含义："真实的言语任务，真实的言语环境，真实的言语成果"，并认为这是写好文章的根本保障和基本前提。写作必须与生活相结合，必须与学生的思想实际相联系。学生为真情而写作，为兴趣而写作，为交际而写作，为实用而写作。

我的读书笔记

为师者，必须有精湛的思想
——读于漪新著《语文的尊严》有感

合上《语文的尊严》，思绪又将我拉到市北中学会场。2014年9月27日的全国中语会年会暨《语文的尊严》新书发布会，于漪老师的铿锵发言仍回响在耳畔："为师者，必须有精湛的思想。教师的精神成长，首先是从拒绝平庸开始。"是啊，于漪老师正是以她精湛的教育思想，成为引领一个语文时代的人物，感染了一批又一批教师。

初读书名"语文的尊严"，没觉得什么，待读完整本书，再细细品味，才为此书名拍案叫绝。"尊严"，意为权利被尊重，以"语文的尊严"为题，言下之意就是当今的语文教学已步入现实困境，重术轻人，急功近利，语文学科的地位急剧下降。其实，于漪老师一直在呐喊，"我已经是个老人，之所以不遗余力地为语文的价值、地位、作用而呼喊，并非因为我是个语文老师，而是因为母语是文化的生命线"，"我们要坚守祖国语言文字的阵地，要亲近语文，用什么？用我们的实力，用精彩的课堂教学吸引孩子们对语文的热爱，用我们精彩的课堂教学来弘扬中华的文化，用自己的智慧和青春共诠释我们的语言文字是有表现力和生命力的"。正所谓"坚守与引领"，坚守，体现了于漪老师对语文教育教学本质的深度思考；引领，彰显了一个教育家矢志不渝的博大情怀。

《语文的尊严》为于漪老师近十多年来发表的文章和部分演讲稿合集，也属于2008年出版的六卷本"于漪新世纪教育论丛"系列丛书之一，分"坚守与引领""语文课程与人的发展""语文教师的使命""语文教学艺术论""闪耀教学语言的光辉"和"把心交给文字"六部分。书中所辑录的文章，我大多都阅读过，或散见于报章，或在现场聆听，或通过网络、微信阅读，但不及现在的这种力量，现在集结在一起看，它具备的深美、睿智、平和、淡婉，如汩汩溪泉流入心田，读来心潮澎湃。一个耄耋老人，仍然以她的满腔热情与使命意识诲人不倦，恩泽广大教师，此时此刻，任何赞歌都是苍白无力的，唯有认真研读于老师的著作，聆听她的演讲，才能书写自己的课堂人生。

"最难的就是上课"

于老师有一句名言："集中精力上一节成功的课不难，难的是一辈子上有质量的课。"她指出，"特别优秀的教师往往要花费很长时间上一节公开课，他的可贵不在于得什么奖，最根本的是这节课符合学生学习语言的规律，撒播了种子，这节课能把静态的语文知识，活化为孩子的语文能力。""我追求的目标是让每节课都是高质量的，因为课的质量影响学生成长、成人乃至成才"。(《在学生心中撒播一片阳光》)"要做到每一节课都有耐人寻味的东西，要经得起听。要让不同层面的学生都能受益。什么是上课？上课就是生命在歌唱。是你全身心在投入，你的思想，你的精神。你自己冷若冰霜，你的学生怎么被感动？如果你不做精湛的思考，教学上怎么能入耳入心？""任何一堂课都应是师生互动的交响曲，绝对不能变成独角戏。独角戏是不能教到学生心中的。"的确，在小学语文界也不乏这样的认识。特级教师贾志敏说："要用一生来备课。"特级教师于永正也说："备课时，心中要装进大世界；上课时，眼里只能有小孩子。"这正像于漪老师说的"课要上到学生心里"！对于小学语文教学，于老师有她的真知灼见："今天有些师生互动不理想，因为教师非常着急，对学生讲的东西该怎么引导、怎么鼓励、怎么纠正，不注意方法。还有，学生在讲时，教师自己在写板书，没有交流。这点小学老师比中学老师要做得好。中学老师要礼贤下士，好好向小学老师学习，要跟学生心贴心地交流。"(《民族精神教育与语文教学》)在于漪德育实训基地做小学组导师的这几年里，我看到了中小学老师间的相互学习，取长补短——小学老师向初中老师学习教学语言的干净、教学板块的鲜明，教学的整体感强，不拘泥于琐碎；初中老师向小学老师学习民主的课堂氛围、老师对学生的殷殷鼓励。

柏拉图说过：所有学问中，最高贵的研究是应该怎样做一个人，应该过一种什么样的生活。那么，一位称职的语文教师，努力要与学生一起探讨的，正是这一科。二十多年来，每当我站上讲台，看着学生，都会想到于漪老师的话——把课上到学生心里！于是，我每天一点一点地浸润着他们的心灵，课上课下，书里书外，浅近地交流着，深深地吸引着，如影随形，真是一种幸福……

"语文课是立体的"

在我看来，于老师的文章最显著的特征就是坦率和真诚，求实和寻真。她不仅能从人们习焉不察的教育现象中发现问题，而且能有理有据地分析问题，从而将尖锐与深刻、激情与理性融合在一起，让读者耳畔时时回响着"生命的欢唱"。

"语文课饱含语言文字的魅力，备课时如果能让语言文字一个个站立在纸上跟老师对话，明白作者的意图，你就成功了。"(《在学生心中撒播一片阳光》) "学科德育怎样才能对学生有吸引力、感染力？关键在于对学生了解的程度。有效性来自针对性，学生的兴趣爱好、关注什么、可接受程度、内心需求，教师心中有底，选择怎样的方法，抓住怎样的时机，就可大大减少盲目性。胸中有书，目中有人，同时遵循学科学习的特点，施以合适的方法，细水长流，耳濡目染，就能收到良好的效果。"(《语文学科德育实施纵横谈》) 这番话来源于三年前于漪老师在学科德育基地首次活动上做的报告，当时我也在现场，再次温习倍感亲切。"价值多元背景下语文学科德育建设的实证研究"是于漪基地攻关课题，作为主研人员，我收获的不仅是论文成果的发表，更是对"教文育人"使命的清醒认识。为了设计全市 500 多位师生的调研问卷，我们参考了 120 多份量表，于漪老师不厌其烦地指导我修改调查问卷，为的是对学情有准确的把握。为了调研出被试者的真实想法，我们反复揣摩问卷试题的可测性与隐蔽性。那段日子，我感觉自己就像一粒麦子，总有层层的落叶和破土而出的新芽，叩击着心灵。我在不断瓦解、崩溃，同时，又有一种新的东西在潜滋暗长。课题研究的三年，也是我拔节成长的三年。于漪老师对西语霸权主宰语文教学现状的忧虑和痛惜，也深深感染着我："对于母语教育，我们总是把它看成是一个技术层面的问题，而没有看到更深层的，这是令人忧虑的。""在教育领域，我们没有话语权。我梦寐以求的是中国有自己的教育学。"(《语文教育要致力于拥有自己的话语权》) 每一次见到于漪老师，总会感到心中有一种冲动，有一种无形的力量，这种力量会支撑我很久。有时，也会懈怠，也想偷懒，但想到还有这样一位八十多岁的老人，还在为"教书要教到学生心上"而呐喊，还在为培养一批又一批青年教师而奔走，还在为"要育人不要育分"而疾呼，我们这些少壮派又能说些什么呢？

"我的教学我做主"

于漪老师认为，"'我的教学我做主'是教师具有教学自信力的表现。"(《主人·情人·高人》)"语文教师心中要有点汉字文化、经典文化和人类进步文化。汉字符号表达性能的复杂、感性信息的丰富，绝非西方拼音文字符号可比。"(《语文教师的使命》) 对此，我感同身受。有一次听课，教师教"碧"字，请学生编故事记忆，学生编了"白色的石头是国王"，教师又补充了一句："王老师穿了一件白色的衣服，坐在一块石头上。"查阅清代段玉裁《说文解字注》得知，"碧"是形声包会意字，本义为青绿色的玉石。谓之会意字，部首是"石"，"石"表意，石之青美者。谓之形声字，"白"表声。完整的识字过程，是把汉字的形体和词语的音义全面联系起来，学生通过识字体会"汉字的优美"，提高审美情趣，这不正是于漪老师所倡导的"视而可识""察而见意"吗？小学语文教师不仅应将《说文解字》当作案头必备书，更应努力完善自身的学科专业知识。"每一个汉字符号都是一件艺术品，都具有生命力，都与自然与社会相连。"（《语文教师的使命》）教学自信力哪里来？对于小学语文教师来说，读书尤为重要。学然后知不足，教然后知困。读一点经典，打一点底子，就能为小学生的启蒙教育增添文化的底色。教师的专业尊严在这个社会受到了极大的挑战，我们经常听到学校有这样的决策：数学教不了，去教语文吧。我们也可以看到，任何人都可以对母语教育指手画脚。语文学科有尊严，语文教师需要维护自己的专业尊严，确立自己的话语权，这种尊严和权利不是通过课堂上的霸权，也不是通过行政的强加干预，而是通过自我的不断完善确立的，这个完善的首要任务是学科专业知识的完善。

　　和许多青年教师一样，我十分景仰于漪老师对教育的满腔热忱。1977 年，《海燕》向全上海直播，于漪老师的爱人看完直播后说道，"你哪里是上课？你是用生命在歌唱。"在于漪老师主编的《教育魅力》一书中，人格魅力是教师教育魅力的首要条件，远远超过师爱、学识魅力和形象魅力。于老师对教育长久不衰的热烈的情感，正是她的人格魅力所在。曾有位作家将教师职业设定为打磨螺丝钉的计件工，在我身边，不乏计件工式的教师。的确，教师这个职业做久了，常常会有职业倦怠，常常会生出很多无奈：很多事情，明知违背了教育规律，但依然要去做；很多事情，明知即使做了，也无甚效果，但依然要去做；很多事情，初衷常常是好的，但做着做着，就事与愿违，但依然要去做……既要让学生和家长满意，也要让上级领导满意，教师常常在"让他人满意"和"让自己满意"之间戴着镣铐跳舞。然而，教师从事的是塑造心灵的职业，不是计件工。做教师的人，内心深处必须得坚守住那份教育理想，必须永葆对教育的那份热情，因为，对于中小学生来讲，教师的人格是任何力量都不能替代的最灿烂的阳光。对待学生，不敷衍，坦坦荡荡，想尽一切办法去发展他们，这就是真诚。

　　"我们要走向何方，来自我们内心深处的觉醒。当你将自身的发展与国家的大业，与民族的发展联系起来，你就会有无穷无尽的动力。"我不敢说我已将自身的发展与国家的大业，与民族的发展联系起来，但至少可以这样说，我喜欢课堂，喜欢语文，喜欢享受课堂上孩子们那澄澈的眼睛，享受孩子们对世界充满好奇但又稚嫩的话语，享受午后的阳光下孩子们围着我批订正作业，享受孩子们走入我事先设计好的圈套后的那份窃喜，甚至享受做错事的孩子向你承认错误的那份怯怯……

"要做好中国梦，首先要做好中国的语言文字梦，要让我们的孩子对祖国的语言文字充满热情。"（《我的语文梦》）今天，我们站在一片由百川奔流形成的语言文化与浩瀚的文字文化共同形成的海洋中，依一个中国人对自己语言文字的热爱，思索中国语言文字文化发展的未来，回味其源远流长的过去。我们不能任母语在世界文化的海洋中自由漂泊，任其无序地变革发展，任其源远流长源泉的失落，任其博大精深内涵的失传。我们是语文教师，首当其冲应该占领好我们的这片领地。

《语文的尊严》一书，与其说是于漪老师近几年所发表的文章、演讲专辑，不如说是她精湛的教育思想的抒写，读着读着，我仿佛置身于一个巨大的磁场中，这个磁场为我带来了正能量。"人的内心要充盈、淡定、宁静"，60多年的教学生涯，于老师是充盈的，她一直在坚守，这是一种原则的坚守。她早年上公开课，现在为我们做报告，著书立说，就是将这种坚守传承下去。她时刻启迪我们，只有滴水穿石的坚守，日积月累，才能水滴石穿。聆听着这位教育家发出的语文教育的最强音，启航吧，去追寻我们每个人的"语文梦"。

芬芳的幽香永驻人间
——读唐兰先生《中国文字学》

第一次听说《中国文字学》，是在一次语文德育基地活动上，于漪老师推荐了这本书。记得当时基地开展读后感交流活动，不少学员交流的都是有关汉字教学的书，如张大春的《认得几个字》、林西莉的《汉字王国》、申小龙的《汉字思维》、蒋勋的《汉字书法之美》等。近几年这类书出版得极多，在当当网上搜索"汉字"二字，会跳出12434个结果。听完大家的交流后，于漪老师语重心长地说："语文老师最好读一些磨脑子的书，像唐兰的《中国文字学》，值得一读。"买书易，读书难，尤其是读这类晦涩难懂的书，更难。此书初买来时，躺在书架上整整一年。后来，在听课过程中，我屡屡发现许多老师在识字教学中的误区，于是，翻阅起这本《中国文字学》。我不敢说读一遍就能吸收其精髓，但能读到点皮毛也是好的，抱着这种心态，我啃起了这本"磨脑子的书"。渐渐地，我心中立起了一个"师古而不拘于古，尊师而不拘于师"的唐兰，也许，这才是我"磨脑子"后最大的收获。

"三书"说：向传统权威挑战

唐兰（1901—1979），字景兰，号立庵，浙江嘉兴人，古文字学家、金石学家、历史学家。早年，他与王遽常、吴其昌并称为"无锡国专三杰"；曾任北大教授、中文系代主任，后任故宫博物院副院长。他著书立说，自成体系，以《中国文字学》《古文字学导论》《殷墟文字记》等著作建立了较为完整、系统的古文字学理论体系和研究方法；他提出中国的历史应从黄帝始，迄今有6000余年的文明史——大汶口文化已进入了文明社会，将中华民族的文明史往前推进了一两千年，引起国内外学术界的热切关注。

我手上的这本《中国文字学》由上海世纪出版集团2005年出版，共16万字。其实，它最早由开明书店于 1949 年出版。张政烺先生如此评价此书："中国古文字研究已有一两千年的历史，但很少有理论性的著作，唐兰同志这部书是空前的，在今天仍很有用。"全书共 30 节，分五大部分："前论""文字的产生""文字的构成""文字的演化"和"文字的变革"。

唐兰先生最大的贡献是在《中国文字学》中，进一步批评传统的"六书"说，论述所创立的"三书"说。我们在大学中文系的课堂上学到的是"六书"，最早是由班固、郑众和许慎提出来的，即延续了两千多年的传统的"六书"说——"指事、象形、形声、会意、转注、假借"（许慎）。照他们的说法，"六书"是造字之本，也就是造字的六种方法。而唐兰先生说："'止戈为武'，见于《左传》；'人言为信'，见于《穀梁》，似乎是很有根据的。但从现在的眼光看，这种说法都是错误的。古文字只有象意，没有会意。象意字是从图画里可以看出它的意义的。'武'字在古文字里本是表示有人荷戈行走，从戈行的图画可以生出'威武'的意义，从足形的图画里又可以看出'步武'的意义，可是总不会有'止戈'的意义。至于'信'字，只能是从言人声的一个形声字。"

唐兰先生在否定"六书"说的基础上，提出了"象形""象意""形声"的"三书说"。他说："不归于形，必归于意，不归于意，必归于声"，"只要把每一类的界限、特征弄清楚了，不论谁去分析，都可以有同样的结果。"

清代学者戴震曾说："学者当不以人蔽己，不以己自蔽。不为一时之名，亦不期后世之名。"我觉得这两句话可以概括唐兰先生一生治学的精神。他善于吸取前人的学术营养，但没有经过自己的独立研究，他决不肯轻易相信别人的论述。他精审独到，但又从不故步自封，总是在不断学习和探索。他早年对《说文解字》下过不少苦功夫，可谓烂熟于心，但他对许慎"六书"的批评不遗余力；王国维曾提携过他，但他却说："罗振玉、王国维只能算是文献学家，他们的学问是多方面的，偶然也研究古文字，很有成绩，但并没有系统。"

班固、郑众和许慎各自提出的"六书说"是最早有关于汉字构造的理论体系，对中国文字学的研究有着深远的影响。整整一千余年的研究者前仆后继地挖掘"六书"，他们视"六书"为汉字之根本，认为"六书"可以尽括一切的文字，但他们却很少注意"六书"本身存在的缺陷。只能说，他们太迷信经典。而唐兰先生认为，"六书"的主要问题表现在两个方面："第一，它从来就没有过明确的界说，各人可有各人的说法。其次，每个文字如用六书来分类，常常不能断定它应属哪一类。"他说："象形、象意文字是上古期的文字，形声文字是近古期的文字，这三类可以包括尽一切中国文字。"

读到这里，敬意油然而生。我不敢说"三书说"一点瑕疵都没有，但我想说，"三书说"打破了中国文字学研究千余年来的"六书"框架，这种大胆创新的学术精神是值得我们学习的。

形声字解读：拨开重重迷雾

商朝的甲骨文字已是比较成熟的文字。当时的人们早已解决了形声字问题，甲骨文中的形声字已占20%以上；到了两千年前的许慎手中，形声字已达80%以上；到现代，更占到90%以上。可见，形声字是汉字的主流和高级形式。

文字是记录语言的。汉字的音、形、义三要素中，音义与语言的关系更为密切，唐兰指出："一个字的音和义，是属于语言的。"周作人在《十山笔谈》中批驳"汉字难"论时曾说："汉字难学乃是外国人的说法……若是在中国人，他平常说的是从母亲怀中学来的中国话，一个字的音与义原是熟悉的，余下来的只是一件事，即是认字形，这工作已经只剩三分之一了。"由此可知，一个字的音与义，要到口语中去寻求，也只能由语音来提供答案。例如"象"字，眼前就是一头大头大耳长鼻子的大象；"叶"字，眼前就是细树枝上挂着一片叶子，原本是对生的两片，右边的一片已经掉落，只留着一段叶柄。看见了字形，头脑中很容易幻化出实物图形，口中不由得喊出名称，由此，字音就自然出来了。

唐兰先生指出："由孳乳、转注、緟益三种方法产生的形声文字，才是纯粹形声字。孳乳字分布得很广，玉、石、牛、羊、木等部都是；转注字分布在老、鬼、黑、白等部；緟益字比较零碎，分布却也很广。"他又慨叹："形声字的声符所代表的是语言，每一个语言不论是拟声的、述意的、抒情的，在当时总是有意义的，所以每一个形声字的声符，在原则上，总有它的意义，不过有些语言，因年代久远，意义已茫昧，所以，有些形声字的声符也不好解释了。"他认为，"形声字在造字时，只有一形一声（当然有些声母本身已是形声字），绝对没有同时用两个形或两个声的。形声文字，不是一个时期造的，它是由于历史的累积而成的。所以我们说形声文字只有一形一声，凡所谓二形一声、一形二声的字，如其不是错误，就都是緟益字或复体形声字。"他的观点多么明晰、准确。

很多小学语文教师都会告诉学生，形声就是用形旁加声旁的方式造字。再深究下去，形旁表示意义或意义类属，声旁表示字的读音。特别是形声字的形旁已将所表示的概念进行了初步的分类，这在确定义类、指导"泛知"、简化记忆等方面确有极为重要的意义。低年级语文教师心中要时刻念着汉字的构字规律，课堂上遇到生成性资源，要善于用汉字构字规律特别是形声字的构字规律来解释，久而久之，学生识字就能举一反三，找到规律。

正本清源：涵泳汉字的优美

唐兰先生把象形字分为四类：一是象身，即"近取诸身""人物之形"；二是象物，即"天物""山川""草木""鸟兽""虫鱼"之形；三是象工，即人类制造的工具，如器物、服饰等；四是象事，即许慎所说的"指事"字，"上下是也"，是抽象的形态。

中国汉字的造字规律，反映了古人"形"（实物图形）——"事"（较抽象）——"意"（更抽象）的思维发展规律，也就是由图画化向符号化，由具体化向抽象化发展的造字规律。由此，我想到小学语文教学中的识字教学，也应当根据这一规律，正本求源，抓住汉字起源的本质，从字形、实物图形入手，适应儿童形象思维能力高于抽象思维能力的特点，从形象生动的象形图画文字开始，引发学生汉字学习的兴趣，让学生了解古人造字的非凡才智，了解汉字所描绘的丰富的形象和深刻的文化内涵。

然而，在识字教学中存在一种倾向，许多教师不太懂字理，一味要求学生记忆字形，生编硬造一些"理由"帮助学生记忆。如教学"喜"字，有的教师将它分解成"十、豆、口"三部分，解析为"十豆落入口"，这是科学的识字教学吗？试问，"十豆落入口"与"喜"的意义有什么关系呢？而实际上，"喜"是一个会意字，字从口、从壴（zhù），壴亦声，"壴"为"乐器"，"口"指"欢声"，"口"与"壴"联合起来表示"啦啦队"，本义是啦啦队发出欢呼声，引申义是快乐、高兴。

还有的教师甚至任凭学生对生字随意想象捏造。比如教"碧"，一位年轻教师请学生编故事来记忆，学生遂编了"白色的石头是国王"，教师马上给予鼓励，接着，教师又补充了一句："王老师穿了一件白色的衣服，坐在一块石头上。"这种方法无可厚非，但与字义相差甚远，学生记住了这个字，也不知道"碧"字为何义，不能建立音形义的统一联系。这就造成了学生简单地记住了字音和字形，却对汉字所蕴含的深刻文化意蕴不解，这对于传承优秀的中华文化、培养学生的语文素养是一种影响。以下是我查阅清代段玉裁《说文解字注》中的注解：

> 石之青美者。西山经。高山其下多青碧。传。碧亦玉类也。淮南书。昆仑有碧树。注碧，青石也。刘逵，常璩，郭朴皆曰。越巂会无县东山出碧。从王石。白声。从玉石者，似玉之石也。碧色青白。金克木之色也。故从白。云白声者，以形声包会意。兵彳切。古意在五部。

由此，"碧"是形声包会意字，本义为青绿色的玉石。谓之会意字，部首是石，石表意，石之青美者。谓之形声字，白表声。听完课后，和上课教师交流，问她是否知道"六书"，她摇摇头，还说这种编故事的方法在自己读书时老师就是这么教的。唉，真是贻害一代人哪！

由此，我想到曾经看到一位骨干教师在论文中写如何指导学生记忆"照"：一个日本人，拿了一把刀，杀了一个人，流了四滴血。语文教师竟然这样亵渎中华民族的瑰宝——汉字，令人扼腕！"照"到底该怎么教？"灬"是"火"字做下偏旁的形变，因此"照"字是会意兼形声字，"灬"在这里表示光；"昭"（从日召声）表示日光明亮，"昭"兼表声；合起来，"照"的本义是光明照耀，比如"照射"。学生明白了"灬"是"火"义，就容易理解和识记。

识字教学要根据儿童的心理词典来指导，完整的识字过程，是把汉字的形体和词语的音义全面联系起来，也就是要全面完成把口语转化为书面语的任务。学生学习识字不仅是为了掌握一种交际工具，也是为了通过汉字本身蕴含着的丰富的文化信息，通过识字的实践来涵泳汉字的优美，提高自己的审美情趣。

一个优秀的教师往往善于探索符合学生内在认知学习历程的教学，因为学习其实是一个非常复杂的过程，而我们却常常以为教给孩子知识就可以了。识字教学亦如此。

感谢唐兰先生，批判了"中国语言低级、文字原始"的错误观点，确立了中国语言、文字在世界语言、文字史上的地位。写完此文，看到朋友圈都被呦呦这个取自《诗经》"呦呦鹿鸣，食野之蒿"的名字刷爆了，唐兰不也如此吗？他出生时，正逢蕙兰绽放，暗香浮动，其父遂取名"唐兰"。他的学识和人品，他对文字学的贡献，宛若盛开的兰花，带给我们高雅而芬芳的幽香。

愿这芬芳的幽香永驻人间。

种出一棵属于自己的树

——读陈望道《修辞学发凡》有感

选择阅读《修辞学发凡》这本书有三个原因：一是觉得需要"读几本磨脑子的书"，磨过脑子，才会有真正的收获，由此变得蕙质兰心；二是希望探究这部具有里程碑性质的重要著作，借此拥有比较系统的修辞学知识体系，从而在工作中更有底气；三是希望借助书中理论解释实际工作中的困惑，惠及更多的一线教师。然而，几次捧起，几次又放下，毕竟读这类书，需要的不仅仅是厚实的学科背景，更需要沉静的心态，深知此乃修炼也。所以，边读此书，边翻阅解读此书的相关文献，充分发挥主观能动性，触类旁通，希望利用这颗种子，种出一棵属于自己的树。也许，这便是阅读的意义。

《修辞学发凡》的作者是陈望道（1891—1977），中国教育家、修辞学家、语言学家，浙江义乌人。陈望道先生是中国第一个完整中文本《共产党宣言》的翻译者，《辞海》第二任主编。当年他与陈独秀一起做建党工作，因脾气不合，就去做学问，遂成了中国研究修辞第一人。

该书初版于 1932 年，由大江书铺在上海刊行，后多次再版重印，我手上的这本是复旦大学出版社 2011 年再版的。张志公先生评价此书："这部具有里程碑性质的重要著作……使我认识到：修辞学是一个宽广的、很值得探索的领域，是一门既有理论意义又有实用意义的学问。"全书共十二篇，第一、二、三、十篇为修辞学理论，第四篇为消极修辞，第五至九篇为积极修辞，第十一篇为文体风格，第十二篇为修辞学小史及结语。

修辞学是一个很小的、专业的学术分支，做语文教师的人、写文章的人不可不读。近几年，我致力于"儿童立场下的小学习作教学实践研究"，遇到的困难和困惑不少，有不少困惑在此书中找到了答案。择其三点来谈。

"消极修辞"与"积极修辞"

陈望道先生受西方传统修辞学的影响较大，也是这本书的一大成功之处，正如新加坡现代文学家郑子瑜先生所说："真正不顾复古派和礼拜文言者的对抗，采用由西方东方传入的科学的研究方法，彻底将中国的修辞学加以革新……"追根溯源，西方古典修辞学即自亚里士多德以来把修辞学分为两种功能：以逻辑来说服论证和以审美来打动人。据此，陈先生在"引言"第二小节中谈到修辞在使用中的"三境界"：一是"记述的境界"；二是"表现的境界"；三是"糅合的境界"。其实重要的是前两种境界，即一个是"以记述事物的条理为目的，在书面如一切法令文字，科学的记载，在口头如一切实务的说明谈商，便是这一境界的典型"。另一个是"以表现生活的体验为目的，在书面如诗歌，在口头如歌谣，便是这一境界的典型"。从中引出陈先生最为脍炙人口的区分，即"消极修辞"（或修辞的"消极手法"）和"积极修辞"（或修辞的"积极手法"）。

陈先生指出，"消极修辞"有四种：1. 意义明确。即把意思分明地显现在语言文字上，毫不含混，绝无歧解，指出应该使用意义分明的词，使词和词的关系分明，用词应分清宾主。2. 伦次通顺。依顺序、相衔接、有照应的语句，称为伦次通顺。3. 词句平匀。选词造句以平匀为标准，即要求平匀而没有怪词僻句，匀称而没有驳杂的弊病。4. 安排稳密。要求注意词句的安排，要切合内容的需要，要有切境切机的稳和不盈不缩的密。

颇为赞同陈先生"消极修辞"与"积极修辞"的观点。对于小学生来讲，更应提倡"消极修辞"。《义务教育语文课程标准》（2011版）所提出的"能具体明确、文从字顺地表达自己的见闻、体验和想法"，不就是陈先生倡导的"消极修辞"吗？然而，实际教学中，教师们不由自主地拔高习作要求，追求语言华美、修辞堆砌。常常遇到很多教师这样要求学生写作文开头："童年就像一片海滩，里面有无数珍贵的贝壳。童年就像一个花园，里面有无数美丽的花朵。童年就像一个梦，里面有无数美好的回忆。现在我给你说个最有趣的童年故事吧！"有学生写其他文章时，就把"海滩的贝壳""花园的花"换成"天空的星星""水里的鱼儿"，照样能得到高分。不少教师要求学生写结尾一定要点明中心，写出启示，诸如"通过这件事，我明白了世上无难事、只怕有心人的道理"之类的话，我称其为"启示病"。我也常常对教师们说，不要指导学生写"八股文"，要"我手写我心"。说这句话时，我也底气不足。现在，将《修辞学发凡》与《开明国语讲义》（夏丏尊、叶圣陶、宋云彬和陈望道先生合编）认识清晰了，底气也足了。叶圣陶先生指出，"做八股文又是代圣贤立言，不许发表自己意见的；所以要八股文做得好，先要自己没有思想没有话说才行。影响所及，使中国学术思想由硬化而停滞。"顾炎武先生在《日知录》中指出，"股者对偶之名也。""成化二十三年会试，《乐天下者保天下》文，起讲先提三句，即讲'乐天'四股，中间过接四句，复讲'保天下'四股，复收四句，谓之'大结'……每股之中，一反一正，一虚一实，一浅一深，其两扇立格，则每扇之中，各有四股，其次第之法亦复如之。故今人相传，谓之八股。若长题则不拘此。""八股"之风害人不浅啊！当下，应试之风观照下此风愈演愈烈：小学生抄写范文，仿写范文，"宿构文"遍地皆是；教师指导学生修改作文，全然不顾儿童的心理，盲目使用"添加剂"，即添加所谓的"好词好句"。此风该刹矣！

胡适先生当年大声疾呼的"须作八事入手"的话语，如今依然熠熠生辉："一曰，须言之有物。二曰，不模仿古人。三曰，须讲求文法。四曰，不作无病之呻吟。五曰，务去滥调套语。六曰，不用典。七曰，不讲对仗。八曰，不避俗字俗语。"（《文学改良刍议》）他懂得革命者当革其精神，同时亦当革其形式。陈望道先生亦如此。

"改错当先"与"求美居后"

为了说明"消极修辞"和"积极修辞"的区别，陈望道先生用《论语》中"君子疾没世而名不称焉"表明"直写胸臆，家常谈话"符合他对修辞的"意与言会，言随意遣"的要求，即"修辞立其诚"的要求。

周振甫先生曾批评陈望道在《修辞学发凡》中抛弃了"修辞立其诚"的原则，他说："《发凡》里讲消极修辞，注意：'一、意义明确；二、伦次通顺；三、词句平匀；四、安排稳密。'没有注意到作者根据他所要表达的情意来确立命意谋篇，假如作者违反他的情意，说了假话，即不符合'修辞立其诚'的要求……《发凡》里不讲命意谋篇，只要求'意义明确'，那么说了假话，也可以说得命意明确的，就把'修辞立其诚'的要求抛弃了。"

联系本书的引文来看，陈望道先生并未抛弃和忽视"修辞立其诚"原则，如他把修辞定义为"调整语辞使达意传情能够适切的一种努力"，修辞要"以'意与言会，言随意遣'为极致"，并认为"修辞以适应题旨情境为第一义"，这都是"修辞立其诚"的体现。这恰恰与叶圣陶先生的"写文章跟说话是一回事儿"的观点一致。叶老指出，"写话是要写成的文章句句上口，在纸面上是一篇文章，照着念出来就是一番话，上口，这是个必要的条件。"（《写话》《怎样写作》）

陈先生认为，在文章内容方面如能具备明确和通顺两个条件，对于记述大体已算称职了。先说明确。陈先生指出，"要明确就是要写说者把意思分明地显现在语言文字上，毫不含混，绝无歧解。"要力求内容本身上的明确和表出方式上的明确。内容本身上的明确不难理解，表出方式上的明确包括"应用意义分明的词""应使词和词的关系分明"和"应分清宾主"。陈先生举"以上"为例，让人读来顿觉明了。"例如'以上'两字，便有两种数法：1. 作连身数，从本数数起，如说'二以上'，便是说从二数起直至无穷；2. 作离身数，从本数的下一数数起，如说'二以上'，便是说从三数起直至无穷，'二'的本身却不在内。诸如此类尽当审慎斟酌，可避则避。"试想，平时说话写文章有几人能做到"意义分明"，小学语文教师更应如此，培养小学生良好的说话写作习惯至关重要。教师若希望辨别出学生习作中意义不甚分明之处，就应当处处培养良好的语感。著名特级教师贾志敏先生便是语感极为敏锐的典范，每次听贾老师的课，总叹服他深厚的语言功底，令吾辈汗颜。有一次，他和我通电话，谈到教材语言的规范性，举了一个例子，在苏教版四年级《推敲》一文中有一句话："唐朝有个诗人叫贾岛，早年因家境贫寒，出家当了和尚。"贾志敏老师认为，这句话是病句，"早年因家境贫寒"前缺少主语，应在前加一个"他"才算说清楚。还有一句"这时，正在京城做官的韩愈，在仪仗队的簇拥下迎面而来"，贾老师认为"仪仗队"不准确，应该改为"护卫队"。课标审查组的专家杨再隋先生听了贾老师的课也赞不绝口，他说，《推敲》这一类的课文，没有深厚功力的老师是上不好的。

再说通顺。陈望道先生指出，"能够依顺序，相衔接，有照应的，就称为通顺。"真是精辟！我们常指责学生作文语句不通，但到底什么是通顺，没有哪个老师能如陈先生这样分析得透彻入理。"顺序有关于语言习惯的，有关于上下文的情形的。""所谓顾及上下文，便是上文所谓相衔接，普通也称相贯串。""照应的事，无论在材料的取舍上，语言的表出间，都颇重要。"这是陈先生对这三点的进一步诠释。三点之中，我认为最难做到的是"相衔接"。在沪教版五年级下册《慈母情深》中有两段话：

> 那天母亲数落了我一顿。数落完，又给我凑足了够买《青年近卫军》的钱。我想我没有权利用那钱再买任何别的东西，无论为我自己还是为母亲。
> 就这样，我有了第一本长篇小说。

"就这样"体现了自然段之间的衔接，"这样"就是上文这件事。如果没有"就这样"，"气即不贯矣"。类似的词还有"因此""总之""那么""由此可见""综上所述""但是""然而""可是""相反地"等，一般叫过渡词语。教学时若关注到"承接处"这些词，对学生把文章写通顺大有帮助。清代唐彪《读书作文谱》（五）说道："文章不贯串之弊有二：如一篇中有数句先后倒置，或在数据辞意少碍，理即不贯矣。承接处字句或虚实失宜，或反正不合，气即不贯矣。"

　　　　　母亲还从来没有一次给过我这么多钱。我也从来没有向母亲一次要过这么多钱。

　　这句中的"还"和"也"能否去掉？其实，这两个词体现了前后意思间的联系，若去掉，属于"辞意少碍"。若常有这样的文字推敲，对语感的培养大有裨益。

　　读至此，我想起了黎锦熙先生在1938年撰写的《各级学校作文改革案》一文中倡导的"改错先于求美"："通""不通"的问题还没解决，就净说些"美""不美"的鬼话。今矫此弊，故以改错当先，求美居后。教育家李希贵先生也在《今天我们怎样教语文》中强调，语文要更加语文化，语文要轻装上阵，不再负重前行，对于绝大多数人来说，如果通过语文课程学习，真的"能够文从字顺地表达自己的见闻、体验和想法，这也就足够了"。

"词句平匀"与"安排稳密"

　　上文所说仅指内容上要具备明确与通顺两个条件，陈先生又提出，在语言上应注意"词句平匀"与"安排稳密"。

　　所谓"词句平匀"，意为"平易而没有怪词癖句，匀称而没有夹杂或驳杂的弊病"，"消极的达意的选造词句，最好拿它做标准"。接着，陈先生又提出，这样的语言应具备三个条件：本境的、现代的、普通的。

　　当下小学作文教学中有一种误区，即认为写得越具体越生动越好。其实，语言平实简约应是我们所追求的。不是说文章的篇幅一定要短，而要看作者的表达是否简洁明了，是否有作用。汪曾祺先生在《说短》中指出，"要使语言生动，要把句子尽量写得短，能切开就切开"，"现代小说的语言大都是很简短的。从这个意义来说，我觉得海明威比曹雪芹离我更近一些"。鲁迅先生也说："我写《徙》是这样开头的：'世界上曾经有很多歌，都已经消失了。'我出去散了一会儿步，改成了：'很多歌消失了。'"六年级一篇课文《欧阳定稿》中的欧阳修也是这样：欧公文亦多是修改到妙处。顷有人买得他的《醉翁亭记》稿，初说"滁州四面有山"，凡数十字；末后改定，只曰"环滁皆山也"，五字而已。

　　有时候，看有些同学的作文，很为他感到可惜：明明用一两句话可以说清楚的，偏要绕上几个圈子，偏要加上成组的修饰语，偏要用上几个长句子，偏要让别人阅读起来有障碍。正如叶圣陶先生所说："心里要有读者，首先要让读者能懂你的意思，不要'做'，不要说别人不懂的话。"

记得做老师时，我发现班级里有不少女生语言啰唆，爱写长篇大论，读来不知所云，于是，就带着学生阅读汪曾祺先生的作品，希望用汪氏平白如话的文风来改变学生的不良语言习惯。比如，汪曾祺在《童年的病》中写道："我的蜜枣已经吃完了，父亲又塞给我一颗，回家！"第二颗蜜枣吃的过程简单带过。怎么收拾东西的，怎么告别的，怎么回家的，仅用两个字概括。再如，汪曾祺先生的《干丝》中是这样描述的："煮干丝不知起于何时，用小虾米吊汤，投干丝入锅，下火腿丝、鸡丝，煮至入味，即可上桌。不嫌夺味，亦可加冬菇丝。"清楚、明白，正是陈望道先生说的"语句平匀"。

所谓"安排稳密"，即"词句对于内容的需要，至少要有切境切机的稳和不盈不缩的密"。陈先生强调，"写说者的目的何在，内容的情状如何，便是决定所用词句是否贴切的最重要的关键。"用今天的话来说，就是写作目的决定了语言表达，目的不同，词句的安排也不同。

什么是经典？常念为经，常说为典。经典标准有三：一是达到了空前绝后的高度；二是上升到了理性，有长远的指导意义；三是经得起重复引用，能不断释放能量。陈望道先生的《修辞学发凡》堪称经典，难怪叶圣陶先生评价此书："有了这部书，修辞法上的问题差不多都已头头是道地解决了。"

磨脑子的过程是艰辛而愉悦的，虽只读懂了一点皮毛，但别有一番滋味在心头。阅读，便是种出一棵属于自己的树。

大家"小书",教你写作
——王鼎钧《作文七巧》读后感

阅读《作文七巧》,源于三点:一是已经读过王鼎钧先生的"作文四书"之《作文十九问》和《文学种子》;二是喜欢王先生的随性与平白,作家谈如何写作,相比大学教授谈写作,少了些教条与理性,多了份恬淡与随性;三是此书32开,便于携带,乘地铁、等车等零碎时间均可阅读。此书虽薄,但每一页都积淀着作者的才情。所以,当我在学院图书馆看到此书时,便满心欢喜,如获至宝。

王鼎钧,山东兰陵人,1925年出生,1949年到台湾省,1979年应聘至美国的大学任教。王鼎钧先生在台湾散文家中成就高,是台湾散文创作"崛起的山梁"。他的"人生四书""作文四书"等作品在台湾地区销行极广,至今不衰。

《作文七巧》一书将直叙、倒叙、抒情、描写、归纳、演绎、综合汇成"作文七巧"。谈作文技巧的书,很容易陷入技术主义,但此书却并不程式化。作为过来人,作者将他的写作经验、人生阅历融在娓娓道来中,为读者提供作文的捷径。王鼎钧是大家,为什么要写这样的"小书"?他讲得诚恳而有趣:"我一面赤脚行走,一面把什么地方有荆棘、什么地方有甘泉写下来,放在路旁,让后面走过来的人拾去看看。"这七种写作技巧,便是七处独异的风景,它们构成幽静的林荫大道;而那些洒脱自如的活泼泼的语言,恰如一股股流淌在林间的泉水,滋润着我们的思想与笔端。

一瓢水与汪洋大海

一本有质量的写作书,必然浸透着作者的灵魂和感情。作为散文大家的王鼎钧,博览群书,学养深厚,写作经验同样丰富,他在给你"一瓢水"的时候,其背后拥有"汪洋大海"。

在王鼎钧看来，世界上优秀的作品都需要性情和技术相辅相成，性情是不学而能的，是莫之而至的，人的天性和生活激荡自然产生作品的内容，技术部分则靠人力修为。他说："年轻朋友不怕有技术而无性情，就怕有性情而无技术。"比如，讲抒情的技巧，王先生先阐述抒情文写的是情。"抒情文以情为主，它可以由事由理引起，但文章里的情'淹没了'那事那理。借景生情，情溢乎景，因事生情，情溢乎事，临地生情，情溢乎地，睹物生情，情溢乎物。"王先生接着以《堂吉诃德》为例，具体阐发了景、事、地、物等与情的关系，并得出结论：抒情的表现是主观的。接着，王先生讲了"母亲的老花眼镜"和"买包子的父亲"等故事，阐明抒情文是以作者的内心感受为主题的。最后，他又从读者的角度阐述，身为读者应明白，抒情文是不能"考据"的。王先生列举了中国人的七大类情感"喜怒哀乐爱恶欲"，然后得出结论：最会抒情的人是年轻人，因为年轻人有新鲜的角度，有丰富的感应，有率性的真诚。散文是年轻人的文体。散文在形式上最自然、最自由，可以随意挥洒，不拘一格。它恰恰配合青少年身心的成长。

很佩服王鼎钧先生，他是一个会讲故事的人，讲作文和写作文一样，写作文没有故事，作文索然无味；讲作文没有故事，同样无味。有些技巧理解起来很平常，但学生常常不会用，经王先生引导之后，为什么很快就能掌握呢？很重要的原因是他用故事将这些技巧说明白了。他讲得不仅生动，而且有文化厚重感，古今中外，随手拈来。所以，做语文教师，要像王鼎钧先生那样，首先要会讲故事，故事里还要有文化，传统文化，人情冷暖，品性修养，这些东西要在你的故事里不动声色地站立起来。

讲着讲着，学生不知不觉喜欢上了你，喜欢上了作文，也喜欢上了语文，你便成功了。

生动与平板

一本有质量的写作指导书，也必然客观公允，有冷静的学术态度。由于工作原因，我常常有机会看到基层教师批阅的作文，评语中不乏"描写不生动"等字样，总觉得要求过高，但又解释不清，这次终于在《作文七巧》中找到了答案。什么是"描"？王鼎钧先生的解释颇为形象：从前的大姑娘拿薄纸铺在原稿上，以极细的笔画把"花"的轮廓画出来，她画得很细心、很灵巧，对花鸟虫鱼的线条美很敏感，这就是"描"。

用语文的方式怎么"描"呢？王先生列举了一句诗："晚凉天净月华开"，"漂漂亮亮，简简单单，干干净净，却是让你百看不厌，像双钩描出来的名家的字"。的确，"说明"之难在于说得简洁明确，"描写"之难在描得生动新鲜。反思当下小学作文教学，大多拔高要求。《义务教育语文课程标准》（2011版）对第三学段习作的要求是，"能写简单的记实作文和想象作文"。单说记实作文，从字义上来讲，"记"和"纪"在"记载、记叙"这个意义上是相通的，所以，"记实作文"就是"纪实作文"。什么样的记实作文呢？一个"简单"就限定了小学生是学习和练习写记实作文，不是写比较复杂的记实作文。在行为上，又限定为"能写"，不是"会写"。《义务教育语文课程标准》（2011版）还规定，到第四学段才写"记叙文"。但现在的小学作文教学几乎都是把记实作文当作记叙文。记叙文是一种体裁，有许多规定，如记叙的六要素等。而记实作文重在记载实际情况，把所见、所闻、所想、所感记下来即可，不是文章的一种体裁。我们常常不经意地拔高作文教学要求，难怪越来越多的小学生害怕写作文。真得向过高的作文要求开炮了！

说完"描写"，再说"生动"。这也是小学语文教师常挂在嘴边的一个词。什么是生动？王鼎钧先生说："某一篇记叙文所以生动，多半是因为那件事情本身生动。某一篇记叙文所以平板，多半是因为那件事情本身平板。"什么样的事情才是生动的呢？王先生认为，最要紧的是"起落、详略和表里"。有起落、有详略、有表里，就用直叙。这是用三个词来概括。如果用三句话来归纳，即"读者反应的强弱＝文章的起落""取材有主从，所以文章有繁简，不宜平均""作文的材料有隐有显，可以形成一表一里"。看来，要使学生写出生动的习作，要在指导选材上下功夫，要在打开学生写作思路、拓宽学生视野上下功夫，而不是一味花在指导如何写上。要引导学生重视读者的反应，多追问自己：读者读了这件事，感兴趣吗？兴趣点在哪里？反应强烈吗？所以，一味追求"描写生动"，是典型的没有基于课程标准的教学啊。

深入浅出话"比喻"

一本有质量的写作指导书，更是丝丝入理，讲得通透，举重若轻，使人"云开方见日，潮尽炉峰出"。什么是"比喻"？王先生说得太精辟了，"比喻是以熟悉喻陌生，以已知喻未知。""中国从前流行的比喻多半是北方人最熟悉的，如冰清玉洁，雪肤花貌；多半是农民最熟悉的，如鸡虫得失，狗偷鼠窃。"我想，大体是因为中国是农业大国，中国文化的发展是自北向南的。

王先生还指出，比喻的基本句型是"像……一样"，简称"像"型，由此衍生出几种变型："是"型、"想"型、"成"型。无论怎样变化，"喻"和"被喻"都在句中并存。

关于比喻句，是语文教学中最被诟病的一种语文知识。这类知识容易教，找出本体喻体，说说把什么比作什么，就算教完了，且不顾年段要求。小学二年级就告诉学生把什么比作什么，并不鲜见。

其实，比喻句早就存在于学生的口语中，是一种常见的句式。一、二年级教学不必太在意比喻句，教师只要重视对这类词句的朗读指导和语言积累就是了。到中高年级，可有选择地引导学生欣赏、仿写比喻句。基本方法是联系上下文反复朗读、浮现形象、体会情感，千万不可以语法修辞分析来代替学生自己感悟体验，也不可见到比喻句就让学生仿写。如三年级课文《悉尼歌剧院》中，"整座建筑洁白晶莹，像一瓣一瓣盛开的白莲，又像几叶张开的扇贝，再仔细一看，更像一组要出海远航而扬起的白帆"。有老师指导学生学完比喻句后仿写中国馆。这岂是三年级学生能掌握的，恐怕连教师自己也写不出贴切的三句比喻句吧！比较合适的教法是，引导学生先通过看图，比较白莲、扇贝和白帆在形状、颜色、大小上的相似之处，这是学生一望而知的；再进一步品味"盛开""张开""扬起"用词的贴切，进而体会白莲、扇贝和白帆在姿态上的相似之处，这是学生一望不知的；最后朗读涵泳，体会作者对著名建筑的喜爱之情；在此基础上，选择其中一二句适当进行仿写指导。

以上列举的为静态事物的比喻，教材中还有不少写动态事物的比喻句，教学时要瞻前顾后，联系起来品味，这样效果就不一样了。五年级课文《登泰山观日出》中，"云雾不断地扩展着，飘动着，升腾着，有的像雪白的棉絮层层叠叠地飘落在山峰中间，有的像长长的绸带悬在空中，有的撞碎在山崖上，像涨潮时的海水在岸边溅起无数朵白色的浪花"。观察视角不变，观察对象在变，与四年级课文《观潮》在写法上类似："只见东边水天相接的地方，出现了一条白线"，"再近些，只见白浪翻滚，形成一道六米多高的白色城墙"，"那浪越来越近，犹如千万匹白色战马齐头并进，浩浩荡荡地飞奔而来"。同是比喻动态事物，后者写出了由远及近的镜头感，前者则有目不暇接的感觉。先品味语言，再迁移仿写，用比喻写出动态事物的变化，凸显事物特点，则是高年级的核心教学内容。

读王先生的文字，就如在春风中散步，一边走，一边与作者拉家常。读着读着，总想放下来，轻轻舒一口气，感叹一番。这本书常有让我放下来的时候，比如讲抒情的技巧，王先生列举母亲留下的老花镜，让我想到自己远在千里、年过八旬的老母，不禁泪水纵横。笔拙纸穷情未尽，无法呈现此书的全部精彩，权当窥一斑而见全豹吧。

于漪作文讲评课的教学论透视

——《于漪老师教作文》等书读后有感

　　青年学生往往有一种错觉，以为辞藻华丽就是文章写得好，殊不知思想是灵魂，文字是躯壳，离开了正确的思想、精辟的见解，文字再漂亮，也是空洞无物，"站"不起来的。要训练"写"的能力，就得双管齐下，既练思想，又练文字技巧。

——于漪《于漪文集》

　　研究于漪老师的作文讲评课，首先要研究于漪老师的语言观。"语言文字是民族文化的根；语文教育是母语教育；语文教育的基本特征是工具性和人文性的统一。"① 其中，"立意是育人，立足点是语言认识。教学的关键是'统一'"② 。语文教学的任务，就是要通过立言来立人。语文教学绝不能重"术"轻"人"。这是于漪语文教学思想的根基，研究于漪作文讲评课的教学思想，也需要从她的语言论述入手。

　　于漪老师的作文教学思想集中体现在《于漪老师教作文》《妙笔生辉——于老师教记叙文》以及《于漪文集》中的部分章节，此外还散见在于漪老师发表在期刊上的与作文教学相关的文章中。作为教育家的于漪，在长期的作文教学实践中，形成了独到而深刻的讲评思想。她认为，讲评的功能是多样的：一是传授知识，提高认识，从具体材料上升到写作规律来认识；二是发展思维，培养学生的思维品质，开启学生思维的门扉，促进智力的发展；三是激发写作热情，培养自信力，增强写作内驱力。

---

① 于漪.语文教学现状的思考［J］.语文教学通讯 A 刊，2016（10）.
② 陈军.民族特性与世界认知[J].语文教学通讯，2017（2）.

"在认知指导模式中，有的学者强调写作准备阶段之重要，另一些学者则认为修改阶段对于作文更有影响。"① 于漪老师倾向于后者，她认为，"讲评是抓习作的'点'，带习作的'面'，抓学生中'点'的问题，促进学生'面'上的提高。应把每学期写作教学目的要求和学生习作中的情况有机结合，制订讲评计划，而不是无目的地随着习作'飘'。要站在育人的高度评文育人。带领学生评文的同时，引导他们明辨是非，区分美丑，褒善贬恶，奋发向上。""讲评是开发学生智力的很好时机，凭借学生自己的材料培养他们观察、想象、思维、记忆等能力，学生有贴肤之感，十分亲近，效果有时比学范文还强。"② 这些体现了于漪老师对习作讲评课的重视程度。

一、教好作文，功夫在"文"外

　　"学生的写作兴趣、写作热情、写作态度，绝不是靠教师的几次动员、教师苍白无力的说教就能形成，而是要用生动、具体的事例，精湛、睿智的语言，繁简奇正、各尽其态的文章，细水长流地对学生进行点拨、指导，唤醒他们的写作意识，让语言文字表达情意的美妙，点点滴滴渗入他们的心头。"③

　　作为教育家的于漪，在教学中始终贯穿着教文育人的思想。她常说，"人"和"文"是分不开的，懂得人才能教好文。即要教好文，功夫在"文"外，要在爱学生、了解学生上下功夫。从于漪老师的 50 节作文讲评课中，我强烈地感受到她对学生真性情的养护、对学生写作热情的激发、对学生点滴进步的敏锐捕捉。

1. 养护学生的真性情，书写真善美

　　首先，于漪老师认为，应激发学生写作的内驱力。"要重在正面激励，评出练笔的信心，评出练笔的热情，评得作者心里热乎乎、听者心里很羡慕，师生感情和谐融洽。渲染习作中消极的东西，罗列缺点，万弩齐发，最不可取。"④ 无论是于漪老师的教育理想，还是她的语文教学观，抑或她坚持的写作讲评课的宗旨，都对"考试"只字不提，但有一个基本点贯穿了这些思想的始终，那就是目中有人，有一个个各有特点的鲜活的学生形象。学生世界是一本内容极其丰富的大书，读懂了这本书，并在语文教学中精心进行语言交、文字交、心神交，学生就会逐步告别"我不会"，走向"我会""我行"。

　　其次，于漪老师善于触动学生心灵中的敏感区，引发他们写出自己的真性情、真想法，书写真善美。在《用真情浇灌》一文中，于漪老师列举法国作家

① 　倪文锦，欧阳如颖. 语文教育展望 [M]. 上海：华东师范大学出版社. 2002.
②③④ 　于漪. 今天怎样教作文 [J]. 中学语文教学参考. 2005（10）.

维克多·雨果写给布勒特上尉的一封信，信中针对 1860 年 10 月英法联军疯狂地焚毁圆明园，并以此为荣耀这件事，严正地表明自己的观点。雨果在事情发生后的第二年，写了一封感情真挚、爱憎分明的信给布勒特上尉，义正词严地谴责英法两个强盗劫掠的野蛮行径，谴责他们焚毁了亚洲文明的奇迹，断言他们将受到历史的制裁。于漪老师以此信为范本，告诉学生，写作文抒真情，情要健康、明朗、积极、向上。

再次，于漪老师善于捕捉学生作前与作后的点滴进步。在她看来，教学的实效性和教学的针对性密切相关。她教看图作文，关注学生写后观看比写前观看有了多少进步，对学生两次习作之间的点滴进步，她热情鼓励，亲切和婉，让学生如沐春风。"点拨在学生未思、误断之处，把习作佳处挑明、阐发，让学生在反复对比中深入探索语言文字的内涵，具体领悟习作优劣原因，尤其在思想的深度、篇章的运筹和遣词造句的细微处说出道道儿。"

2. 吸纳母语的精神养料，培养责任心

写作教学是语文教学的一个组成部分，而语文教学又是教育的一个有机组成部分，所以，什么样的教育观就决定了什么样的语文教学观，什么样的语文教学观就决定了与之相应的写作教学观。在于漪老师看来，写作教学要把学生用母语写好作文的责任心贯穿于写作教学的全过程。何谓"责任"？就是应该做的事，应尽的职责。每一名中学生和母语应该有不解的情结。母语蕴含的民族精神、民族文化、民族思维方式、民族睿智，对成长中的中学生而言是精神财富、精神养料。

"我们不可能要求每个学生对写作满腔热忱，但要千方百计引导他们热爱与自己血肉相连、呼吸与共的母语，有写的愿望，有非写不可、非写好不可的迫切性和责任感。"这是于老师对汉语写作认识的高度。母语是我们的精神家园，就像空气一样在我们周围，它形成了人的气质、品格，构成并传承我们这个民族的素养及精神。由此，我们就能理解于漪老师作文讲评课的立足点：讲评是写作教学系统中最后一个环节，且是必不可少的重要环节。修改文章就是修改认识，完善认识，使之符合客观事物的实际。

二、评析切实，既重整体又讲序列

几十年的教师生涯，让于漪老师养成了一个习惯，课前、课后总要反复考问自己：这堂课你教学生些什么？学生能学到什么？在她看来，教有所得是一堂课的基本要求，也是一堂课成功与否的底线。她的习作讲评课也遵循了这一教学原则。评析切实，精准指导，循循善诱，学生自然心领神会。

1. 遵循规律，重整体评改

目前，从小学三年级开始学习修改作文，但很多学生是从学习修改错误的标

点、错别字、病句开始的，再到结构、材料、主题等，最后逐步养成综合修改的能力。这样的修改思想违背了文章修改的一般规律，也造成作文教学效率的低下。于漪老师认为，批改时有个"总——分——总"的过程，先通篇阅读，对文章有大体上的了解，有总的评价，然后从词句篇章到思想内容一部分一部分推敲、修改，最后再总的阅读一遍，补漏改的地方，下总评。如果不按此程序，看到哪里改到哪里，不易改准确，有时会与习作者意图发生矛盾。正如张寿康先生在《文章学概论》中指出，修改文章应"先大后小，由全局到个别"，并将此上升到了修改原则的高度，且列为修改原则的第一条。近年来，写作教学研究领域产生了"过程写作"理论，把"修改"视为写作活动流程环节之一，主张修改应该是一个先大后小、由全局到个别的过程。这一研究与于漪老师的思想不谋而合，而于漪老师早在 20 世纪 80 年代时就已经开始践行了。

2. 理清思路，重谋篇布局

很多教师在指导小学生写作文时，习惯于就技巧教技巧，教谋篇布局，常常习惯性地告诉学生要详略得当、过渡照应、繁简得当等。在于漪老师看来，"谋篇布局能否条理、线索分明，详略得当，看起来是文字表达的问题，实质上是作者思路的问题"。思路，就是思考问题的路子。于漪老师一针见血地指出了当下作文讲评的症结所在，她强调要锻炼思考问题的条理性、严密性和逻辑性。

于漪老师归纳出谋篇布局的两条准则："要突出文章的主题""要符合客观事物的内在规律和人的思维的逻辑规律"。第一点容易理解，第二点学生较难实践。于漪老师借助一学生习作《丹青点点画虫鱼》，告诉初学写作者条理清晰、层次明确的重要性。她先对习作做总体评价，接着指出文章的问题在于大框架搭好后在层次段落方面未精心谋划，最后又详尽地指出修改建议。"修改的方法是：删除第一、二个材料，其他材料次序做调整，找出它们内在的联系，把它们有机地组合起来。比如喜欢齐白石的鱼、喜欢八大山人画的鱼和我画鱼之间是什么关系？是引起兴趣，还是作为学习榜样，还是其他什么原因？不注意材料之间的联系，不仅材料显得凌乱，而且意思不明确。""每一个段落里可以有几个小层次，每个小层次意思同样要表达清楚，标点符号要正确使用。如果胡子连着辫子，句子意思纠缠，条理就不可能清楚。"①

3. 序列清晰，循序而渐进

于漪老师不仅重视作文讲评课，而且认为讲评要有序列，这一思想是十分独特而宝贵的。在《于漪老师教作文》一书中，记录了于老师第一次教初中时独创的初中作文讲评序列，由 50 次讲评构成。初中三年六个学期，前五个学期每

---

① 于漪. 妙笔生辉——于老师教记叙文 [M]. 上海：复旦大学出版社，1994.

学期8次讲评，最后一学期10次讲评。这50次讲评，由记叙文、说明文和议论文三条线交织而成，按照由简到繁、由易到难的逻辑，循序渐进。这50次讲评，有些内容是适当反复的，这样的安排是符合学生的认知规律，因为对习作知识的消化、习作能力的形成、习作技巧的掌握，都不是一蹴而就的，需要经过多次反复才能内化为学生自己的习作行为。

遇到讲评的内容重复时，于漪老师便改变说法，换个角度，深浅难易有所不同，不至于让学生感到单调乏味。就"选材"这个点，第一学期安排在"着意原资妙选材"，让学生初步接触即可；第二学期安排"捕捉·截取·缝合"；第四学期安排"筛选与胶合""围绕说明的中心选材""要善于截取精彩的横断面"，侧重于指导学生把分散的材料围绕主题胶合起来以及在说明事物时、场面描写中如何围绕主题选材，意在重锤敲打，使学生透彻掌握；第五学期指导议论文中的"选材"，如"从材料中提取观点"，再次进行阐述。

4. 有法可循，不拘泥亦不教条

阅读于漪老师的50个习作讲评课例，发现每个课例都是围绕写作中的一个问题展开，读后总有一种顿悟感。所有写作规律的揭示都建立在对实例的精妙分析上，且方法多样，自然而然，绝不牵强附会，使读者如沐春风。以下列举几种：

（1）对比分析，归纳要点

在《榜样》习作讲评课上，于漪老师"组织学生阅读，进行三次对比：①把印发的习作《榜样》与《记一个最熟悉的人》中的'徐阿婆'进行比较；②对《榜样》的两篇习作进行比较；③把《榜样》和第六单元中有关语言描写、动作描写和肖像描写进行比较"。三次对比，引导学生发现问题，梳理认识，领悟写记人类文章；要写具体，首先要做到看仔细，从中提炼出观察需要"目光锐敏、永不罢休"。

（2）示范交流，一篇带多篇

在《可爱的小生灵》习作讲评课上，于漪老师采用的方法是先朗读示范，激发兴趣；重点评析，体会生活情趣；综合评论其他习作，寻找可借鉴的写法；课后布置作业，针对本次习作"描形较好、摹声较弱"的情况，让学生写一段摹声的话。

（3）开启想象，重点剖析，讨论归纳

在进入中学的第一次习作讲评课上，于漪老师注重调动学生动笔的积极性，首先让学生明确写作常规，然后组织学生讨论《夏天的夜空》三篇习作，开启想象，修改文字上的毛病。于漪老师挑选了三篇比较好的习作，并特意在文字上做了一些加工润饰，但又留了一点毛病让学生讨论修改。紧接着，于老师指导学生以《天上的街市》为借鉴，体会开启想象的重要性和必要性。该讲评目的清晰聚焦，重点在指导如何选择想象的触发点。由于是刚进初中的学生，于老师的讲解具体生动，贴近学生。讲解中穿插了《天上的街市》和《夏天的夜空》三篇习作中的典型句段，学生容易接受。讲解完后，于老师不忘请三位同学朗读习作，其他同学边听边展开想象，体会上述要点。这样的教学过程背后彰显了于老师的学生主体观。从具体到抽象，由浅入深，不但激发了学生的想象力和创造性思维，同时也调动了学生写作的兴趣和动力。

三、修改文章，实质上就是改思想

写作是一种复杂的智慧技能。语言和思想是写作的两大要素，写作就是运用语言来表达和记录思想，语言运用是写作的外在表现，而在语言表达之前，有着一系列的心理活动和思维活动，可以说，思维是写作的内在动力，思维是写作能力的核心和关键，对写作起着决定性的作用。"改文章实质上是改思想。"于漪老师站在锤炼思想的角度，为我们道出了修改文章的真谛。"思想明确化、条理化了，文章才有可能文从字顺。修改是一种综合能力，词句、篇章、写作方法，与文章相关的知识，不仅要掌握，而且要能熟练运用，这样修改时才能把问题看准，才能改到点子上。眼高才能手高，眼不高，笔下是修改不出水平的。"

在于漪老师的习作讲评课上，学生不断地提笔写，选择恰当的词句、恰当的写作方法，表达自己的认识、见解与感情；学生不断地训练自己的思维，比较、分析、辨别、提炼，使认识渐丰富，思想渐趋深刻。"中学生作文要加点钙，不做大气的人，怎么可能写得出有骨力的有棱有角的大气的文章？"她用加钙的作文讲评课，指导学生写大气的文章，做大气的人。

代后记

从"如临其境"走向"身历其境"

> 教育活动关注的是，人的潜力如何最大限度地调动起来并加以实现，以及人的内部灵性与可能性如何充分生成。
>
> ——【德】雅思贝尔斯

一

不知不觉，已在语文的园地里深耕细作 30 年，我一直想弄明白自己做成了什么，想找个词概括一下，遗憾的是，一直没有找到。

今年 5 月的一天，在市北中学的一次研讨活动中，91 岁高龄的于漪老师谈及自己当年是如何努力改变课堂教学的，她说，"语文课不能上成'如临其境'，一定要上成'身历其境'。因为如临其境，学生是欣赏；而身历其境，学生在情境中，同学之间是'学友'，同学之间的互相学习就是推波助澜。"听到这话，顿觉醍醐灌顶，这不就是我的课堂这些年孜孜以求的吗？

"如临其境"与"身历其境"，二字之差，境界迥异。"临"与"历"，一个是观望，一个是亲历。历，过也，又写作"歷""歷"，从"止"，表示与脚、行走有关。怎样判断儿童在学习？首先，他在尝试的过程中，出现了错误，出现了有别于标准答案的幼稚、粗糙或创新；接着，他能提出问题，提出一些迁移性的猜测，能举出例子，或正例，或反例，或旁例；然后，他还能用自己的生活经验来解释知识。"独学而无友，则孤陋而寡闻"，在这一过程中，他和同伴一同完成了交流和分享，完成了思维黑箱的可视化，完成了主动建构意义的过程。

所以，语文课，要从"如临其境"走向"身历其境"。当然，首先要"如临其境"，才有"身历其境"。有句名言："我们要像海绵一样吸收有用的知识。"这话只说对了一半，像海绵一样学习，更多的是知识的灌输，而儿童应成为主动学习者，他们的知识构建，在于体验，在于经历，在于实践。

教师有三个层面：一是教给学生正确的知识；二是传给学生开启的钥匙；三是拓宽学生认知的视野。语文教师随时要有一种看得更远的目光，学生才能在你的视线中飞得更高。

"让学生身历其境"，应该成为语文课上最好的风景。

二

本书收录的 12 堂课，是我近年来上过的公开课。我有一个习惯，每学期都会深度研磨几节课，将自己对当下语文教学的思考，通过具体课例传递出来。2014 年，我走上教研员岗位，换了一种方式研究语文，但对课堂的迷恋依旧，我喜欢课堂上儿童那澄澈的目光，享受儿童对世界充满好奇的话语，所以，我仍然坚持上课，以保持良好的课感，保持与儿童的那份亲近。

整理本书时，我反复回味自己一次次经历过的课堂，努力还原自己对"儿童"和"现场"的理解，或是课后反思，或是磨课经历，或是文本解读与设计说明，试图呈现出最真实的课堂风景。

本书除收录了 12 堂课堂实录及专家评课外，还收录了我的 12 篇文章，多数已公开发表，与课例、评课组成一个小单元，既有针对课例的反思，也有对课堂现状的理性思考，还有对一类课型的梳理，辑录在一起，希望能对青年教师形成一种借鉴。

此外，书中还收录了我的 5 篇读书笔记。我深知，读书是立己，立己才能达人。

如果说这 12 堂课有共性的话，从文题便可见一斑，如"对话""体验""悦纳""激发""学堂""遇水搭桥"和"顺学而教"等。成尚荣先生说过，"课堂是没有天花板的舞台"，在这个舞台上，我努力探索让儿童走向"亲历其境"的必由之路。

三

本书能够问世，要感谢的人很多。

首先要感谢的是几位前辈，他们对我总是满怀期待、热忱扶持。

感谢于漪老师。师从于漪老师的这些年，是我的教学思想日臻成熟的时期，我对语文课堂的认识不再局限于一招一式，而开始关注人的全面发展。先生常说自己是"草根"，但我从先生身上感受到思想的魅力，坚守与引领。我常常感到自己太幸运，因为真正的教育家就在身边。五年前，先生为我主编的《我们这样教作文》写序，鼓励我带着名师工作室成员在作文教学上进行探索。这一次，先生抱病为我写序，感激之情，无以言表，化雨春风，永铭我心。

感谢贾志敏老师。那时，他已病魔缠身，当我把整理好的评课稿发出时，心中充满了忐忑，但先生逐字逐句地修改，在邮件中谦称"擅自将文中的语言疏通了一遍，看来似乎好点了。发给你，请你再看一下，还是你自己把关为好。匆匆及此，草草不恭"。先生视力不好，我完全可以想象先生回邮件时脸几乎贴在屏幕上的情景。如今，先生已去，唯有延续先生之光，去点亮每一堂课，才能不负先生的教诲。

感谢所有评课的专家、名师、同仁，将智慧凝结在文字中，给了我很多溢美之词，我深知，自己做得还远远不够。这些评课，有的是我上完课应主办方要求，根据专家现场点评的录音整理而成。感谢上海师范大学吴忠豪教授、上海市教委教研室薛峰老师，至今犹记现场的谆谆教诲、肯定与建议，鞭辟入里、入木三分，成为我前行路上的无穷动力。

感谢闵行区教育局恽敏霞局长，闵行区教育学院朱靖院长，上海市高安路第一小学滕平校长，鼓励我上研究课，支持我带领区名师工作室进行作文教学改革，《备课时的两次追问》《〈作文月报〉的校际联动实验》《儿童习作常见病例初探》等均记录了这些尝试。感谢高安路第一小学2014届五年级三班的孩子们，他们是我在一线所教的最后一届学生，他们亲昵地称呼我为"小火锅老师"，《看不见的爱》《匆匆》《我们家的男子汉》以及《〈作文月报〉讲评课》等课例，就是和他们共同演绎的。22期的《作文月报》记录了他们的童言稚语，《我是助教》记录了与他们的课上课下，我越来越感受到，语文课是师生共同成长的生命历程。

感谢参与评课的学者、名师和好友，周益民、于龙、兰保民、张学伟、冷玉斌、张敏华、谢江峰、王林波、陈涛都给了我极大的支持和诚挚的帮助，这些用心评论的文字，令我深受启发。

感谢我所任职的上海市闵行区教育学院，因学院每年都会举办"读书活动"，对全院教职工所撰写的读书笔记进行评奖，承蒙评委鼓励，每年我总荣膺获奖者行列，这更加激励我行走在读书、教书、写书的路上。本书收录的读书笔记，均为"读书活动"的成果。

感谢冷玉斌、丁慈矿老师，刘美文编辑，从体例、风格到书名，多次真心实意地讨论，给了我无尽的灵感与思考。感谢区内学校校长和老师们对我的信任，感谢三期名师工作室的伙伴们一起并肩作战，让我获益良多。

完稿之时，正值上海中考，今年中考语文的作文题目是《这事，真带劲》。"带劲"，意味着辛勤耕耘后的享受，挑战自我后的愉悦，征服困难后的畅快……今年是我从教30周年，"桃李不言，下自成蹊"。30年，能够一直研究语文，研究课堂，研究儿童，真带劲……

从"如临其境"走向"身历其境"，我愿一直"带劲"下去……

景洪春

2019年6月16日